김인준 교수의 위기의 한국 경제

어머님을 기리며……

김인준 교수의

위기의 한국 경제

K-Economy

韩国 经济

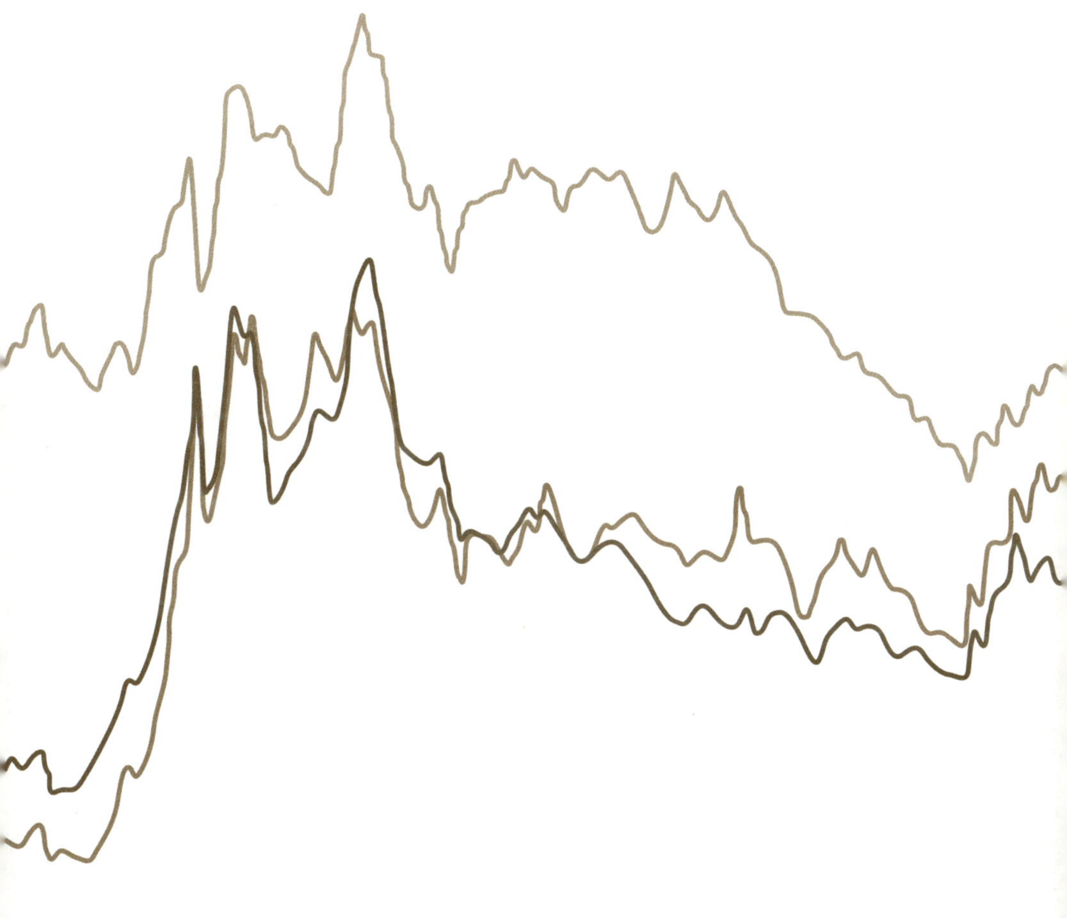

율곡출판사

책을 펴내며

글로벌 금융위기가 지난 3년 후 2013년 『위기극복 경제학』과 *Overcoming Financial Crisis* 두 권의 책을 펴냈다. 그리고 앞으로는 우리나라 경제위기라는 단어를 주제로 책을 쓰는 기회가 없으리라 생각하였다. 그런데 다시 『위기의 한국 경제』라는 책을 쓰게 되었다. 이번에는 책을 쓰면서 경제 이론에 구애받지 않고 왜 위기인지 경제위기를 넓게 해석하며 경제 실상을 여러 측면에서 분석하는 데 초점을 두었다.

개인적으로 경제위기라는 주제는 학문적 관심사였다. 위기는 어느 나라나 누구에게도 올 수 있으며 미래는 이를 어떻게 극복하느냐에 달려 있다고 본다.

1974년 하버드대학에 유학했는데 이때는 제1차 석유파동이 터진 뒤였다. 세계적으로 타격이 컸으나 해외에서 석유를 전량 수입할 수밖에 없는 한국의 타격이 상대적으로 더 컸다. 이로 인해 자연스럽게 박사학위 논문 주제가 석유 가격 급등이 재화 가격과 생산에 미친 영향 그리고 석유 머니 환류oil money recycling로 정해졌다.

귀국 후 서울대학교에 자리 잡은 1980년, 제2차 석유파동이 터지고 박정희 대통령 사망으로 인한 정치적 혼란을 겪으면서 우리나라는 마이너스 경제 성장을 기록하고 위기로 빠져들었다.

한편 1997년 외환·금융위기 당시에는 한국은행 금통위원으로 위기 상황을 접하게 되었다. 그 당시 한국은행이 실질적으로 쓸 수 있던 가용 외화보유고가 금통위에 보고되던 외환보유고의 1/10까지 떨어졌었던 것을 나중에 알고 정말 놀랐다.

2010년 글로벌 금융위기 당시 미국 금융당국의 보고서를 보면 미국 정부가 월 스트리트의 실상을 얼마나 제대로 알지 못했는지를 알 수 있다. 미국 정부는 위기 극복 과정에서 전문가를 고용했는데 그중 일부는 사고를 일으킨 당사자였다. 그럼에도 그들을 고용한 이유는 그들만이 실상을 제대로 알고 있었기 때문이다. 사람들은 미국의 연준이 모든 것을 잘 알아서 정책을 펴리라 믿겠지만 이것이 글로벌 금융위기 당시 실상이었다.

코로나19 사태가 터지고 현재 우리 경제 상황을 돌아볼 때 경제위기 우려가 커지는 것이 사실이다. 물론 유튜브 등을 들여다보면 봇물 터지듯 낙관적 견해와 비관적 주장이 감정적으로 뒤엉켜 있다. 하지만 이건 아니다. 이럴 때일수록 냉철한 분석이 필요하다.

자산시장 거품과 붕괴 가능성, 저성장, K자형 자산시장과 실물시장의 전개, 산업 간 K자형 경기회복 등 새로운 경제 현상을 제대로 관리할 능력이 있는가에 경제위기 극복 여부가 달려 있다. 잘못하면 일본과 같이 잃어버린 20년을 향해 치달을 수 있다.

코로나19 발생 이후 경제위기를 걱정하는 또 하나의 이유는 세계적으로 포퓰리즘과 팬덤 현상이 성행하는 위기 상황에서 우리도 결코 여기서 자유롭지 않다는 것이다. 우리는 포퓰리즘과 팬덤 현상의 폐해를 중남미 국가들과 남유럽 국가들에서 이미 봐와서 너무나 잘 알고 있다.

이번 책을 펴낸 이유 중 하나는 우리 경제위기 문제를 글로벌 시각에서 보자는 것이다. 1970년대 유학 당시 일본 재무성이나 일본 은행에서 하버드대로 유학을 왔던 학생들이 글로벌 시각을 가졌던 것이 아직도 기억이 난다. 기억나는 것 중 하나가 중국이 앞으로 5개국으로 분할되는 것이 바람직하다는 주장이었다. 지금 그 이유를 알겠다. 지금 미국과 중국 간의 패권 전쟁이 무르익은 상황에서 우리의 경제 문제는 더 이상 국내 문제가 아니며 국제정치와 외교·안보 문제를 떠나 생각하기 힘들다. 한반도의 핵을 포함한 외교, 군사, 안보적 균형 문제 또한 미-중 간의 패권 전쟁과 떼어 놓고 다루기 힘들다.

이 책에서 경제위기와 법과 제도 문제는 전공이 아니라 다루는 데 망설였다. 그런데 개인의 가족사가 이 문제를 빼놓을 수 없다는 결론을 갖게 하였다. 선친은 55세의 이른 나이로 돌아가셨지만 삼성 장군과 야당의 4선 국회의원이셨다. 그런데 2번 영어囹圄의 몸이 되셨었다. 한 번은 1961년 반反 5.16 쿠데타죄(당시는 반혁명죄)로 6개월 감옥에서 지내셨는데 재판도 없이 풀려났다. 또 한 번은 1963년 국가내란전복죄로 구속되어 6개월 감옥살이를 하셨다. 그 후 불구속으로 재판이 진행되었는데 선친이 1978년에 돌아가시자 공소권 없음이라는 서류가 15년 만에 날라왔다. 무리하게 엮어 넣은 사건이라 법원에서 재판을 안 하고 그냥 놔둔 것이다.

정치 문제는 정치권에서 해결해야 한다. 한 정권이 정치를 사법화하면 다음 정권도 똑같이 할 것이다. 그렇다면 그 결과는 뻔하다. 법을 이용해 정치 보복을 하는 것이다. 사실 더 큰 문제는 사법의 정치화이다. 제도와 법이 모두 깨어지는 것이다. 법원의 판단을 아무도 수긍하지 않는다면 그 혼란은 감당하기 힘들 것이다.

이 책이 나오기까지 표와 그림 작업을 도와준 한국기술교육대학교 김민직 교수께 감사드린다. 원고를 자세히 꼼꼼히 읽고 교정과 도움이 되는 평을 해주신 서울대학교 문우식 교수님과 이영섭 교수님께도 감사드린다. 율곡출판사 박기남 사장님과 꼼꼼히 편집을 담당해주신 차은지 님과 출판부 여러분께도 감사의 말씀 전하고 싶다.

2021년 6월

김인준

차 례

책을 펴내며/iv

chapter 1
쿠오바디스 한국 경제

1. 한국이 겪은 경제위기 8
2. 한국 경제, 위기인가? 10

chapter 2
코로나19 발생 전 국제 경제환경

1. 세계적 소득 양극화와 글로벌 부채 리스크 50
2. 미－중 간 패권 전쟁 태동 56
3. 코로나19 사태 이전 주요국 경제 리스크 65

chapter 3
한국 경제의 성장 동력 상실과 구조적 문제

1. 소득 분배 악화와 중상류층의 기득권화 78
2. 한국 경제의 저출산과 고령화 심화 84
3. 산업부문의 구조적 문제 90
4. 노동부문의 구조적 문제 91

chapter 4

코로나19 사태 발생 전 한국 경제 실상과 현안

1. 국민순자산 급증과 자산의 양극화 96

2. 주택가격 급등과 자산의 양극화 106

3. 금융자산과 금융부채 급등 120

4. 최저임금 급등과 소득주도성장 정책 부작용 141

5. 통화신용정책과 금융안정 143

6. 경제 성장과 재정 151

7. 대외부문과 환율 159

chapter 5

코로나19 사태와 한국 경제

1. 코로나19 극복을 위한 금융정책 181

2. 코로나19 극복을 위한 재정정책 195

3. 코로나19와 가계 · 기업 부채 급등 212

4. 국제수지와 환율 217

5. 자산시장과 실물경제 간의 괴리 222

6. 코로나19와 산업구조와 노동시장 변화 237

chapter 6
코로나19 이후 예상되는 글로벌 주요 이슈

1. 코로나19와 세계 경제 지형의 변화 257

2. 글로벌 부채 관리 문제 266

3. 4차 산업혁명의 가속화 270

4. 미국과 중국 간의 패권 경쟁 격화 274

chapter 7
한국 경제가 당면한 과제

1. 경제 연착륙과 양극화 해소 290

2. 구조적 문제 해결과 경제 혁신 304

3. 포퓰리즘과 팬덤 정치의 대두와 법과 제도의 확립 323

4. 한반도에서 외교 · 군사 · 안보 균형 확보 332

참고문헌/339

찾아보기/343

쿠오바디스 한국 경제

chapter

1

최근 '한국 경제 위기인가, 기회인가'가 가장 뜨거운 주제이다. 글로벌 금융위기를 겪고 10년이 지나 또 다른 경제위기를 맞고 있기 때문이다.

코로나19 사태가 터지기 전부터 경제위기 가능성이 우려되었다. 경제가 저성장을 보이는 가운데 부동산 시장 과열 현상이 심해졌다. 2019년 경제성장률 2%를 기록하였지만 이마저 정부 주도의 경기 확장 정책에 기인하기 때문이다. 정부의 성장기여도가 민간의 성장기여도보다 높았다. 그런데 정부부채비율이 낮다는 이유를 들면서 정부는 계속 선심성 정책을 쓰면서 재정적자를 늘렸다. 또한 한국은행이 금리도 선진국 수준보다 낮게 유지한 결과 시중에는 유동성이 넘쳐나면서 부동산 시장 과열의 한 원인이 되었다.

한편 정부는 소득주도성장 정책이라는 생소한 정책을 들고나오면서 최저임금을 올리면 소득 분배 개선뿐만 아니라 경기 회복과 경제 성장을 함께 달성할 수 있다고 주장하였다. 나는 소득주도성장 정책을 경제학에서 이야기하는 포용inclusive 성장정책의 다른 이름으로 이해하고자 하였다. 그런데 소득주도성장 정책은 성장과 분배를 함께 고려하는 경제정책이 아니라 최저임금을 급격히 올려 분배, 소득, 성장을 모두 해결할 수 있다는 생각에서 나온 정책이었다. 그런데 이렇게 쉬운 해결책이 있다면 왜 이런 정책이 과거에 채택되지 않았겠는가? 그 이유는 이런 정책의 결과는 처음에 생각한 것과는 전혀 다른 결과가 나타나기 때문이다. 정부가 시장 가격 결정에 과도하게 개입하면 의도하지 않은 부작용이 나타난다. 경제학에서 제일 먼저 배우는 부작용이 큰 경제정책의 예로 과도한 최저임금 인상과 집세 규제rent control를 든다. 우리나라의 경우 최저임금 문제는 대기업과 근로자 간의 문제가 아니라 자영업자와 일용직 근로자 간의 문제다. 10%를 크게 넘는 두 차례의 최저임금 인상은 결과적으로 자영업자를 어렵게 하고 일용직 근로자의 고용을 악화하는 결과를 초래하였다.

부동산 정책 또한 정부 정책이 실패한 대표적인 예이며 부동산 시장의 과열을 초래하였다. 부동산 시장에 대한 잘못된 원인 진단, 잘못된 정책 처방, 정부 정책의 신뢰 상실이 복합적으로 작용하면서 코로나19 사태 이전부터 서울과 수도권을 중심으로 부동산 시장 과열 현상이 나타났다. 무엇보다도 비전문가 정치권이 정책을 좌지우지하면서 부동산 문제를 더욱 키웠다. 부동산 시장의 과열은 자산 분배를 악화시켜서 자산의 양극화를 초래할 뿐만 아니라 부동산 시장의 거품이 터진다면 금융안정과 경제안정을 해치면서 경제위기로 치달을 수 있다는 위험을 안고 있다. 단기간에 아파트 가격이 50% 이상 오르는 것을 보면서 주택을 소유하지 못한 젊은 층과 서민층의 고뇌는 얼마나 클 것인가? 부동산 가격을 잡겠다고 엉뚱한 정책을 남발하면서 정치 · 사회적 불안 요인을 정부 스스로가 키운 것이다. 부동산담보대출로 인해 가계대출이 급등하면서 금융 불안정 요인으로 작용하고 있다.

한편 우리 경제가 가지고 있는 구조적 경제 문제에 대해서 정부는 손을 놓고 있다. 당장 생색이 나지 않고 비용이 드는 정책은 미룰 수 있을 때까지 미룰 생각인지 모르겠다. 무엇보다도 당장 저출산 · 고령화 대책을 세워야 할 것이다. 출생률보다 사망률이 높아 인구 절벽 현상이 나타나는 상황에서 우리 사회는 장단기 대책이 없다. 4차 산업혁명 시대에 살아남기 위해서는 산업구조 개혁과 노동시장 개혁이 무엇보다도 필요하다. 그런데 정치권은 집권하면 정치적 이해관계로 어느 한쪽만 개혁한다고 설친다. 보기에 따라서는 지배구조 개혁이 필요한 재벌과 강성 노조가 적대적 공생관계를 유지하고 있다고 할 것이다. 국민연금도 지금 개혁 과제이다. 지금 제도가 그대로 유지되면 30년 후에는 연금이 고갈되고 지금의 MZ세대는 연금을 납입하고 혜택은 받지 못하는 세대로 남을 수 있다.

우리 경제는 코로나19 발생 전 이미 자산과 소득 분배 악화, 저성장, 구조적 경제 문제 등 여러 가지 난제를 안고 있었다. 그런데 코로나19를 계기로 이러한 문제의 심각성이 더해졌다. 또한 정부가 과도한 팽창재정정책을 쓰면서 정부부채 관리 문제가 대두되고 있다. 정부는 앞으로 4년간도 GDP의 5% 수준의 재정적자 예산을 세워놓고 있다. 한편 코로나19 사태로 인해 비대면 산업의 중요성이 커지고 디지털 산업, 그린 산업, 생명공학과 바이오 산업의 혁신이 빠른 속도로 진행되면서 글로벌 산업 재편이 빠른 속도로 이루어지고 있다.

그동안 우리나라는 산업화와 민주화를 이루면서 세계 10위 국가로 우뚝 설 수 있었다. 그런데 지금 정치권은 진영 논리에 빠져서 경제 구조 개혁을 뒤로 미루고 선심성 정책을 남발하고 있다. 어떤 의미에서 보면 지금의 코로나19 경제위기가 경제위기 극복이라는 명제 아래 포퓰리즘과 팬덤 정치가 성행할 수 있는 토양을 마련해 주고 있다. 그런데 지금은 경제의 연착륙과 양극화 해소와 함께 경제의 구조적 문제 해결과 경제 혁신이 필요한 시기이다.

지난 수년 동안 경제와 정치가 뒤섞이며 법과 제도가 흔들리고 있다. 법과 제도가 흔들리면 합리적이고 개혁적인 경제 운영은 불가능하다. 특히 우려되는 것은 정치의 사법화와 사법의 정치화이다. 적폐청산이라는 이름 아래 정치보복이 이루어진다면 그것은 대표적인 정치의 사법화 사례다. 반대로 사법이 정치화하면 헌법이 보장한 정부, 의회, 법원 간의 견제와 균형이 깨지고 정치는 혼란에 빠질 것이다.

한편 미국과 중국의 패권 전쟁 심화로 우리나라는 새로운 안보 · 경제 · 정치 환경을 맞이하고 있다. 초강대국 간에 사이가 좋으면 주변 국가들이 편하다. 그런데 초강대국 간 사이가 좋지 않으면 그들은 정면으로 충돌하지 못하므로 주변의 분란만을 키울 수 있다. 대만 해협의 긴장과 북한의 핵은 결코 간과할 수 있는 문제가 아니다.

우리 경제가 품고 있는 경제 현안과 구조적 문제, 포퓰리즘과 팬덤 정치, 정치와 사법 간의 뒤얽힌 현상, 미국과 중국 간의 신유형 패권 전쟁을 보면서 『위기의 한국 경제』 집필을 결정하였다. 그런데 논문과 경제학 교과서를 써 왔던 나로서는 책의 내용과 범위를 정하는 자체가 쉽지 않았다. 그래서 다음과 같이 생각을 정리하였다.

먼저 한국 경제 위기의 의미를 살펴보고자 하였다. 1장에서 그동안 한국이 겪은 경제위기를 요약하고 왜 지금을 위기라고 보는지 책을 요약한 내용을 함께 실었다. 요약한 내용을 먼저 보고 본문을 읽는 것이 오히려 도움이 된다고 생각하였다.

다음으로 우리 경제는 국제적 요인에 직접적 충격을 받으므로 글로벌 이슈를 다루었다. 2장에서는 코로나19 발생 전 국제 경제환경을 다루었으며 6장에서는 코로나19 이후 예상되는 글로벌 주요 이슈를 다루었다. 글로벌 이슈를 코로나19 사태 전과 후로 나눈 것은 기간은 짧지만 바이든 대통령이 등장하면서 그 사이 세계 경제에 급격한 변화를 가져왔기 때문이다.

한편 한국 경제는 구조적 문제 해결 없이는 경제의 활력을 되찾기 힘들다. 3장에서는 저출산 · 고령화, 산업구조와 노동시장 개혁의 필요성 등 한국 경제의 성장 동력 상실 원인과 구조적 문제를 중심으로 다루었다.

우리가 경제위기에 빠지지 않기 위해서는 자산과 소득의 양극화와 저성장 등 불안정한 한국 거시경제 실상을 정확히 이해하고 당면한 현안과 정부 정책의 문제점에 대한 정확한 분석이 뒤따라야 한다. 코로나19 사태 이전에 우리 경제는 이미 위기 가능성에 직면해 있었다. 그러나 코로나19가 상황을 새롭게 그리고 더욱 어렵게 만들었다는 점을 보이기 위해서 코로나 사태 이전과 이후를 4장과 5장으로 나누어 관련 이슈를 다루었다.

한편 경제위기 발생을 막기 위해서는 당면 과제 해결 방안을 제시할 필요가 있다. 7장에서는 한국 경제의 당면 과제를 정치적 · 안보적 차원까지 넓혀보고 이들 과제의 극복 방안을 제시하고자 하였다. 우리가 새로운 국제 정치 · 경제 환경을 뚫고 여기서 언급한 국내외 당면 과제를 제대로 풀어낸다면 한국은 경제위기 발생을 막을 수 있을 것이다.

책 속에 표와 그림이 많아서 이에 생소한 독자들이 많을 것이다. 이들 표와 그림은 모두 정부가 발표한 데이터에 근거하여 작성되었다. 우리나라의 GDP와 경제성장률, 부동산과 금융자산 규모, 가계, 기업, 정부의 부채 규모, 금융시장의 규모, 환율과 대외자산과 부채 규모, 코로나19 관련 정부 정책 등에 대한 이들 자료들은 한국 경제를 양적으로 이해하는 데 도움이 되리라 믿는다.

1. 한국이 겪은 경제위기

코로나19 위기가 발생하기 전 우리 경제는 글로벌 금융위기에서 벗어나고 있었다. 글로벌 금융위기가 10년이 지난 시점에서 우리 경제는 미-중 간 무역 마찰 등 대외 경제 상황 악화, 우리 경제의 구조적 문제 누적과 동력 상실, 엄중한 거시경제 현안과 정부 경제정책의 난맥상이 겹치면서 경제위기를 우려하는 소리가 들리기 시작하였다. 그런 상황에서 코로나19 경제위기가 발생하였다.

그런데 일반적으로 경제위기의 발생 원인과 유형은 제각각이다. 더구나 미래 경제위기의 발생 시점을 정확히 예측하는 것은 거의 불가능에 가깝다.

과거 한국은 고도성장을 시작한 1960년대 이후 크고 작은 경제위기를 여러 번 겪었으나 비교적 성공적으로 극복하였다. 우리 경제가 고도성장을 지속하다가 최초로 마이너스 경제 성장을 기록하며 위기를 겪은 시기는 제2차 석유파동과 박정희 대통령의 사망 후 정치 혼란을 겪은 1979년이었다. 경공업 중심에서 정부 주도의 성급한 중화학 공업 중심으로의 산업구조 전환, 고도성장의 후유증 누적, 제2차 석유파동이라는 외부 충격, 정치 혼란 등이 겹친 것이 원인이라 할 것이다.

제2차 경제위기는 1997~1998년 외환 · 금융위기이다. 동남아에서 발생한 금융위기의 전염 효과와 국내적으로 한보와 기아 등 기업 도산에 따른 산업 부실이 금융 부실로 이어지면서 금융위기가 발생하였다. 금융위기로 인해 자본이 해외로 빠져나가면서 외환위기를 불러왔고 외환위기가 다시 금융위기를 악화시키는 악순환이 일어났다.

우리는 그 당시 GDP의 30% 수준에 이르는 167.6조 원 규모의 공적 자금을 조성하여 부실을 털어내고 산업과 금융구조 개혁을 달성하면서 경제위기를 단기간에 극복하였다. 그 당시 정부는 공적 자금의 65%를 정부 보증의 예금보험공사채권과 자산관리공사채권을 발행하여 조달하였다. 공적 자금은 금융기관의 출자, 출연, 예금대지급 그리고 자산 매입과 부실채권 매입에 사용하였으며, 이러한 정부 보증채권들은 나중에 정부부채로 계산되었다.

1997~1998년 외환 · 금융위기 당시 국제통화기금IMF이 초기 처방한 긴축 금융 · 재정 정책 또한 경제위기를 악화시킨 측면이 있다. IMF가 2008년 글로벌 금융위기 상황에서 주요 선진국들이 경기 회복을 위해 서둘러 확대 재정 · 금융 정책을 채택한 것과 정반대의 정책을 처방한 것이다. IMF는 후에 한국은 기축통화국이 아니므로 정책 제안이 같을 수 없다고 주장한다.

2008년 글로벌 금융위기가 발생하면서 한국은 제3차 경제위기를 겪게 되었다. 글로벌 금융위기는 미국의 비우량 주택담보대출subprime mortgage loan의 부실과 탐욕에 찬 월스트리트가 이를 담보로 다단계 증권화를 진행하면서 발생하였다. 주택시장의 거품이 꺼지면서 주택담보대출이 부실해졌고 이를 담보로 발행한 다단계 증권도 함께 부실해지면서 금융위기가 발생한 것이다. 위험을 회피hedge하는 수단으로 여겨졌던 파생금융상품도 제 역할을 하지 못하고 오히려 위기를 증폭시켰다. 결국 미국의 비우량 주택담보대출 부실과 월스트리트 탐욕이 초래한 글로벌 금융위기는 1930년대 대공황 이후 세계 최대 경제위기를 초래하였다. 우리 경제도 글로벌 금융위기로 인한 세계 경기침체와 국제

유동성 확보 문제로 큰 어려움을 겪었다. 그렇지만 1997~1998년 외환·금융위기와는 달리 확장적인 통화·재정 정책을 통해 위기를 조기에 수습할 수 있었다.

2020년에 발생한 코로나19 경제위기는 2008년 글로벌 금융위기와는 성격이 달랐다. 글로벌 금융위기 당시에는 경제위기의 진원지가 금융이었고 위기 해결을 위해 금리 인하와 금융기관에 대한 유동성 공급 등 총수요 관리가 급선무였으나 코로나19 위기에는 총수요는 물론 총공급 관리가 중요한 정책 과제로 대두되었다.

그동안의 한국의 경제위기는 외부적 충격과 내부적으로 누적된 부작용이 상호작용함으로써 발생하였는데 그 발생 주기가 과거 20년에서 최근 10년으로 줄어들고 있는 것으로 보인다.

그런데 이번 위기는 전염병 감염에서 촉발된 실물위기였지만 금융위기로 발전할 가능성이 큰 복합위기이다.

2. 한국 경제, 위기인가?

코로나19 사태를 겪으면서 한국 경제에 대한 경고음이 계속 들리고 있다. 여기서는 한국 경제를 왜 위기라고 보는지를 분석하고 해결 방안이 무엇인지 그리고 가능한지 살펴보고자 한다.

코로나19 발생 전 국제 경제 환경

코로나19 위기 이전에 세계 경제는 소득 양극화 현상과 글로벌 부채 리스크를 짊어지고 있었다. 2019년 세계 부wealth의 43.9%를 성인 인구의 0.9%가 소유하고 있어서 부의 편중 현상이 극심함을 알 수 있다. 물론 21세기 들어와 저소득 국가였던 중국과 인도가 고도성장을 하면서 이 국가들의 절대 빈곤은 줄었지만 빈부격차는 오히려 커졌다. 그런데 부와 소득의 양극화 문제는 상위 1%와 나머지 99%의 문제뿐만 아니라 상위 20%와 나머지 80%의 문제이기도 하다. 중상류층이 일반 대중과 확연히 분리되어 있으며 중상류층과 나머지 계층 간의 불평등은 어린 시절 시작되며 세습될 수 있기 때문이다.

한편 코로나19 사태 이전부터 글로벌 부채 위험이 증가하였다. 글로벌 금융위기 이후 세계 각국에서 GDP 대비 부채 규모가 늘어났다. 미국과 유로존의 경우 기업부채의 질이 나빠졌고 중국의 경우 기업부채 증가 속도가 가팔라서 지속가능성이 우려되었다. 남유럽 국가들의 경우 재정이 취약해지고 정부부채가 빠른 속도로 늘었다. 신흥국들의 경우 외채의 비율이 높아서 외부 충격에 취약하며 가계부채는 부동산 담보대출에 비례하여 크게 늘었다.

막대한 글로벌 부채의 존재는 코로나19 사태 극복과 경기 회복을 위해 재정 · 금융 정책을 펴는 데 제약 요인으로 작용하고 있다.

트럼프 전 대통령 시대에 미-중 간의 무역 마찰이 악화하였다. 트럼프 전 대통령이 미국의 무역수지 적자가 중국의 불공정 무역 때문이라고 포문을 열면서 무역 마찰이 시작되었는데 이는 투자 분쟁과 기술 분쟁의 성격을 함께 갖고 있었다. 그런데 트럼프 시대의 무역 마찰은 미국과 중국의 패권 전쟁 시동으로 보아야 할 것이다. 트럼프의 미국 우선주의와 시진핑의 중국몽이 부딪치면서 패권 세력인 미국과 도전

세력인 중국과의 충돌은 피할 수 없었다. 트럼프는 미국 우선주의를 주장하면서 제2차 세계대전 후 미국 주도로 세운 국제정치, 국제질서가 미국의 이해관계에 맞지 않으면 더 이상 따르지 않겠다고 했다. 중국은 이러한 틈새를 이용해서 아시아인프라투자은행을 창설하고 일대일로 정책을 추진하면서 기존의 글로벌 경제 질서, 지배구조, 시스템에 도전장을 내밀고 있다.

트럼프 정부 이후 출범한 바이든 정부는 트럼프 대통령과 달리 동맹국들과의 관계와 미국 중심의 경제질서, 지배구조, 시스템을 복원하고 있지만 중국과의 패권 전쟁은 지속할 것으로 보인다. 코로나19 사태 전 무역 마찰은 미국보다 중국 경제에 더 큰 충격을 주었다. 코로나19 사태를 중국이 빨리 극복하면서 중국 경제의 회복 속도가 빨랐지만 그 사태의 종식은 백신 접종과 집단 면역에 달렸으므로 누가 더 잘 극복하였는지 논하기는 아직 빠르다.

코로나19 사태 이전 주요국들은 어려움을 겪고 있었다. 코로나19 발생 전 미국 경제는 저금리 정책과 재정적자 확대로 경기 과열이라고 할 정도로 잘 나갔다. 그런데 정부와 민간의 부채 규모가 급격히 늘고 확대 금융 · 재정 정책으로 인해 자산시장이 과열하면서 거품 붕괴로 인한 경기침체 가능성이 우려되기도 하였다.

2008년 글로벌 금융위기 당시 과감한 재정 집행은 고도성장을 유지하고 세계 경기 부양에 공헌하였다. 그런데 중국은 코로나19 발생 전 지방정부와 공기업의 구조조정 지연, 부동산 시장 과열, 과도한 부동산 대출, 정부와 기업의 과도한 부채로 어려움을 겪고 있었다. 한편 중국은 권위주의 정치체제와 자본주의 경제체제를 어떻게 양립할 것인가

하는 문제를 안고 있다. 선진 경제 진입을 위해 통제를 풀면 시장은 확대되겠지만 권력은 축소될 것이다.

유로존의 경우 남부 유럽 국가들은 글로벌 금융위기의 상흔이 가시기 전에 코로나19 충격을 맞게 되었다. 서비스산업 중심의 남유럽 국가들의 경우 코로나19는 글로벌 금융위기 때보다 실물경제에 더욱 큰 충격을 주었다. 유럽연합EU은 코로나19 위기 속에서 연대와 각자도생의 전환기에서 절충안을 모색하고 합의점을 찾으려 할 것이다. 남유럽 국가들의 재정위기를 막기 위해서는 유로존 차원의 재정 지원이 필요하다. 유럽연합은 약 7,000억 유로 수준의 경제회복기금을 마련하였다. 유럽연합 차원의 채권을 발행하여 재원을 조달하는 것이기 때문에 재정동맹의 전 단계라고 할 수 있다.

코로나19 위기가 터지기 전부터 터키는 치안 불안과 미국과의 갈등, 아르헨티나는 곡물 가격의 급락, 베네수엘라는 석유 가격의 급락 등으로 인해 경제적인 어려움을 겪었다. 코로나19 사태와 함께 대외 충격 요인이 각국의 재정건전성 악화와 외채 증가 등 내부 취약 요인과 겹치면서 신흥국 중 일부가 외환위기, 금융위기, 경제위기로 치달을 가능성이 있다. 일부 신흥국들의 경제위기가 세계 경기를 위축시킬 가능성이 있다.

한국 경제의 성장 동력 상실과 구조적 문제

우리 경제는 코로나19 발생 전부터 경제의 동력을 상실하고 구조적 문제를 겪고 있었다. 먼저 소득 양극화와 중상류층의 기득권화, 둘째로 저출산과 고령화 심화, 셋째로 산업부문의 구조적 문제와 마지막으로 노동부문의 구조적 문제가 있었다. 그런데 정부는 정책적 효과가 나타나는 데 시간이 걸리는 구조적 문제 해결에는 손을 놓고 있었으며 정부의 경제정책 방향에도 문제가 있었다.

먼저 정부가 택한 소득주도성장 정책이나 부동산 정책은 본래 정부 주장과 의도와는 달리 소득과 자산의 양극화를 오히려 심화시켰다. 소득주도성장 정책이란 기본적으로 저소득층의 소득을 끌어올려 소득 분배를 개선하고 경기를 부양하며 성장도 높이겠다는 정책이다. 그렇지만 역사상 재분배 정책을 통해 경기 부양과 경제 성장을 동시에 달성한 나라는 없다. 경제가 성장하기 위해서는 투자, 인적 자본 개발, 연구 개발 등 경제 혁신을 통해 성장 잠재력을 높여야 할 것이다. 경기 부양을 위해서는 기존의 재정 · 금융 정책이 효율적이며 소득 분배 개선을 위해서는 사회보장 정책적 차원에서 접근해야 할 것이다. 정부의 직접고용 확대 정책이나 과도한 최저임금 인상정책은 득보다 실이 크다. 고용 확대는 민간 주도로 이루어지는 것이 바람직하다.

과도한 최저임금 인상은 오히려 고용을 줄이는 결과를 가져온다. 그런데 우리의 최저임금 문제는 대기업과 정규직 고용자 간의 문제가 아니라 자영업자와 파트타임직, 임시직 · 비정규직 간의 문제라는 점에서 심각성이 크다. 최저임금 인상으로 파트타임직, 임시직 · 비정규직의 소득은 오르겠지만 이들을 고용하는 같은 취약계층인 자영업자 소득은 떨어진다. 과도한 최저임금 인상으로 어려워진 자영업자들이 코로나19 피해를 가장 크게 입으면서 고용이 줄고 소득 분배도 오히려 악화하는 현상이 야기되었다.

우리도 교육과 노동시장을 통해 중상류층을 세습하고자 한다. 오늘날 젊은이들이 느끼는 불평등의 본질은 부모 세대가 본인들의 학벌과 지위를 바탕으로 자녀들에게 비슷한 학벌과 지위를 물려주는 것이다. 능력 본위 사회의 어두운 면이라고 할 수 있다. 능력 본위라고 주장하는 것이 불평등한 고등교육 시스템의 결과라면 문제가 있다. 기회는 평등하고 과정은 공정해야 할 것이다. 능력 본위 시장은 인정하되 시장이 인정하는 능력을 닦을 기회는 적극적으로 평준화하는 상향 평준화 제도 마련이 필요하다.

기술 개발과 일자리 보호를 상호보완적으로 보고 정부 주도의 연구개발 투자도 필요하다. 컴퓨터, 인터넷, 항생제 등 제2차 세계대전 이후로 고임금 일자리를 창출하는 신기술은 정부가 주도한 R&D 투자에서 이루어졌다.

또 다른 한국 경제의 구조적 문제는 저출산과 고령화가 심각한 것이다. 출생아 수가 감소하는 원인은 결혼 감소와 출산연령이 점점 늘어나기 때문이다. 그런데 근본적으로 저출산 문제는 육아, 교육, 주거 문제를 해결하지 못하고서는 풀 수 없다.

2020년 우리나라는 출생아는 줄고 사망자는 늘면서 절대 인구가 줄어드는 인구 절벽 현상과 함께 고령 사회로 진입하였다. 우리 경제의 고령화 현상은 OECD 국가 중 가장 빠르게 진행되고 있는데 2025년 초고령 사회에 진입하고 2050년 고령 인구 부양비는 70%를 상회할 것으로 예상된다.

고령화가 우리 사회와 경제에 미치는 충격은 공급과 수요 쪽 모두 빠르게 나타날 것이다. 생산가능인구 감소로 인한 공급 감소와 함께 저축 증대로 인한 수요 감소가 나타날 것이다.

고령 사회에 대처하기 위해서는 경제활동 참가율을 선진국 수준으로 높여야 한다. 고령 세대 복지를 위해서 의료 비용을 낮추고 혜택을 높이는 방향으로 의료보험제도도 개선해야 한다. 또한 저소득 고령층에 대한 연금제도 개선도 필요하다.

한편 우리는 산업과 노동부문 모두 구조적 문제를 안고 있다. 먼저 대기업과 중소기업 간의 공정 경쟁을 위한 구조 개혁과 노동부문의 정규직과 비정규직 간의 양극화 해소와 고용 확대 방안을 창출해야 할 것이다.

우리나라의 경우 대기업과 중소기업 간 그리고 제조업과 서비스산업 간의 생산성 격차가 너무 크다. 중소기업의 생산성을 높이고 서비스 산업을 육성하는 것이 우리 경제가 풀어야 할 숙제이다.

재벌의 지배구조 개혁도 우리 기업의 경쟁력을 높이기 위해 풀어야 할 과제이다. 국제 경쟁이 첨예한 상황에서 지배 대주주의 경영권 유지와 상속을 위한 정경유착, 탈세, 일감 몰아주기, 무리한 그룹 기업 간 M&A 추진 등은 사라져야 할 것이다.

노동부문 또한 산업 못지않게 많은 문제를 안고 있다. 우리 노동시장은 정규직과 비정규직으로 크게 양분되어 이중구조를 보이는 가운데 이들 소득 또한 양극화되어 있다.

노조 중심의 정규직 과보호와 4차 산업혁명에 발맞추지 못하는 노동조합의 경직성 또한 문제이다. 전체 근로자들 가운데 노조에 가입한 근로자 수는 양대 노총을 합해 2백만 명 정도로 그 비율은 높지 않다. 그런데도 노동조합이 강력한 영향력을 발휘할 수 있는 이유는 노동조합이 독점력을 가진 대기업, 금융기관, 공공기관에 집중되어 있기 때문이다. 또한 정치적 이해관계에 따른 정치권의 개입 또한 노동조합의 정치적 영향력 확대를 가져왔다.

코로나19 사태 발생 전 한국 경제 실상과 현안

코로나19가 한국 경제에 가한 충격과 한국 경제의 현실을 이해하기 위해서 코로나19 발생 전 2019년도 한국 경제 상황과 정부의 대응 정책을 살펴보자.

여기서 먼저 자산가격의 급등과 경제적 충격을 살펴보면 2019년 말 이미 GDP에 비해 국민순자산이 급증하고 수도권 중심으로 아파트 가격도 급등하면서 소득의 양극화보다 더한 자산의 양극화 현상이 나타났다.

자산과 소득과의 관계는 한국은행의 국민대차대조표 분석을 통해 알 수 있다. 2019년 우리나라 국민순자산/GDP 비율은 8.7로 2017년 7.8에 비해서 0.9배가 더 늘어났다. 코로나19 발생 이전 부동산이 대부분인 자산가격의 상승률이 명목소득의 상승률을 크게 앞지르면서 자산을 소유한 사람과 그렇지 못한 사람 간의 불평등이 더욱 커졌다.

그런데 생산과 관련된 고정자산/GDP 비율을 보면 2019년 3.3배로 2017년 이후 같은 수준을 유지하였다. 그리고 이는 주요 선진국 평균 3.1과 유사한 수준이다. 그렇다면 코로나19 사태 발생 이전 우리나라의 국민순자산/GDP 비율이 급격히 상승하고 다른 선진국에 비해서도 높은 이유는 토지자산을 포함한 비생산자산의 가격이 빠르게 상승하였기 때문임을 알 수 있다.

자산가격의 상승 현상은 서울의 아파트 가격 급등 현상에서 단적으로 나타난다. 서울 아파트 실거래가 지수는 2017년 11월 100에서 2019년 12월 129.5로 급등하였다. 그런데 문제는 서울 아파트 실거래가 지수는 2020년에도 더욱 빠른 속도로 상승하였다는 것이다. 2020년 12월에는 실거래가 지수가 155.9로 올랐으며 2021년에도 상승세가 이어져 2021년 4월에는 실거래가 지수가 164.9가 되었다. 우리는 아직 데이터가 없는 관계로 2020년 국민순자산/GDP 비율 분석을 할 수 없었다. 그런데 2020년 서울 아파트 실거래가 지수가 큰 폭으로 오른 것을 보면 2020년 국민순자산/GDP 비율도 더욱 오르고 자산 양극화 현상도 더욱 심화되었을 것이다.

서울과 수도권 중심으로 아파트 가격이 폭등한 것은 정부의 잘못된 진단과 정책 실패가 가장 큰 원인이다. 정부 부동산 정책의 목표는 주택가격의 안정과 서민층과 청년층 주거안정이어야 할 것이다.

정부는 투기적 수요로 인해 주택가격이 폭등하였다고 보았다. 그리고 투기꾼과 다주택자가 가격 폭등의 원흉이라고 보았다.

주택가격이 폭등한 가장 큰 이유는 서울과 수도권 등 주거 선호 지역의 공급이 크게 부족하기 때문이다. 국토부는 주택보급률 100%라는 자료를 근거로 주택 공급은 충분하다고 주장하였다. 그런데 주택보급률은 단순 가구 대비 주택 수일 뿐 국민이 살고 싶은 주택이 충분한지를 설명하지는 못한다. 현재 거주하는 주택의 품질이 문제가 된다는 점을 몰랐다. 또한 1인 가구와 2인 가구가 늘어나면서 가구 수 자체가 늘어난 것도 고려하지 못하였다.

수요 측면을 살펴보면 장기간 지속된 저금리와 늘어난 부동자금이 주택가격 급등의 가장 큰 원인이다. 자사고와 특목고 등을 없애는 교육 평준화 정책도 강남권 등 특정 지역으로 교육의 쏠림 현상을 가져와 특정 지역 주택시장 과열의 원인이 되었다.

정부의 주택 정책의 전문성과 일관성 결여도 주택시장 과열의 한 원인이 되었다. 정부가 정책을 펼 때 필요한 것은 뜨거운 가슴과 차가운 머리이다. 차가운 가슴으로 정책을 편다면 서민층과 청년층의 절박한 주택 문제를 제대로 이해하지 못하고 시장을 통한 문제 해결에만 집착하기 쉽다. 반면에 뜨거운 머리로 정책을 편다면 당위성에만 집착해서 주택 문제의 본질을 제대로 이해하여 진단하지 못하고 시장과 동떨어지고 일관성이 부족한 정책을 제시하기 쉽다.

주택가격 안정을 위해서는 주요 선호 지역의 주택 공급을 확대해야 한다. 가능한 택지를 개발하고 노후 아파트에 대한 재건축 규제를 풀고 고도 제한 규제도 재검토할 필요가 있다. 새로 개발한 주택 공급의 일정 부분은 청년층과 서민을 위한 공공임대주택으로 개발·활용하여 계층 간의 조화를 도모할 필요가 있다.

장기적으로는 교육, 의료, 신산업 분야Start-up에서 경쟁력을 갖춘 스마트 시티를 개발하고 과감한 인프라 투자를 통해 서울 등 주요 선호 지역에 대한 접근성을 높이는 정책을 펴는 것이 필요하다.

주택가격이 계속 상승하자 정부는 주택 공시가격을 대폭 상향 조정하고 취득세, 보유세, 양도세도 함께 올렸다. 부동산 시장에 거품이 낀 상황에서 1가구 1주택자의 주택 관련 세금을 일시에 모두 대폭 올린다는 것은 주거안정이라는 주택 정책의 목표와도 부합하지 않는다. 주택시장 공급 물량을 늘려 시장이 원활히 작동하도록 하려면 다주택자의 재산세, 종합부동산세 등 보유세는 강화하되 취득세와 양도세는 완화하는 조치가 필요할 것이다.

여기서 강조하고 싶은 점은 주택 정책의 전문성과 신뢰성이 필요하다는 것이다. 비전문 정치가가 주택 문제에 대한 전문성과 제대로 된 진단 없이 경제적 논리보다 정치적 논리로 정책을 편다면 그 정책은 성공할 수 없다. 정부가 정책의 신뢰성을 얻으려면 주택 관련 수요와 공급 측면의 모든 문제를 분석하고 장단기 정책을 일관성 있게 제시해야 할 것이다. 그렇지 못하면 오히려 부동산 시장에서 투기와 거품이 일어날 것이다.

코로나19 사태 전부터 우리 경제는 민간신용이 급증하였다. 특히 주택담보대출과 신용대출로 인한 가계대출이 급증하였다. 한편 저금리 상황에서 고금리를 찾아 금융기관 간 상호 연계성이 깊어지는 가운데 그림자 금융에서 위기가 발생하고 이 위기가 금융 시스템 전체로 파급될 수 있다. 2019년에 터진 라임과 옵티머스 등 사모펀드 금융사고가 대표적인 사례이다.

그동안 금융이 발전하면서 금융자산과 금융부채의 규모가 빠른 속도로 늘어났다. 금융 발전과 경제 성장 간의 관계는 금융과 실물 간의 심화 관계 그리고 금융기관 간 심화 관계로 나누어 볼 수 있다.

금융과 실물경제와의 긍정적 관계는 금융이 가계나 기업에 얼마나 자금을 잘 공급해 윤활유 역할을 제대로 하는가 하는 것이다. 그러나 가계에 대한 과도한 주택담보대출이나 부실기업에 대한 대출 확대는 경제안정을 저해하는 요인으로 작용할 것이다.

금융법인은 중계 역할을 하므로 금융법인의 금융자산과 금융부채 간의 차이는 크지 않다. 금융자산/GDP 비율로 평가되는 금융 심화도深化度는 금융법인의 가계와 기업 대출 확대뿐만 아니라 금융법인 간의 거래 확대로도 증가한다. 금융법인 간의 거래 확대는 금융의 효율성을 높이지만 고위험과 고수익을 목표로 하는 금융법인 간의 거래는 금융안정을 해치는 요인이 되기도 한다. 금융 규제와 감독이 중시되는 것은 이러한 거래로 인한 금융 불안정을 막기 위한 것이다. 특히 비은행 금융기관 주도로 금융 발전이 이루어지는 과정에서 고수익 · 고위험 투자를 고리로 타 금융기관 간의 연계성이 지나치게 강화된다면 금융 시스템 리스크가 발생할 가능성이 커지며 그 결과 경제 성장도 저해될 수 있다.

우리 경제 각각의 부문 간 자금 조달과 운영, 금융거래 규모, 총금융자산과 GDP 간의 관계를 분석하려면 한국은행에서 발행하는 국민대차대조표와 자금순환 통계를 살펴볼 필요가 있다.

국민대차대조표는 비금융법인, 금융법인, 일반정부, 가계 및 비영리단체, 국외 등 다섯 부문을 기준으로 부문별 금융자산과 금융부채의 규모를 보여준다. 복식부기의 원리에 따라 다섯 부문별 금융자산을 더한 총금융자산은 총금융부채와 같아진다.

2019년 말 대차대조표상 총금융자산은 1경 8,601조 원이다. 국내부문 금융자산 합이 1경 7,213조 원이고 해외부문 금융자산이 1,388조 원이다. 국내부문 금융부채의 합은 1경 6,633조 원이며 해외부문 금융부채는 1,962조 원이 된다.

2019년 말 국내부문 금융자산의 경우 금융부문이 8,638조 원이며 비금융법인, 일반정부, 가계 및 비영리단체 합인 비금융부문 금융자산은 8,575조 원이 된다.

그런데 여기서 비금융부문 부채, 즉 일반정부의 부채, 비금융법인의 부채, 가계 및 비영리단체 부채는 각 부문 재정건전성 유지와 부채관리 문제와 직결된다.

금융부채는 가계 및 비영리단체 1,879조 원, 비금융법인기업 2,803조 원 그리고 일반정부 1,008조 원으로 국내 비금융부문의 금융부채는 5,690조 원이다.

기업부채의 대 GDP 배율은 144%이다. 기업부채의 경우 중소기업은 금융기관 대출에 크게 의존하고 대기업은 자본시장 자금조달 비중이 높다.

한편 2019년 말 가계 및 비영리단체의 금융부채가 1,879조 원에 이르러 2019년 GDP 1,919조 원의 98%를 차지하고 있다. GDP 대비 가계신용은 다른 나라에 비해 높은 수준이다. 유사시 가계의 자산건전성 유지와 부채 관리에 그만큼 어려움이 클 것이다.

가계대출이 급속히 늘어난 원인은 저금리 상황에서 주택담보대출이 빠른 속도로 늘어났기 때문이다. 그런데 앞으로 부동산 시장의 거품이 꺼지고 주택 담보가치가 떨어진다면 가계대출과 금융기관의 건전성이 문제가 될 수 있을 것이다.

가계와 기업에 대한 민간신용은 가계 및 비영리 단체의 금융부채와 비금융법인기업의 금융부채를 합한 값이다. 민간신용의 대 GDP 배율은 244%이다.

실물경제의 발전을 위해서 금융부문의 뒷받침이 필요하다. 그렇지만 GDP 대비 가계와 기업 민간신용이 과도하게 높다는 것은 그만큼 민간부채 규모가 크다는 것을 의미하기도 한다. 과도한 금융기관 대출이 부동산 투기나 한계기업 연명 수단으로 이용된다면 경제발전을 저해하는 요인이 될 수 있다. 우리나라의 실질소득 수치는 오히려 미국, 영국, 독일, 일본 수치보다 높다.

그런데 GDP 대비 총금융자산 비율이 크게 높아진 이유는 비금융부문뿐만 아니라 금융부문의 금융자산과 부채가 큰 폭으로 늘어났기 때문이다. 가계와 기업에 대한 민간신용의 확대뿐만 아니라 은행과 비은행 간 그리고 비은행 간의 상호거래가 큰 폭으로 늘어나면서 금융부문의 금융자산과 부채가 큰 폭으로 늘어났다. 한 예로 투자증권사가 자산운영사가 운영하는 펀드에 투자하면 금융권 간 상호 연계성이 커지면서 투자증권사의 자산과 자산운영사의 부채가 늘어나 금융법인 전체의 금융자산과 금융부채가 늘어난다.

금융권 간 연계성 심화는 금융거래를 원활히 하는 측면이 있는 반면에 부실 위험을 금융권 간 빠른 속도로 전파하기도 한다.

특정 금융기관의 자산건전성 악화 또는 유동성 위험이 신용경색credit crunch, 자산 투매fire sale 및 환매 사태 등을 일으키며 시스템 전체의 위험을 유발할 수 있다.

글로벌 금융위기 이후 세계는 저금리, 저성장, 저물가 현상이 동시에 나타났으며 이러한 현상이 뉴노멀New Normal로 자리 잡았다.

한국은행의 통화신용정책 목표는 물가안정과 금융안정이다. 그런데 경기가 침체되고 저물가 현상을 보이는 상황에서 코로나19 사태 이전에도 한국은행의 정책 목표는 오히려 경기 부양에 맞추어 있었다고 볼 수 있다.

코로나19 사태 이전 한국은행은 경기 부양을 위해 계속 금리를 낮추어 왔다. 금리 인하로 투자와 소비를 늘려 경제 성장을 도모하고 물가도 목표 수준을 유지하자는 것이었다. 그런데 금리 인하로 인한 경기 부양 효과가 제대로 나타나지 않는 상황에서 저금리로 풀린 돈이 부동산 시장으로 몰리면서 부동산 시장의 거품과 금융 불안정을 가져왔다.

그런데 2015년 이후 우리의 기준금리가 2%보다 낮아서 코로나19 사태가 발생하기 이전 2년간 우리의 기준금리는 미국의 기준금리보다 낮았다.

문제는 저금리와 풍부한 유동성으로 인해 너무나도 많은 자금이 더 높은 수익률을 찾아 고수익 · 고위험 금융자산과 부동산 시장에 유입되면서 2020년 코로나19 사태 발생 전부터 금융 불안정에 대한 우려가 커졌다는 데 있다.

금리가 1% 수준으로 이미 낮은 상태에서 코로나19 사태를 맞이해 금리를 더욱 낮추는 데는 한계가 있었으며 금융정책의 정책적 효과도 크게 제약을 받게 되었다.

2008년 글로벌 금융위기 이후 실물 사이클뿐만 아니라 금융 사이클의 중요성을 인식하게 되었다. 주가, 신용, 부동산 가격 등 금융 변수 사이클의 변동성 확대가 금융 시스템 위험을 촉발할 뿐만 아니라 실물 경제에 영향을 줘서 막대한 사회적 · 경제적 비용을 발생시키기 때문이다. 그런데 실물 사이클과 금융 사이클은 함께 같은 방향으로 진행되기도 하고 각기 다른 방향으로 진행되기도 하므로 정책 선택에 어려움이 따른다. 또한 실물 사이클이 선행되기도 하고 금융 사이클이 선행되기도 한다. 금융안정과 관련한 가장 중요한 이슈는 부동산과 주식시장 등 자산시장의 과열과 거품 붕괴를 막고 가계와 기업 등 민간부문 부채를 안정적으로 관리하는 것이다. 금융안정을 위해서는 중앙은행의 적절한 통화신용정책과 함께 금융당국의 미시건전성 정책과 거시건전성 정책이 필요하다.

한국의 경제 성장 추세를 보면 1997~1998년 외환 · 금융위기 이후 5년 주기로 경제성장률이 1%씩 저하하면서 코로나19 사태 발생 직전 2%대에 머물렀다. 2018년, 2019년 경제성장률이 각각 2.7%와 2.0%로 2019년 들어 성장 동력이 급격히 떨어졌다.

성장 동력 약화와 함께 2019년 경우 교역조건의 악화로 실질 국내총소득Gross Domestic Income ; GDI은 0.4% 감소하여 실질 구매력을 나타내는 국민소득은 오히려 줄어들었다.

특히 경제 성장 잠재력과 직결되는 투자, 즉 건설투자와 설비투자가 코로나19 사태 이전 2년에 걸쳐 마이너스를 기록하고 있어 우려되고 있다. 한편 정부 소비증가율이 민간 소비증가율보다 2배 이상 높아 정부 주도의 소비와 성장이 이루어지고 있다는 점도 문제다.

한편 주체별 기여도를 보면 2018년 정부의 기여도가 0.9% 그리고 민간의 기여도가 1.8%이었는데 2019년에는 정부의 기여도가 1.6% 그리고 민간의 기여도가 0.4%였다. 간신히 경제성장률이 2019년에 2%를 턱걸이했지만 이는 민간의 경제 활력이 크게 떨어진 상황에서 정부의 확대재정이 경제 성장을 떠받친 것으로 볼 수 있다.

당해년 가격 기준으로 2019년 국내총생산GDP은 1,919조 원으로 2018년 1,898조 원보다 1.1% 증가하였다. 한편 GDP 디플레이터는

-0.9%를 보여 저성장 · 저물가 시대에 본격적으로 진입하였음을 알 수 있다.

정부 예산을 보면 총수입은 2013년 351.9조 원에서 2019년 473.1조 원으로 늘었으며, 총지출은 337.7조 원에서 485.2조 원으로 늘었다. 이 숫자는 통합재정수지상 수치인데 여기서 총수입과 총지출은 사회보장성 기금수입과 사회보장성 기금지출을 포함한다.

한편 관리재정수지는 정부의 통합재정수지에서 사회보장성 기금수지를 뺀 수치로 정부의 재정건전성을 평가하는 지표로 사용된다. 2013부터 2018년 동안 관리재정수지는 보통 마이너스 1% 전후 수준을 유지하였다.

그런데 정부가 2019년 들어 확대재정정책을 택하면서 2019년 관리재정수지는 54.4조 원 적자, GDP 대비 2.8% 적자를 기록하였다. 한편 코로나 사태가 발생하기 이전에 책정된 2020년 예산을 보면 총수입이 481.8조 원, 총지출이 512.3조 원이며, 관리재정수지는 71.5조 원 적자로 GDP 대비 3.5% 적자를 기록하고 국가채무 또한 64.4조 원 늘어날 것으로 예상되었다.

부채통계는 보통 국가채무(D1), 일반정부 부채(D2), 공공부문 부채(D3) 등 세 가지 유형으로 관리된다. 각각의 포괄 범위를 보면 국가채무(D1)는 중앙 및 지방정부의 회계 및 기금의 부채이며, 일반정부 부채(D2)는 국가채무에 비영리공공기관 부채를 더한 값이고 공공부문 부채(D3)는 일반정부 부채에 비금융공기업의 부채를 더한 값이다. 여기에 군인연금과 공무원연금 충당부채를 더하면 가장 광의의 정부부채(D4)가 된다. 그런데 우리의 경우 D3와 D4 부채가 많다. 정부가 재정 부담이 있는 큰 사업을 공기업에 떠넘기는 경향이 있고 군인과 공무원의 연금 지급을 정부가 보증하고 있기 때문이다.

2019년 말 기준 국가채무가 723.2조 원, 일반정부 부채가 810.7조 원 그리고 공공부문 부채 규모가 1,132.6조 원이며 GDP 대비 D1은 37.7%, D2는 42.2% 그리고 D3는 59.0%이다.

코로나19 발생 전 국제수지와 국제투자를 살펴보자.

한국은 2000년 이후에 계속해서 경상수지 흑자를 기록하고 있다. 경상수지는 상품수지, 서비스수지, 본원소득수지, 이전소득수지로 구성되어 있다. 지난 20년간 우리 경상수지의 특징을 보면 수출이 수입을 큰 폭으로 초과해서 상품수지는 큰 폭의 흑자를 기록하고 있다. 반면에 서비스수지는 여행수지와 기타 사업서비스가 큰 폭의 적자를 기록해 전체적으로 적자를 기록하고 있다.

2019년 들어 우리의 경상수지가 599.7억 달러 흑자를 기록하고 있음을 보여준다. 2018년 774.7억 달러 흑자 규모보다 175억 달러 줄어든 수준이다.

2019년 상품수지 흑자는 큰 폭으로 줄었는데 경상수지 흑자 폭이 상품수지 흑자 폭만큼 줄지 않은 것은 상대적으로 서비스수지와 본원수지가 개선되었기 때문이다. 2019년 서비스수지는 그 적자 폭이 줄어들었는데 가장 큰 요인은 여행수지 적자 폭이 줄어들었기 때문이다. 본원소득수지의 경우 그동안 누적된 해외투자에 따른 배당과 이자소득으로 인해 흑자를 기록하고 있다.

주요 지역별 수출 현황을 보면 상대적으로 성장률이 높은 지역으로의 수출 규모가 크며, 중국과 동남아가 절대적인 비중을 차지하고 있다.

금융계정 및 자본수지는 거주자와 비거주자의 모든 대외금융자산 및 부채의 거래 변동을 기록한다. 금융계정은 직접투자, 증권투자, 파생금융투자, 기타투자 및 준비자산 등으로 구성된다. 금융계정은 2019년 609.5억 달러 증가하였다. 경상수지 흑자분이 해외투자로 이어지면서 금융계정 증가 규모와 경상수지 흑자 규모가 비슷하다.

2019년에 직접투자 249.7억 달러, 증권투자 401억 달러, 파생금융상품 59.7억 달러 순자산이 늘어난 반면 기타투자의 경우 자산이 줄고 부채가 늘어나면서 순자산이 115.8억 달러 줄었다. 증권투자의 경우 주식 위주로 순자산이 증가하였으며 채권은 순자산이 오히려 줄었다.

지난 5년간 대외금융자산과 대외금융부채 현황을 보면 우리나라 2019년 말 순대외금융자산은 5,009억 달러로 전년 말 대비 648억 달러 증가하였다. 대외금융자산은 우리의 해외 증권투자가 크게 늘면서 1,534억 달러 증가하였으며, 대외금융부채 또한 외국인의 국내 증권투자가 늘어나면서 전년 말 대비 886억 달러 증가하였다.

지난 15년간 직접투자 추이를 보자. 글로벌 금융위기 이전에는 외국인의 국내 직접투자가 본국인의 해외투자를 상회하였으나 그 후 본국인의 해외투자가 빠른 속도로 늘어나면서 2019년 말 본국인의 해외 직접투자 잔액은 4,401억 달러인 반면 외국인의 본국 직접투자는 2,386억 달러이다.

증권투자 추이를 보면 1997~1998년 외환·금융위기 이후 자본시장 개방으로 외국인의 국내 주식시장 투자가 활발해진 이후 외국인의 국내 증권투자 규모는 항상 본국인의 해외 증권투자 규모를 큰 폭으로 상회하였다. 그렇지만 글로벌 금융위기를 벗어나고 본국인의 해외 증권투자가 활발해지면서 그 갭은 크게 줄어들어 2019년 말 본국인의 해외증권 투자 잔액은 5,720억 달러 그리고 외국인의 국내 증권투자는 7,413억 달러이다.

코로나19 사태 발생 이전 환율 움직임은 국내 요인뿐만 아니라 국제 요인에 모두 민감하게 반응하였다. 2008년 글로벌 금융위기 당시를 보면 외환보유고가 2,000억 달러가 넘고 국제수지가 흑자를 기록하고 있어서 경제의 펀더멘털은 튼튼하다고 믿었다. 그렇지만 자본이 해외로 빠져나가면서 환율이 크게 흔들리고 외환위기 가능성을 우려하는 상황까지 이르게 되었었다. 그 당시 위기를 극복할 수 있었던 가장 중요한 요인 중 하나가 한-미 간의 통화스왑이었다. 필요한 달러를 미국이 안정적으로 공급하리라는 사인을 주었기 때문이다.

코로나19 사태 발생 전 한국과 미국 간의 금리와 환율 움직임을 살펴보면 2019년 중반까지 미국 경제가 완전고용 상태에 이르면서 미국 금리가 빠른 속도로 오를 것이 예상되었다. 2018년 9월 현재 한국의 기준금리는 1.5%이었는데 미국은 기준금리를 2~2.25%로 올림으로써 한-미 간 금리 격차가 0.75%에 이르게 되었다. 미국은 2019년 들어 금리를 한 차례 올리면서 기준금리가 2.5%가 되었고 한국도 한 차례 금리를 0.25% 인상하여 격차가 유지되었다.

그런데 2019년 후반 들어 미국과 중국과의 무역 전쟁이 격화되고 글로벌 경기침체가 우려되면서 미국도 금리를 낮추는 방향으로 정책을 선회하였다. 우리나라도 2019년 중반부터 함께 기준금리를 낮추면서 한국과 미국 간의 금리 격차는 계속 유지되었다. 한국은 경상수지 흑자를 계속 기록하고 외환보유고도 늘어났음에도 금리 격차에 따른 자본

유출로 원화는 약세를 면하지 못하였다. 우리 경제가 침체된 것도 원화 약세를 가져온 한 요인이 되었다.

코로나19 사태 발생 이전 2년간 달러는 원화와 위안화에 대해 모두 강세를 보여주었다. 달러/원 움직임은 달러/위안화 움직임과 동조화 현상을 보였다.

2020년 코로나19 사태가 발생하였는데 이는 세계 경제뿐만 아니라 우리 경제에도 큰 충격을 주었다. 글로벌 경제 충격과 이에 따른 급격한 자본의 유출입이 가져오는 대외부문의 불안정 리스크를 막는 것이 필요하였다. 코로나19 사태로 인해 일시적으로 환율이 요동쳤으나 미국과의 통화스왑이 체결된 후 환율은 급속히 안정을 되찾았다.

코로나19 사태와 한국 경제

다음으로 코로나19 사태와 한국 경제에 대해서 살펴보자. 여기서는 코로나19와 관련 정부의 정책 대응, 한국 경제에 미친 충격 그리고 중요한 관련 현안과 이슈에 대해서 다룬다.

정부 정책은 크게 금융정책과 재정정책으로 나누어 볼 수 있다. 코로나19 극복을 위한 금융정책은 한국은행과 기획재정부가 책임을 지고 집행하였다. 한국은행은 금리를 0.5 퍼센트 수준으로 낮추고 금융기관과 자본시장에 유동성을 공급하면서 금융안정을 위해 노력하였다. 한편 기획재정부와 금융위원회는 피해를 본 가계와 기업 등에 대한 신규 대출, 만기 연장, 지급보증 등 정책금융 지원과 시중은행을 통한 만기 연장과 이자상환 유예 조치를 취하였다. 금융시장 충격을 막기 위해서는 단기 자본시장, 회사채 시장, 주식시장 등 자본시장 안정화 정책을 추진하였다.

그런데 금융안정을 유지하기 위해서는 이러한 조치들과 함께 급격한 자본의 유출입이 가져오는 대외부문의 불안정을 막고 금융권 상호 연계성 증가와 그림자 금융 비중 증가에서 나타나는 금융 시스템 리스크를 줄여야 할 필요가 있다.

코로나19를 극복하기 위해 정부는 4차에 걸쳐 재난지원금을 지급하면서 확대재정정책을 썼다. 그런데 코로나19 사태 전부터 확대재정정책을 쓴 결과 정부의 부채가 급등하였다. 경제가 정체를 보이는 가운데 부채의 규모뿐만 아니라 그 증가 속도가 빠르게 증가하였다. 중장기 재정운영 계획을 보더라도 정부는 앞으로 2023년까지 5% 후반대의 재정적자를 유지하려고 한다. 우리나라에서는 정부가 정부 재정이 담당할 투자의 많은 부분을 공공기관에 떠넘긴 결과 다른 나라에 비해서 공공부문의 부채가 높다.

적정 국가채무 수준이 얼마인지에 대한 이론적인 답은 없다. 국가채무 관리와 관련하여 우리는 먼저 재정의 지속가능성 여부를 따져봐야 할 것이다. 고령화와 저출산이 빠르게 진행되는 우리나라는 현 수준의 복지정책을 유지하더라도 국가채무가 급속히 늘어날 것이다. 또한 우리나라는 기축통화국도 아니며 대외개방도도 높고 가계와 기업의 부채도 높은 수준에 머물러 있다.

우리는 재정 준칙을 정해 정부채무를 관리할 필요가 있다. 경제위기 상황에서 포퓰리즘 정책이 남발되는 것을 막기 위해서도 국민 합의를 바탕으로 법률적 지위를 부여받는 재정 준칙의 제정이 필요하다.

최근 복지제도 구축과 관련하여 기본소득제와 전 국민 보험제도에 대한 논의가 뜨겁다. 그런데 이런 논의는 재원 확보 방안과 함께 논의가 진행되어야 할 것이다. 그렇지 않으면 포퓰리즘 정책으로 흐르기 쉽다.

코로나19 사태를 겪으면서 가계와 기업의 부채가 급등하고 있다. 가계부채 규모가 소득 규모를 능가하고 가계부채 증가율이 소득 증가율을 상회하고 있다. 가계부채가 급등한 원인은 코로나19 사태로 어려움을 겪는 가계들의 빚이 늘어나고 최근 자산가격이 급등하면서 빚을 내서 집과 주식을 사려는 수요가 늘었기 때문이다.

정부가 경기 부양을 위해 저금리 정책을 펴서 시중에 자금이 남아돌아가거나 부동산과 주식 가격이 계속 오를 것이라 믿는다면 가계의 과도한 차입이 계속되고 자산시장의 거품을 초래할 수 있다. 그런데 금리가 빨리 인상되거나 외부 충격이 발생하면 부동산 시장의 거품이 꺼지면서 금융시장 안정을 해치고 경제위기를 초래할 수 있다.

코로나19 확산에 대응하는 과정에서 정책 당국의 금융지원, 기업의 유동성 확보 노력 등으로 기업 신용이 크게 늘었다. 실적 부진이 지속되면서 기업의 재무 건전성이 악화한다면 원금 만기가 돌아오고 이자 상환 유예가 끝날 때 취약 업종을 중심으로 유동성 위험 및 신용 위험이 현재화할 가능성이 크다.

2020년 코로나19 사태가 발생하면서 국제수지에 대한 우려가 컸었다. 세계 경제 악화로 수출이 어려움을 겪을 것으로 예상을 하였다. 그런데 수출은 줄었으나 경상수지 흑자는 2019년보다 늘어나면서 경제에 효자 노릇을 하였다. 서비스수지 적자가 크게 줄었기 때문이다.

코로나19 발생 초반 달러 환율은 큰 폭으로 뛰면서 원화는 약세를 면하지 못하였다. 그러나 미국과의 통화스왑 협정이 체결되면서 환율은 안정을 되찾았다. 한편 경상수지 흑자가 지속되고 해외에서 풀린 돈이 우리 주식시장에 들어오면서 원화는 강세로 돌아섰다. 한편 위안화가 강세를 보이면서 원화와 위안화 동조화 현상도 나타났다. 미국이 영퍼센트 수준의 금리를 유지하고 양적 완화 정책을 추진함에 따라 달러 약세가 지속되었다.

글로벌 금융위기 이후 10년 가까이 주식시장은 2,000대 수준에서 정체되어 있었다. 코로나19 사태를 맞이하면서 주가지수가 2019년 말 2,197에서 2020년 3월 1,439까지 대폭 떨어졌다. 그런데 2020년 후반 들어 미국의 주가가 혁신 성장기업 중심으로 큰 폭으로 뛰자 한국의 주가도 같은 양상을 보였다. 2020년 후반 들어 주식시장은 과열 현상을 보이면서 12월 말 주가지수는 2,873으로 3월 최저가의 거의 100%가 오르고 2019년 말에 비해서도 31%가 올랐다.

주식시장뿐만 아니라 부동산 시장도 과열 양상을 보였다. 서울의 아파트 가격은 2017년 말부터 급등세를 보이기 시작하였다. 2017년 11월 아파트 실거래가 지수를 100으로 볼 때 2020년 12월은 155.9, 2021년 4월은 164.9이다.

부동산 시장의 과열은 자산의 양극화를 가져온다. 앞의 수치는 서울에 아파트를 소유한 사람들은 그렇지 않은 사람보다 부동산 자산이 평균적으로 64.9% 늘어났다는 것을 의미한다. 다시 말하면 2017년 이전에 서울 아파트를 매입하는 데 20년이 걸렸다면 앞으로는 33년 이상이 걸린다는 것이다. 자산 양극화는 정치·사회적 불안을 낳고 사회를 분열시킨다.

한국 경제는 마이너스 경제 성장과 자산시장의 과열이라는 K자형 회복 양상을 보인다. 또한 산업도 산업 간 격차가 커서 산업 간 K자형 회복 양상을 보인다. 제조업은 빠른 회복세를 보이지만 전통 서비스산업은 어려움을 겪고 있다. 전자상거래, 반도체, 전기차, 바이오 산업 등 비대면 서비스산업과 혁신 산업은 빠른 성장세를 기록하고 있다. 반면에 여행, 관광, 항공, 숙박, 음식점업 등 대면 서비스산업은 경제활동 위축과 정부의 영업 제한 조치 등으로 어려움을 겪고 있다.

코로나19는 고용에도 큰 충격을 주었다. 임시일용직과 자영업자들의 취업자 수가 큰 폭으로 감소하였으며 상근직의 고용은 비교적 안정적으로 유지되었다. 소득 수준이 낮은 임시일용직과 자영업자 계층에 더욱 큰 피해를 준 결과 소득의 양극화가 더욱 커졌다.

코로나19 사태는 산업구조와 노동시장의 변화를 가져왔다. 2010년 시총 상위 10대 기업은 전자 산업, 자동차 산업, 제철 산업, 에너지 산업 그리고 금융업이 주류를 이루었다. 2020년 시총 상위 10대 기업은 반도체, 바이오, 전기차 배터리, 인터넷 기업들이 장악하고 있다. 10년 사이 산업구조가 빠른 속도로 변한 것을 알 수 있다.

10년 사이 한국 증시를 이끌던 대표 기업들의 세대교체는 노동조합과 노동운동도 과거와는 궤를 달리해야 한다는 것을 의미한다. 새로운 시총 상위 10대 기업에서 필요로 하는 노동 인력은 고도의 전문 인력이며 과거 조선, 자동차, 전자, 제철 등 대기업을 이끌던 노동 인력과 같을 수 없다.

코로나19 이후 예상되는 글로벌 경제 변화

코로나19 사태 이후 먼저 세계 경제는 큰 폭의 지형 변화를 보일 것이다. 이를 보다 자세히 살펴보면 다음과 같다. 첫 번째 세계 경제 지형 변화는 탈세계화와 자국 우선주의 심화이다. 코로나19 사태는 세계화의 취약성을 여지없이 보여주었다. 두 번째 지형 변화는 각국이 경기침체를 벗어나기 위해 독자적인 경제정책을 추구하는 가운데 각국 간의 소득 격차가 더욱 커지고 있다는 것이다. 제조업과 비대면 산업의 비중이 높고 백신 접종을 빨리한 국가일수록 성장 속도가 빠르다. 한편 기축통화국들은 제약 요인 없이 원하는 금융정책과 재정정책을 쓸 수 있었으나 신흥국들은 외채 관리 문제로 정책 선택에 한계가 있다. 선진국들이 신흥국들보다 경제가 빨리 회복되리라 예상된다. 세 번째 지형 변화는 실물경제와 자산시장의 괴리와 디지털 경제로의 전환 가속화이다. 그런데 이러한 변화는 사회적 갈등을 확산시키는 요인으로 작용하고 있다. 이와 함께 코로나19 사태로 각국도생各國圖生 과정에서 국제적 연대의 약화와 코로나19 사태의 장기화에 따른 장기간 경기침체가 우려된다.

두 번째로 코로나19 사태를 극복하기 위해 세계 각국이 재정지출을 늘리고 돈을 과감하게 푼 결과 2020년 글로벌 부채의 증가 속도가 빠를 뿐만 아니라 GDP 대비 글로벌 부채 규모도 급격히 증가하였다. 가계, 기업, 정부의 부채 모두 빠른 속도로 늘었다. 선진국 중심의 성숙mature시장이나 개도국 중심의 신흥시장 모두 빠른 속도로 부채가 증가하였다. 개도국들의 부채 규모는 선진국들보다 적으나 외채를 짊어진 개도국들이 부채 관리의 어려움을 더 겪고 있어 미래의 글로벌 불안 요인으로 남아 있다.

글로벌 부채를 줄이는 가장 이상적인 방법은 백신과 치료제 개발과 빠른 백신 접종을 통해서 코로나19 사태가 종식되어 물가가 안정되고 경기를 회복하는 것이다. 그런데 글로벌 부채 이면에는 자산시장의 거품이 껴 있다. 자산시장의 거품이 일시에 꺼지면 세계 경제는 다시 한 번 어려움을 겪게 될 것이다.

세 번째로 코로나19 사태 이후 4차 산업혁명의 속도가 더욱 빨라질 것으로 예상된다. 팬데믹으로 인해 비대면 산업의 혁신이 빨라지고 있다. 또한 선진국들은 빅데이터와 AI를 중심에 둔 디지털 산업 육성, 기후 온난화를 막기 위한 그린 산업 육성, 글로벌 전염병을 막기 위한 생명공학과 바이오bio 산업 육성 등에 전력을 기울이고 있다.

미국은 반도체, 의료 장비와 의약품, 전기차 배터리 등에서 중국의 의존도를 줄이고 자체 공급망을 확보하고 동맹국들과 협력을 강화하겠다는 의지를 내보이고 있다. 이러한 미국의 정책은 단기적으로 우리에게 유리한 측면이 있으나 미국이 이들 산업의 경쟁력을 높이기 위한 국가적 산업 정책을 추구한다면 국제 경쟁은 더욱 격화할 수 밖에 없다.

네 번째로 미국과 중국 간의 패권 경쟁이 더욱 격화될 것으로 보인다. 미국과 중국 간의 패권 경쟁은 과거 미국과 소련과의 냉전과는 다른 양상을 보일 것이다. 그 이유는 중국의 경제 규모가 이미 미국 GDP의 2/3 수준을 넘었으며, 미국과 중국 간의 경제가 떼어내기 힘들 정도로 얽혀 있기 때문이다. 그런데 미국과 중국은 패권 경쟁 가운데 기후 붕괴, 핵무기 비확산, 팬데믹에 공동 대응해야 하는 과제를 안고 있다.

앞으로 자유시장 자본주의와 국가자본주의가 충돌하면서 무역 전쟁, 기술 전쟁, 화폐 경쟁은 더욱 격화될 것이다. 그런데 미국과 중국 모두 내부 갈등을 겪고 있으며 이를 어떻게 슬기롭게 극복하는가가 이들 국가 간 경쟁만큼 중요하다.

미국과 중국 간의 갈등이 커질수록 우리 선택의 어려움도 커진다. 우리는 자유민주주의와 자본주의를 지향한다는 우리의 가치와 정체성을 명확히 할 필요가 있다. 그리고 적어도 앞으로 20년간은 우리의 미래를 결정하는 변수인 첨단기술과 금융자본을 미국에 의존하고 있음을 인식해야 할 것이다.

한국 경제가 당면한 과제

2020년 초에 터진 코로나19 사태는 우리 경제와 세계 경제 판도에 커다란 충격을 주었다. 코로나19를 극복하기 위해 정부가 재정지출을 확대하고 돈을 풀었지만 경기침체는 계속되고 자산시장으로 돈이 몰리면서 부동산과 주식시장이 과열 현상을 보였다. 그 결과로 경기와 자산시장이 반대 방향으로 움직이는 K자형 경제 회복 양상을 보임과 동시에 소득과 부의 양극화 현상이 더욱 심해졌다.

우리 경제가 경기침체와 양극화를 해결하기 위해서는 먼저 우리 경제를 혁신하고 구조적 문제를 해결해야 할 것이다. 4차 산업혁명 시대를 맞이해서 디지털 경제, 그린 경제, 바이오 경제를 주도하면서 경쟁력을 확보하고 물가안정을 도모해야 할 것이다. 경제 양극화를 해결하기 위해서는 자산시장, 특히 부동산 시장의 안정을 도모하는 가운데 명목

성장률을 장기적으로 부동산 가격 상승률보다 계속 높은 수준으로 유지하도록 노력해야 할 것이다. 부동산 시장의 거품 붕괴는 단기에 자산시장 양극화를 해소하는 효과는 있으나 장기 경기침체를 가져올 수 있다는 점을 명심해야 할 것이다. 가장 경계해야 할 상황은 양극화 해소라는 명분 아래 포퓰리즘 정책을 쓰면서 인플레이션 상황으로 치닫는 것이다.

한편 저출산 · 고령화 현상이 심해지면서 인구가 줄어드는 현상이 나타나고 있다. 저출산을 극복하기 위한 핵심과제는 일과 가정의 양립, 주거 문제, 아이들의 교육 문제 해결일 것이다. 그런데 저출산 · 고령화 문제는 정책적 효과가 장기적으로 나타나고 구조적인 문제라 쉽게 해결할 수도 없다. 인내심을 가지고 사회적 합의를 끌어내야 할 것이다.

출산율이 낮아지고 있는 가장 큰 요인은 젊은이들이 육아, 교육, 주거 문제로 결혼과 자녀 낳기를 꺼리는 것이 근본 요인일 것이다. 출산율을 높이기 위해서는 기본적으로 유아 보육을 책임지고 맡길 시설을 정부 주도로 만들어야 하고 공교육을 충실히 하여 사교육비 부담을 덜고, 신혼부부들을 위한 감당할 수 있는 수준의 주거시설을 확보해야 할 것이다.

먼저 유아 보육은 우리 사회의 공동 책임이라는 인식 아래 유아 보육을 정부가 책임져야 할 것이다. 이를 위해 3~5세 영 · 유아의 의무교육을 실행하는 것이 바람직하다. 영 · 유아 의무교육은 사교육비를 크게 줄여 국가 차원에서 보면 오히려 교육 비용 낭비를 줄이고 경제 효율성을 높일 수 있을 것이다. 영 · 유아의 보육 시설은 기존의 초 · 중 · 고등학교 시설을 개량하여 함께 이용하면 되며 교원 확보는 저출산에 따른 초·중·고등학교 교원 수요 감소를 영·유아의 교육으로 돌리면 추가 비용을 최소화할 수 있을 것이다.

여성들이 3~5세 영·유아 보육에서 해방되면 출산율이 높아지고 여성의 경력 단절을 막아 노동시장 참여율도 높아지면서 인구 증가율 감소에 따른 경제 성장 잠재력 저하도 막을 수 있을 것이다.

교육은 한 사람의 미래를 결정한다. 한 국가의 미래를 결정하는 인재 양성은 어린 시절 교육 기회의 평등과 양질의 교육 제공으로부터 시작되어야 할 것이다. 양질의 교육이 어려서부터 제공되면 그만큼 진흙에서 진주를 캘 기회가 커질 것이며 그 나라의 성장 잠재력과 국제 경쟁력을 높이는 계기가 될 것이다.

양질의 교육 서비스 제공은 소득과 부의 분배 개선에도 결정적 역할을 할 것이다. 또한 소득과 부의 양극화가 해결될수록 사회적 갈등이 줄어들고 포용적 경제 성장을 달성할 수 있을 것이다. 평등하며 양질의 영·유아 보육 제공은 소득과 부의 양극화 개선과 함께 포용적 미래 사회를 열 것이다.

한편 우리 경제의 경쟁력 확보를 위해 필요한 산업과 노동시장 구조 개혁은 제대로 이루어지지 않고 있다. 우리가 앞으로 성장 동력을 회복하려면 경제 혁신과 함께 산업과 노동 분야에서 구조 개혁이 이루어져야 할 것이다. 그런데 현시점에서 큰 틀의 산업구조 개혁과 노동시장의 개혁은 사회적인 합의를 바탕으로 동시에 진행되어야 가능할 것이다. 우리의 노·사·정 대타협은 재벌들의 지배구조 개혁과 ESG 경영 추구 그리고 산업구조와 기술 변화에 따른 노조운동의 변화와 혁신에서 시작되어야 할 것이다.

우리 재벌 지배구조 개혁도 풀어야 할 숙제이다. 4차 산업혁명으로 기술과 산업구조가 급격히 바뀌는 상황에서 경영 능력이 검증되지 않은 재벌 3 · 4세대의 경영권 승계와 이 과정에서 발생하는 부조리는 기업뿐만 아니라 지배 대주주에게도 결코 도움이 되지 않는다. 기업 경영은 능력이 검증된 전문 경영인(능력이 검증된 지배 대주주 포함)에게 맡기고 지배 대주주는 이사회 의장을 맡는 등 감시 기능을 맡아 역할 분담을 할 필요가 있다.

코로나19 사태와 함께 기술 혁신은 산업구조 개혁과 함께 자동화로 인간 노동력과 일자리를 빠른 속도로 대체하고 있다. 정기적으로 인력을 뽑아 교육하고 상용직으로 고용하는 대신에 디지털 플랫폼 비즈니스 체계에 적합한 형태로 필요할 때 원하는 만큼 고용하는 임시직 · 일용직 형태로 고용을 하고 있다. 그런데 이 경우 청년층에게 가장 큰 피해가 갈 것이다.

정부는 청년층의 고용 확대를 교육의 연장이며 인간 자본human capital 육성이라고 보고 적극적인 대책을 세울 필요가 있다. 정부가 불필요한 공무원 숫자를 늘리기보다 기업이 고용과 해고를 자유롭게 하면서 청년층을 정규직으로 고용하도록 강한 유인책을 제공할 필요가 있다. 정부는 또한 디지털 산업, 그린 산업, 생명공학과 바이오 산업 육성에 필요한 청년층 인력 양성에 적극적으로 나서야 할 것이다.

코로나19 사태를 해결하는 과정에서 정부가 유동성 공급을 확대하고 재정을 확장해서 피해 가구를 돕는 것은 필요한 정책이다. 그런데 정부의 정책이 선거 표를 의식하면서 재정적 제약 요인을 고려하지 않거나 유동성 확대에 따른 부작용을 고려하지 않고 불투명하게 집행된다면 경제에 큰 해악을 끼칠 것이다.

포퓰리즘 정책의 문제는 여와 야 어느 한쪽이 선심성 정책을 들고 나오면 다른 한쪽도 경쟁적으로 선심성 정책을 남발하는 데 있다. 포퓰리즘 정책의 또 다른 문제는 단기성 인기 정책으로 인해 장기적으로 커다란 부작용을 낳는다는 것이다. 그리고 그 비용은 다음 세대가 짊어진다는 것이다.

투표를 통해 집권 기간이 일정하게 정해지는 경우 정권을 쥐고 있는 세력들은 집권 기간 중 성과가 나오지만 비용은 다음 정권이 지게 되는 정책들을 선호하게 되는 시스템적 결함이 있다. 특히 경제위기 하에서는 정책적 재량권이 크게 주어진 상황이라 이러한 문제가 더욱 두드러질 수 있다.

재정 준칙을 통해 국가채무 상한선을 정하고자 하는 것은 재정정책의 근시 편향적 성격을 막기 위해서다. 이와 함께 한국은행의 금융통화위원회와 같이 법적 독립성이 보장된 재정준칙위원회를 둘 필요가 있다. 일반적인 정부 위원회처럼 운영되면 안 되며 권한을 주고 구속력과 책임 의식을 지닌 금융통화위원회 수준이 되어야 한다. 금통위처럼 자율성을 주면 재정의 유연성도 함께 확보할 수 있을 것이다.

정부 예산 제약 아래에서 코로나19 재난지원금은 피해를 본 가계와 기업에 집중되어야 한다. 그런데 3차 재난지원금을 이미 지급한 상태에서 보편적 그리고 선별적 재난지원금을 함께 지급하자는 주장이 계속 나오고 있다. 이것은 재난지원금 재원을 전혀 고려하지 않은 대표적인 포퓰리즘 정책이다. 마찬가지로 재원이 마련되지 않은 기본소득제 주장도 포퓰리즘 정책이다.

비대면 산업 중 일부는 코로나19로 오히려 호황을 누리고 있으며 가계 중 소득이 늘어난 가구도 적지 않다. 그렇다면 재난지원금으로는 코로나19로 직접 타격을 입은 소상공인이나 자영업자를 두텁게 지원하는 것이 순리이다. K자 경제 회복을 보이는 가운데 타격을 입지 않은 분야까지 보편적 지원도 하자는 것은 대표적 포퓰리즘이다. 타격을 입지 않은 부문에 대한 지원은 결국 자산시장으로 되돌아와 부동산과 주식시장 과열에 일조할 것이다.

우리는 자유민주주의의 종주국이라는 미국에서조차 포퓰리즘과 팬덤 정치가 성행하면서 민주주의의 근간이 흔들리는 모습을 목격하였다. 그런데 포퓰리즘과 팬덤 정치는 코로나19 사태와 같은 국가 위기 상황에서 더욱 극성을 부리며 정치뿐만 아니라 경제를 망친다.

우리가 경제의 구조적 문제와 거시경제 현안 해결에 초점을 맞출 수 있는 것은 기본적으로 법과 제도가 안정적으로 유지되고 국가 안보 문제를 걱정하지 않아도 된다는 전제가 깔려 있기 때문이다.

정치의 사법화와 사법의 정치화는 자유민주주의의 근간인 법과 제도를 통째로 흔들 수 있다. 지속되는 적폐청산은 정치의 사법화이며 반대편에서는 정치보복이라 생각할 수 있다. 한편 사법의 정치화가 계속 진행된다면 제도적으로 법과 제도가 제대로 유지될 수 없다.

코로나19로 인한 탈세계화와 미국과 중국 간의 충돌 등 외교 · 정치 · 안보 지형 변화가 앞으로 한국 경제에 큰 충격을 줄 것이다. 미국과 중국 간의 대결 확산과 함께 한반도 위에서의 남북 간의 정세 변화도 우리 경제의 불확실성을 높이는 변수가 될 것이다.

국가 경제를 논할 때 그 틀을 어떻게 정하느냐가 중요하다. 우리가 경제 문제에 초점을 맞출 때는 기본적인 전제 조건, 즉 군사 · 안보 측면에서 든든하고 법과 제도적으로도 안정되어 있다는 전제가 뒤따른다. 우리가 법과 제도적인 측면을 충족한다고 할 때는 자유민주주의라는 가치 체계 확립과 시장경제와 행정, 입법, 사법 간 삼권 분립이라는 제도 확립을 전제로 한다. 우리가 지금 세계 10대 경제 대국으로 자리를 잡고 인구 5천만 이상 국가 중 소득 수준이 3만 달러를 넘은 7번째 국가가 된 것은 가치 체계와 법과 제도 확립 속에서 그동안 우리가 이룬 산업화와 민주화의 결실이라고 본다.

그런데 이러한 가치 체계와 법과 제도 확립은 그냥 주어지는 것이 아니며 우리의 외교 · 군사 · 안보 차원에서 굳건히 뒷받침되어야 할 것이다.

우리의 가장 중요한 핵심과제는 한반도에서 핵을 가진 북한과 그렇지 못한 남한 간의 군사 균형을 어떻게 회복하고 유지할 것인가 하는 것이다. 먼저 핵과 재래식 무기 간 균형이 유지될 수 있는가 하는 문제이다. 이러한 균형은 두 가지 측면에서 힘들다. 먼저 북한이 재래식 무기로 도발을 한 뒤 핵으로 위협한다면 이 위협을 감당하기가 쉽지 않을 것이다. 다음으로 동맹국 핵우산 속에서 균형을 유지하는 가운데 동맹국 자체가 핵 위험에 노출될 가능성이 있다거나 동맹 자체에 회의적이라면 북한의 핵 위협에 소극적으로 대응할 가능성이 있다.

한반도에서 군사 · 안보 차원에서 남북 간 균형이 유지되려면 남북 간 핵의 균형도 선행되어야 할 것이다. 남북 간의 본격적 경제 협력은 한반도에서 핵의 균형을 포함한 군사 · 안보적 균형이 이루어진 상태에서 본격적으로 추진될 수 있을 것이다. 물론 한반도 핵 균형은 남북만의 문제가 아니고 주변 강대국의 이해관계도 함께 걸린다. 또한 한반도의 핵 균형 이슈는 동북아의 핵 균형 이슈와 떼어 놀 수 없다는 점을 미국과 중국 모두 잘 알고 있을 것이다.

우리가 가장 경계해야 할 점은 핵 동결 및 상징적 수준의 핵 폐기와 경제 제재 완화를 맞바꾸는 단계적 비핵화 정책을 택하는 가운데 북한이 실질적인 핵 보유국으로 남고 북한의 비핵화가 물거품이 되는 것이다. 이렇게 되면 우리는 핵 보유국 북한의 정상 국가화를 지켜봐야만 할 것이다.

북한의 비핵화가 실질적으로 불가능하다면 핵 균형을 유지하기 위해 우리의 핵 방어 능력을 키우는 길을 모색해야 할 것이다. 동북아에서 '나토식 핵계획 그룹' 설치를 포함한 미국과의 핵 공유 방안을 모색해야 할 것이다. 물론 전술핵에 대한 소유권과 최종 승인권은 미국이 보유하고 있겠지만 핵 공유의 상징적인 효과는 클 것이다.

다음 단계로 우리도 핵 옵션을 가져야 할 것이다. 핵 개발을 위한 여건을 조성하고 능력을 고양해야 할 것이다. 당장 핵무기를 개발하자는 것은 아니다. 과학자 양성과 연구 증진 그리고 관련 시설 확보와 같은 기초 토양을 배양할 필요가 있다. 탈원전 정책으로 핵 발전 시설을 해체하고 연구 환경을 위축시키는 것은 에너지 정책과 안보 차원에서도 바른 방향이 아니다. 일본과 독일은 미국의 핵우산 아래 있으면서도 우수한 핵 인력과 재처리 및 고농축 시설을 갖추고 있어 필요한 경우 단시일에 핵무기를 개발할 수 있는 옵션을 쥐고 있다.

당사자로서 핵 옵션 유지는 북한과의 협상력을 높이고 미국의 북한에 대한 협상력과 중국의 대북 설득력을 높일 수 있을 것이다. 당사자인 우리가 한반도의 비핵화 문제를 언제까지나 미국과 중국의 손에 맡겨 놓을 수는 없다.

한편 미국과 중국 간의 패권 전쟁은 무역 분쟁, 기술 분쟁, 화폐 분쟁을 넘어 지역 분쟁으로 확대될 조짐을 보이고 있다. 우리는 이러한 지역 분쟁이 한반도의 비핵화 문제와 함께 한반도에 미치는 영향을 주시할 필요가 있다.

군사적인 측면에서 앞으로 20년간은 중국이 미국을 앞설 가능성은 없다. 우리의 안보를 위해서는 자유민주주의와 자본주의 시장경제라는 가치를 공유하고 기술과 경제적으로 상호의존도가 높은 미국과의 동맹을 강화해야 할 것이다. 미국과 중국 사이에서 전략적 모호성을 유지한다는 것은 위기 상황에서 결코 국가 안보를 유지하는 길이 아니다.

앞으로 지역, 세대, 이념 간 국내 갈등을 해소하고 한반도에서 남북 간의 외교, 안보, 군사적인 차원에서 균형을 이뤄야 한다. 특히 한반도에서 남북 간 핵의 균형이 이루어져야 한다.

코로나19 발생 전 국제 경제환경

chapter

2

코로나19 발생 전 세계 경제는 이미 자산과 소득의 양극화 현상이 빠른 속도로 진행되었으며 글로벌 부채 리스크를 우려하는 상황이었다. 이와 함께 중산층의 붕괴를 우려하게 되면서 소득 상위 20%인 중상층이 어떻게 자기들의 부를 대물림하는지에 대한 논란이 이어졌다.

한편 세계 경제는 과도한 정부, 가계, 기업의 부채로 인해 이미 부채 관리의 어려움을 겪고 있었다. 코로나19가 터지면서 각국이 확대 재정 · 금융 정책을 썼고 그 결과 글로벌 부채 관리 문제가 더욱 심각해졌으며 앞으로 각국이 풀어야 할 중요 과제가 되었다.

미-중 간 패권 전쟁은 코로나19 발생 전 미-중 간 무역 마찰로 시동을 걸었다. 미-중 간 무역 마찰은 미국의 미국 우선주의가 중국의 중국몽과 부딪치면서 패권 전쟁의 양상을 띠게 되었다. 무역 마찰은 기술 전쟁, 화폐 전쟁의 양상으로 발전하고 있으며 미국과 중국의 지도자들이 국내 정치에 이용하면서 패권 전쟁은 한층 심해질 가능성이 커졌다.

코로나19 발생 전 미국, 중국, 유럽연합, 신흥국들은 각각 고유의 난제들을 가지고 있었다. 그런데 코로나19 사태는 각국이 난제에 효과적으로 대응하기 전에 터져 나왔다.

이번 장에서는 코로나19 발생 전 국제 경제 환경에 대해서 앞서 언급한 주제로 간단히 다루고자 한다.

1. 세계적 소득 양극화와 글로벌 부채 리스크

세계적 소득 양극화 현상

소득과 부의 양극화는 코로나19 사태 이전부터 중요 정치적 · 사회적 · 경제적 문제로 대두되었다. 부와 소득 분배 양극화 현상은 글로벌 차원에서 보는 것과 국내 문제로 보느냐에 따라서 시각을 달리 할 수 있다. 21세기 들어와 상대적으로 저소득 국가였던 중국과 인도가 고도 성장을 하면서 이들 국가의 절대 빈곤 문제가 어느 정도 해결되고 소득 수준이 크게 높아졌다. 그렇지만 이들 국가에서 빈부격차는 오히려 커졌으며 여전히 풀어야 할 숙제이다. 한편 선진국들의 경우 기술 발전에 따라 기계가 인력을 대체하고 중국과 인도가 글로벌 노동시장에 편입되면서 중산층의 임금이 정체되고 소득 분배가 더욱 악화하였다.

크레디트 스위스 '2019년 글로벌 부 보고서'를 보면 세계 부wealth의 총액이 2019년 6월 말 기준 360조 6천억 달러로 집계되었다. 그런데 부의 분배 상황을 보면 〈그림 2-1〉에서 보듯이 자산 1백만 달러 이상을 보유한 성인은 글로벌 성인 인구의 0.9%인 4천 7백만 명으로 글로벌 자산 총액의 43.9%인 1백 58조 3천억 달러를 소유하고 있다. 국적별로 보면 미국, 중국, 일본, 영국 순으로 많으며 한국도 74만 1천 명으로 한국 성인 인구의 2% 수준이다. 다음으로 10만~100만 달러를 보유한 성인 인구는 9.8%인 4억 9천 9백만 명으로 글로벌 부 총액의 38.9%인 140조 2천억 달러를 소유하고 있다. 세계 부 상위 10%에 속하는 한국인은 1천 2백 30만 8천 명이다.

〈그림 2-1〉 세계 부 피라미드

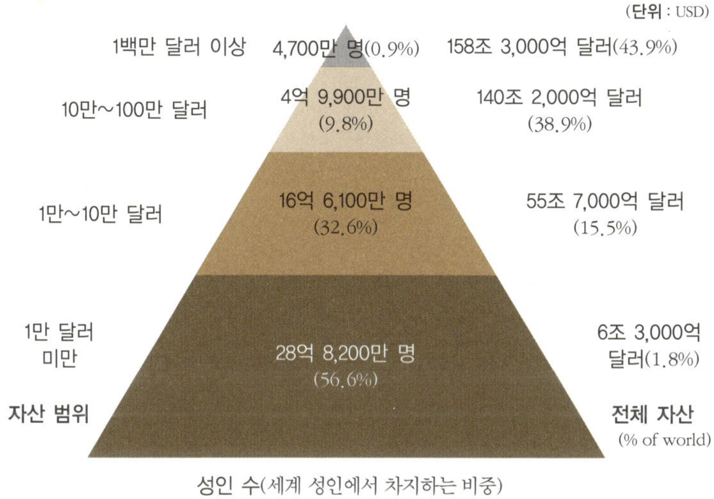

자료 : Global wealth report 2019, Credit Suisse

한편 신흥시장에서 중산층 팽창으로 인해 1만~10만 달러 자산 계층은 지난 20년간 그 숫자가 3배 이상 늘어나 글로벌 인구의 32.6%인 16억 6천 1백만 명이 되었으며 평균 자산은 3만 3,530달러이다. 이와 함께 자산 1만 달러 미만을 보유한 성인은 글로벌 성인 인구의 56.6%인 28억 8천 3백만 명으로 이들이 보유한 부의 총액은 글로벌 부의 1.8%인 6조 3천억 달러에 불과하다. 우리는 이 보고서를 통해 세계 부의 불평등이 얼마나 심각한지를 잘 알 수 있다.

위의 보고서에 따르면 한국 성인의 총자산은 7조 3천억 달러로 집계된다. 이 수치는 2018년 말 국민대차대조표상 가계 및 비영리단체 순자산 8천 7백 26조 원과 큰 차이를 보이지 않아서 그 분석을 어느 정도 믿을 수 있다고 본다. 보고서에 따르면 우리나라의 성인 1인당 평균

자산은 아시아 태평양 지역의 평균을 웃돌고 서유럽 수준과 비슷한 한편 상위 1%가 차지하는 부의 비중은 30%로 글로벌 1%가 소유한 비중보다는 낮은 것으로 나타난다. 그런데 우리의 부의 편중 현상은 부동산 소유 수준과 그 가격의 변화에 따라 결정된다는 점에서 문제의 심각성이 크다.

한편 리처드 리브스는 부와 소득의 양극화 문제는 상위 1%와 나머지 99%의 문제뿐만 아니라 상위 20%와 나머지 80%와의 문제라고도 보고 상위 20%, 즉 중상류층의 이기심을 고발하고 있다.

리브스에 따르면 중상류층의 자녀는 특권을 가지고 태어나고 기울어진 교육과 일자리 시장, 불공정한 기회 사재기로 계층 간 이동은 꽉 막힌 채 불평등이 세습된다. 중상류층은 인적 자본의 중요성을 재빨리 인식하고 입시와 노동시장 진입 기회 사재기를 통해서 그 지위를 세습한다.

글로벌 부채 리스크

코로나19 사태를 계기로 그동안 글로벌 저금리 기조로 주목을 덜 받았던 글로벌 부채 위험이 다시 인식되고 있다. 글로벌 금융위기 이후 글로벌 부채는 2009년 4분기 GDP 대비 305%, 금액으로 186.1조 달러에서 2019년 3분기 322.4%, 252.6조 달러로 늘어났다. 글로벌 금융위기를 겪으면서도 부채가 더 늘었다는 점에서 문제의 심각성이 크다. 글로벌 금융위기 이후 10년간 글로벌 부채는 기업부문이 9%, 정부부문이 17.9% 증가하였으나 가계부문과 금융부문은 각각 0.7%, 8.2% 감소하였다. 글로벌 금융위기를 겪으면서 선진국 중심으로 가계와 기업은 부채를 줄였으나 정부는 위기 극복 과정에서 재정지출을 확대한 결과 정부부채는 크게 늘어났다.

[표 2-1]에서 보듯이 2019년 3분기 말 현재 절대적인 부채 규모는 선진국이 GDP 대비 382.4%, 금액으로 180.1조 달러로 신흥국 222%, 72.5조 달러를 크게 상회한다. 그렇지만 2019년 3분기 말 선진국 부채의 대 GDP 비율은 2009년 4분기 말과 비교하여 4.9% 줄어든 반면 신흥국은 54.3% 늘어났다.

표 2-1 **부문별 글로벌 부채 현황**(2019년 3분기 말)

(단위 : 조 달러)

	가계부문	비금융부문	정부부문	금융부문	합계
선진국	34.3	43.1	52.5	30.2	180.1
신흥국	13.2	31.1	16.7	11.3	72.5
글로벌	47.5	74.4	69.2	61.5	252.6

자료 : Global Debt Monitor, Institute of International Finance

부문별로 보면 정부부채는 미국이나 유럽 등 선진국 중심으로 21.3% 증가하였으며 그 수준도 GDP 대비 109.9%나 된다. 특히 일본의 경우 정부부채는 GDP 대비 226.3%로 나타나 정부가 코로나19 경제위기를 극복하기 위해 확대재정정책을 세우는 데 제약 요인으로 작용하고 있다.

신흥국의 경우 정부부채는 지난 10년간 GDP 대비 12.2% 늘어났으나 그 규모는 52.1%로 선진국에 비해서 낮다.

기업부채의 대 GDP 비율은 선진국이 91.3%, 신흥국이 94.4%로 큰 차이를 보이지 않는다. 그러나 신흥국의 기업부채는 지난 10년간 빠른 속도로 증가하였다. 특히 중국의 경우 대 GDP 대비 기업부채가 지난 10년간 35.2% 증가하면서 그 비율이 156.7%에 이른다. 중국의 기업부채에서 국영기업의 비중은 35%로 나타나나 부분 정부 출자 기업을 포함한다면 80%에 이른다. 앞으로 중국 기업부채가 중국의 경제 성장 발목을 잡는 요인이 될 수 있을 것이다.

가계부채를 보면 선진국의 경우 지난 10년간 미국 21.2%, 유로존 6.4% 등 감소 추세를 보였으나 대 GDP 비율은 72.2% 수준이다. 신흥국의 경우 16.4% 증가하였으나 그 규모는 40.3%로 선진국에 비해 낮은 수준이다. 다만 중국의 경우 31.9% 증가세를 보였다.

금융부채는 기업 · 정부 · 가계 부채와 성격을 달리한다. 금융기관은 자금 중개 기관으로 금융자산과 부채 간에 큰 차이를 보이지 않는다. 따라서 금융부채의 대 GDP 비율이 높다는 것은 금융의 자금 중개 기능이 발달하고 금융기관 간의 상호 연계성이 그만큼 높다는 것을 의미한다. 그러나 머니 게임 등으로 인한 상호 연관성 증가로 그 비율이 높아졌다면 금융 불안 요인이 될 것이다.

글로벌 금융위기를 겪으면서 선진국의 부실 금융기관이 정리되어 선진국의 금융부채비율은 127.7%에서 109%로 18.7% 줄어들었지만 반면에 신흥국의 경우 16.4% 늘어 40.3%가 되었다.

각각의 부문별 위험을 살펴보면 기업부채의 경우 미국과 유로존은 BBB 등급 채권, 하이 일드high yield 채권, 레버리지leverage 론loan 등 증가로 부채의 질이 나빠졌다. 중국은 기업의 부채 증가 속도가 가팔라서 부채 지속가능성에 대한 의구심이 커졌다. 정부부채의 경우 그리스, 스페인 등 남유럽 국가들의 재정 취약성 문제가 다시 대두되었다.

한국의 경우를 보면 총부채비율이 동 기간 291%에서 326%로 늘어났다. 부문별로 보면 2019년 3분기 말 현재 가계부문이 22% 늘어 95.1%, 기업부문이 3.4% 늘어 101.6%, 정부는 큰 변동 없이 40.1% 그리고 금융부문이 10.5% 늘어 89.2%이다. 가계부문 부채의 증가 속도가 빠르고 그 수준도 다른 나라에 비해 높은 것으로 나타난다.

한편 코로나19 대응에 따른 재정 확대로 미국과 유럽의 주요국들의 정부부채가 급등하고 있다. 가계부채의 경우 코로나19 발 경기침체로 실업이 증가하고 소득이 감소하면서 부채 규모가 급속히 증가할 것이 우려된다. 또한 가계대출 부실에 따른 금융기관 부실도 우려된다. 신흥국의 경우 외채의 비율이 높아서 외부 충격에 특히 취약하다.

코로나19 사태 극복과 경기 회복을 위해 팽창 금융·재정 정책이 필요하다. 그런데 막대한 글로벌 부채의 존재는 각국 정부가 세계 경제 회복을 위해 정책을 펴는 데 커다란 제약 요인으로 작용할 것이다. 단기 내 부채위기가 발생할 가능성은 제한적이나 코로나19 충격이 장기화한다면 금융위기와 재정위기 등 복합위기가 발생할 가능성이 있다. 코로나19 이후에도 저성장, 저물가, 저금리로 특징지어지는 뉴노멀new normal 시대가 계속 진행된다면 주택담보 가계부채, 저신용 기업부채 및 정부부채 증가로 글로벌 부채 위험이 금융위기와 재정위기로 확대될 우려가 있다.

2. 미-중 간 패권 전쟁 태동

미-중 간의 무역 마찰이 2018년 들어 악화하면서 이것이 앞으로 무역 전쟁, 화폐 전쟁 그리고 패권 전쟁으로 어떻게 발전할지 그 누구도 예측할 수 없는 실정이었다. 경제적 이해관계를 떠나 정치적 고려가 작용하고 국가적 자존심이 작용한다면 사태는 걷잡을 수 없을 정도로 악화할 수 있기 때문이다. 현대에 들어와 강대국 간의 군사적 대결은 양국 모두 자멸을 의미하므로 강대국 간 대결이 경제 전쟁 양상으로 나타나고 있다. 그렇지만 이러한 대결 양상은 결국 자국 경제가 이를 어느 정도 감당할 수 있느냐 여부에 따라 결정될 것이다.

미-중 간 패권 전쟁은 세계 경제를 악화시킬 뿐만 아니라 우리 경제에 큰 피해를 줄 수 있다. 우리 경제가 수출에 크게 의존할 뿐만 아니라 미국은 안보적 차원에서 동맹국이며 중국은 우리의 최대 수출국이기 때문이다.

트럼프 시대의 무역 마찰

미국 트럼프 정부는 불공정 무역 관행과 무역 역조 해소를 이유로 중국산 수입품에 대해 고율의 관세를 부과하고 중국 또한 이를 되받아 치면서 미국과 중국 간의 무역 마찰이 더욱 심해졌다. 미국은 불공정 무역 관행 제재를 규정한 미 통상법 301조를 근거로 500억 달러에 해당하는 중국 수입품에 25% 관세를 부과하였고 중국은 미국의 조치가 국제 규범에 어긋난다고 주장하고 같은 방식으로 맞대응하였다. 미국은 중국의 보복에 대한 대응으로 다시 2,000억 달러에 해당하는 중국 수입품에 2018년 9월 10%의 관세를 부과하였으며, 중국이 보복관세를 부과하고 협상이 제대로 이루어지지 않는다면 2019년 1월부로 관세율을 25%로 올릴 뿐만 아니라 나머지 수입품에 대해서도 관세를 부과하겠다고 으름장을 놓았다. 중국 또한 미국 수입품 600억 달러에 보복관세를 부과함으로써 무역 분쟁이 새로운 국면으로 접어들었다.

트럼프 행정부 당시 미-중 무역 분쟁의 원인은 크게 경제적 그리고 비경제적 요인으로 나누어 볼 수 있다.

경제적 요인은 먼저 미국과 중국 간 무역 불균형이 계속 커진 것이다. 2017년 중국의 대미 수출액은 5,000억 달러 규모이나 미국의 대중 수출액은 1,300억 달러에 그쳤다. 중국과의 무역적자가 3,700억 달러에 이르러 미국 무역수지 적자의 65%나 되었다.[1] 그런데 중국의 경우 전면적인 국제수지 흑자 규모를 보면 2007년 GDP 9% 수준에서 2017년에는 1.8%로 큰 폭으로 줄어들었다.[2]

중국은 국제수지 문제를 다자간의 문제로 보아야 하며 이 경우 현재 중국의 국제수지 흑자는 큰 문제가 되지 않는다고 주장하였다. 중국의 전반적인 국제수지 불균형은 크지 않아서 큰 문제가 없으며, 대미 불균형은 미국 측의 과소비가 문제라고 주장한다. 중국은 미국의 무역

1. 2017년 미국의 GDP는 19.4조 달러이며 미국의 경상수지 적자는 4,660억 달러로 GDP의 2.4%에 이른다. 무역수지의 경우 GDP의 2.9%에 이른다. (IMF의 US country report 2018 참조)

2. 2017년 중국의 GDP는 12.2조 달러로 중국의 대미 흑자 폭은 GDP의 4%가 넘지만 다른 국가들과의 관계에서는 적자를 기록해 전체 흑자 폭은 1.8%를 기록하고 있다. (IMF의 China country report 2018 참조)

적자가 미국이 생산 이상으로 소비함으로써 발생한다고 주장한다. 중국산 수입품에 관세를 부과하여 가격이 높아지면 미국의 수입 선이 중국에서 동남아시아의 다른 나라로 바뀔 수는 있으나 미국 국제수지 적자 폭을 줄이는 데는 별로 영향을 주지 못한다고 주장한다. 그렇다면 중국이 불공정 무역 흑자국이라 할 수 없다는 주장이다.

미국 트럼프 정부는 중국이 공정하지 못한 정책과 조치를 통해 자국 시장을 보호하면서 개방된 미국 시장에 무임 승차한 결과 과도한 대미 무역 흑자를 기록하고 있다고 주장한다. 트럼프 대통령은 무역적자로 인해 미국의 일자리를 빼앗겼다고 주장하였다.

국제수지 불균형은 양국 간의 문제이므로 한 나라의 과도한 소비만 아니라 다른 나라의 과도한 저축도 원인이 될 수 있다. 미국 연방준비제도 총재를 역임한 버냉키Bernanke는 국제수지 불균형이 중국의 생산에 훨씬 못 미치는 소비, 즉 중국의 과잉 저축이 원인이라고 주장한다.

기술 전쟁과 화폐 전쟁의 시동

트럼프 정부의 무역 마찰은 투자 분쟁과 기술 분쟁의 성격도 함께 띠고 있다. 미국의 관세 부과도 그 근거가 통상법 301조에 의한 중국의 지적재산권 침해에 대한 대응조치이다. 미국은 중국이 지적재산권 침해로 엄청난 규모의 부당 이익을 보고 있다고 판단한다.

미-중 무역 분쟁의 또 다른 배경은 중국에 투자하는 외국인 기업에 대한 합작회사 설립과 기술이전 강요, 특정 산업에 대한 정부의 과도한 보조금 지급과 그 결과 나타난 과잉 설비와 과잉 생산, 'Made in

China 2025'로 불리는 정부 주도 첨단기술 산업 육성 등이다.[3] 이들 내용은 WTO 규범 위배로 볼 수 있는데 트럼프 정부는 WTO에 제소해서 문제를 해결하기보다는 중국의 아킬레스건Achilles' heel인 중국 GDP의 4%를 넘는 대미 수출 산업의 생산 사슬product chain에 직접 충격을 주는 방법을 통해 문제를 해결하려고 하였다. 이러한 충격 요법은 중국의 해당 산업뿐만 아니라 주식시장과 외환시장 등 금융시장의 교란 요인으로 작용한다는 점에서 그 파급력이 크다.

미-중 무역 전쟁이 다음 단계인 화폐 전쟁으로 확대될지 또한 모두의 관심사이다. 일본의 잃어버린 20년을 분석할 때 그 사태의 가장 큰 원인으로 플라자 합의에 의한 엔고 현상과 부동산 시장의 거품 붕괴가 지적된다.[4] 1985년 플라자 합의로 엔고 현상이 나타났고 엔고는 일본의 수출 경쟁력을 떨어뜨려 일본은 수출에 어려움을 겪었다. 일본 정부는 수출 감소를 내수 확대로 대체하기 위해 금리를 낮추는 등 내수 부양정책을 폈다. 그런데 과도한 내수 부양정책으로 일본 경제에 거품이 커졌고 이러한 거품이 일시에 붕괴하면서 일본은 잃어버린 20년을 겪게 되었다는 것이다.

미-중 화폐 전쟁은 중국의 대미 국제수지를 이유로 미국이 중국 위안화의 절상을 요구하면서 발생할 수 있다. 위안화 약세가 지속된다면 미국은 중국을 환율조작국으로 지정할 수 있다. 미국은 보통 2015년

---

3. 중국의 입장은 과거 첨단 산업에 대한 정부 보조는 미국만 아니라 유럽 각국들도 중국 못지않다는 것이다.

4. 1985년 9월 미국의 뉴욕 플라자 호텔에서 G5 재무장관들이 모여 달러화 강세를 시정하기로 결의한 조치를 말한다.

교역촉진법을 통해서 환율 조작 여부를 판단해 왔으나 종합무역법을 통해서도 환율조작국 지정이 가능할 수 있게 하였다.

그런데 양국 모두 환율조작국 지정으로 인한 득보다 실이 더 크다. 미국의 경우 미-중 간 분쟁이 무역을 넘어서 금융 분야까지 확대되어 국제금융시장이 경색되고 세계 경제 자체가 크게 흔들린다면 미국 경제에도 부담이 된다. 중국의 국제수지 흑자 대 GDP 비율이 1%대에 머물러 있는 상황에서 미국이 가격 변수인 환율의 절상을 요구하는 것도 트럼프 정부라도 대외적으로 정책을 합리화하기가 어렵다.

중국도 위안화 가치를 적정선에서 유지할 유인이 크다. 위안화 가치가 하락해 관세 부과 전보다 대미 수출이 늘어난다면 미국과의 통상 마찰이 심화되어 중국 측에도 부담이 된다. 이와 함께 위안화 가치가 과도하게 하락해 자본의 해외 유출이 촉발되고 자국 내 금융부문이 흔들리는 것도 바람직하지 않다.

트럼프 시대 미국과 중국의 패권 전쟁 시동

그런데 이러한 무역 충돌이 경제적 요인보다 트럼프의 미국 우선주의와 시진핑의 중국몽中國夢이 충돌하는 패권국과 신흥강국 간의 갈등 구조에 기인한다면 문제의 심각성은 더욱 커진다. 갈등 구조는 장기간에 걸쳐 계속될 것이며 미국과 중국 경제만 아니라 세계 경제에 충격을 줄 것이다.

그렇다면 G-2라고 불리는 미-중 충돌은 피할 수 없는 투키디데스Thucydides의 함정인가? 하버드대학교의 앨리슨 교수는 그의 저서

『예정된 전쟁(Destined for War, Can America and China Escape Thucydides's Trap?)』에서 패권 세력인 미국과 도전 세력인 중국 간의 충돌은 피할 수 없다고 보았다.[5]

미국과 중국 간의 무력 충돌은 양국의 자멸을 가져올 것이므로 현대전은 결국 경제전의 양상을 갖게 될 것인가? 미국과 중국은 경제 동반자가 아니고 패권을 다투는 경쟁자로 보아야 할 것인가? 미국 무역마찰을 미-중 패권 전쟁의 전주곡으로 보아야 할 것인가? 트럼프 시대의 무역 충돌은 여러 가지를 함의하였다.

중국은 2018년 3월 전국인민대표회의전인대 개헌을 통해 국가주석 임기 제한 규정을 삭제함으로써 시진핑의 장기 집권의 길을 열었다. 중국의 지속적인 경제발전을 위해 시진핑의 강력한 리더십이 필요하다는 이유였다.

시진핑 주석은 앞서 언급한 2018년 전인대에서 중국공산당 창건 100주년인 2021년까지 중류 수준의 사회를 건설하고 2035년까지 사회주의의 현대화를 실현하며 공산국가 수립 100년 되는 2049년에 종합 국력과 세계 영향력이 세계 최고인 국가를 건설하겠다는 야심 찬 계획을 내놓았다. 시진핑 1인 체제 구축과 함께 중화 민족주의를 내세우면서 미국 주도 세계질서에 대한 도발과 도전을 한 것이다. 당 창건 100주년, 건국 100주년을 기해 국제 체제에 큰 변화가 있을 것이며 2049년 중국이 지역 패권을 넘어 세계질서를 주도하는 신시대를 열 것이라는

---

5. 투키디데스의 함정이라는 표현은 패권 세력과 신흥 세력의 긴장관계를 설명할 때 쓰이는 표현이다. 역사학자이자 군인인 투키디데스는 펠로폰네소스 전쟁은 패권국인 스파르타와 신흥 강국인 아테네와의 긴장관계에서 일어난 불가피한 전쟁으로 보고 있다.

점을 대외적으로 선포한 것이다.

시진핑은 당 창건과 건국 100년을 삼등분해서 마오쩌둥毛澤東은 국가를 통일하고 정치사상 문제를 해결한 인물로, 덩샤오핑鄧小平은 경제적 빈곤을 해결하고 경제발전을 이룩한 인물로, 본인은 중국 현대사의 정치와 경제 문제를 모두 해결해 중국을 세계 최강국으로 이끈 인물로 자리 잡으려고 하고 있다.

이러한 배경하에서 중국은 글로벌 경제질서global economic order, 지배구조governance 체제와 시스템system에도 도전장을 내놓고 있다.

제2차 세계대전 후 글로벌 경제질서는 미국 주도로 유럽과의 협력을 통해 유지되어 왔다.[6] 글로벌 지배구조 체제와 시스템을 보면 경제개발은 세계은행world bank, 무역 질서는 세계무역기구(과거 GATT에서 현재 WTO), 국제 금융은 국제통화기금IMF 중심으로 이루어졌다.

그런데 트럼프 행정부가 WTO 중심의 다자무역체제를 더 이상 받아들이지 않겠다고 하면서 글로벌 무역 체제는 심각한 리더십 부재에 직면하게 되었다. 트럼프 대통령은 자국의 이익에 도움이 되지 않는다고 WTO 탈퇴도 언급하였으며, 다자간보다 양자 간 접근 방식을 선호하였다.

중국은 미국 중심의 경제질서, 지배구조, 시스템에 대항해서 아시아인프라투자은행AIIB을 창설하고 일대일로一帶一路 정책을 통해 아시아와 유럽을 연결하면서 글로벌 영향력 강화를 도모하고 있다.[7]

---

6. 글로벌 정치질서는 UN, 특히 안전보장이사회 중심으로 이루어졌다.

7. AIIB는 미국과 일본 중심의 세계은행과 아시아개발은행(ADB) 등에 대항하여 중국 주도로 설립된 다자간 개발은행이다. 총 57개국이 창립회원국으로 참여하였으며 1천억 달러

중국의 일대일로一帶一路 정책은 육상 신 실크로드一帶와 해상 신 실크로드一路 구축을 의미하는 정책으로 아시아에서부터 유럽까지 이어지는 대중화大中華 경제권 건설을 위한 전략이다.

그런데 최근 들어 이디오피아와 파키스탄처럼 일대일로 프로젝트에 참여해 무분별하게 빚을 지고 파산 위기에 몰린 국가들이 나오면서 일대일로 정책의 부작용이 나타나고 있다. 중국이 AIIB나 일대일로 정책과 같은 새로운 글로벌 질서, 지배구조, 시스템을 구축하는 데에는 상당한 시간과 비용이 따를 것이다.

트럼프는 2018년 9월 유엔 총회 연설에서 미국은 '글로벌리즘globalism'이라는 이데올로기를 부정하고 '애국주의patriotism' 노선을 받아들이겠다면서 '미국 우선주의'를 다시 한번 천명하였다. 제2차 세계대전 후 미국 주도로 수립한 국제정치, 경제질서를 미국의 이해관계에 맞지 않는다면 더는 따르지 않겠다는 주장이다. 또한 미-중 무역 불균형을 받아들일 수 없으며 중국의 시장 왜곡을 더는 용납하지 않겠다고 선언하였다.

트럼프 대통령 시대의 무역정책을 1980년대 레이건 대통령의 대소 군비확장 정책과 비견하는 시각이 있다. 그 당시 레이건 대통령의 군비확장 정책으로 인해 소련 경제의 취약성이 그대로 노출되었다는 것이다. 군비확장 경쟁으로 소련 경제가 무너졌고 소련이 해체되면서 러시아로 탈바꿈하였고 동서 냉전을 붕괴하였다고 본다. 그 당시 군비 경쟁

의 자본금을 기반으로 융자, 지급보증, 지분투자 등을 통해 아시아 지역의 인프라 개발 자금을 지원한다.

전까지 소련 경제가 그 정도로 취약한지를 아무도 몰랐다는 것이다. 이에 따라 레이건을 따르는 미국 유권자들 사이에서 레이건은 동서냉전을 종식한 인물로 평가받고 있다. 트럼프도 잠재의식 속에 중국을 흔들 적기라는 생각하였을 것이다. 그런데 미국의 통상정책 근저에 중국 발전을 견제하고 미국을 다시 초강대국으로 만들겠다는 생각이 깔려 있다면 트럼프 시대의 무역 마찰은 트럼프 정부에서 끝나지 않고 대통령이 바뀌어도 계속될 것이다.

그렇다면 중국 또한 무역 전쟁의 장기화에 대비할 것이다. 중국은 중국의 경제 규모가 미국의 2/3 수준을 넘었고 외환보유고 또한 3조 달러를 넘어 무역 전쟁 장기화에 대비할 여력이 충분하다고 보고 있다. 동서 냉전 당시 소련처럼 경제가 취약하지 않고 플라자 합의 당시 일본처럼 국제수지 흑자 폭이 크지 않을 뿐 아니라 군사 · 안보 차원에서 미국에 의존하고 있지 않다는 것이다.

그런데 미국과 중국 지도자 모두 무역 전쟁 장기화에 대한 부담이 있는 것도 사실이다. 무역 전쟁으로 교역이 감소하고 경기가 침체하고 물가가 상승한다면 양국의 지도자 모두 그 책임을 져야 하기 때문이다.

미국은 자국 주도로 세운 국제 경제질서를 스스로 깨는 트럼프 정책이 장기적으로 자국 경제에 유리한지 다시 한번 생각해볼 것이다. 다른 서방 선진국들과의 관계도 악화하는 상황 속에서 기존의 질서와 제도를 깨고 힘으로 계속 상대방을 몰아붙이는 것이 가능하고 바람직한지도 생각할 것이다. 실제로 트럼프가 2020년 대선에서 지고 바이든이 대통령이 되자 이러한 트럼프의 정책은 되돌려졌다.

중국의 경우 자국 GDP의 4% 수준을 미국에 수출하는 상황에서 무역 마찰이 생산과 고용에 악영향을 끼친다는 것은 자명하다. 지방정부와 공기업 구조조정 지연, 부동산 시장 거품, 급속한 부채 증가 등 경제적 취약성을 안고 있는 상황에서 무역 전쟁의 장기화를 감당할 수 있을까도 생각해볼 것이다.

미-중 무역 마찰이 일어난 이후 2019년 미국의 주식시장은 상승세를 유지하고 있으나 중국 주식시장은 하락세로 돌아섰다. 한편 외환시장에서 달러는 강세, 위안화는 약세를 기록하였다.

그런데 미-중 간 무역 마찰은 미국 바이든 행정부가 들어서고 2020년 코로나19 사태가 발생하면서 새로운 전기를 맞게 되었다. 미국과 중국은 협력Cooperation, 경쟁Competition, 대결Confrontation 관계를 앞으로 함께 유지할 것이다. 기후 문제, 코로나19 퇴치, 핵 확산 방지 등 글로벌 문제를 풀기 위한 일정 분야의 협력은 계속하면서 기술, 금융 등 분야에서 경쟁과 대결은 격화될 것이다. 외교 · 안보 측면에서 미국과의 동맹 관계에 있으며 중국이 가장 큰 수출 시장인 우리의 경우 미국과 중국 간의 충돌은 그만큼 우리의 입장을 어렵게 만들고 있다.

3. 코로나19 사태 이전 주요국 경제 리스크

미국의 경제 리스크

코로나19 경제위기가 발생하기 전 일부 미국의 경제학자들은 다음 번 경기침체는 주식시장의 붕괴에서 시작될 것이라 보았다. 다른 주요 요인으로는 미-중 무역 충돌, 터키, 아르헨티나, 브라질 등 신흥국가들의 금융위기와 그 전염 효과, 지속되는 유로존 위기, 중국 경제의 취약성 등을 들었다.

월스트리트의 달리오Ray Dalio는 다음번 미국의 금융위기가 발생한다면 그 영향은 2008년 금융위기보다 더욱 심각할 수 있다고 주장하였다. 그 이유로는 대량 파괴 금융 무기라는 파생금융상품의 규모가 크다는 점, 정부와 민간의 부채 규모가 오히려 늘었다는 점, 금융자산과 부동산의 가치가 과대평가되었다는 점, 낮은 금리로 인해 잘못된 투자가 이루어지고 있다는 점 그리고 정부의 재정적자 확대 등을 들었다. 미국 정부의 경기 수용적인 통화정책accommodative monetary policy과 확대재정 정책도 경제위기 발생 시 경기침체를 더욱 심화시킬 것으로 보았다. 트럼프 대통령의 법인세 인하로 2019년 재정적자도 1조 달러에 이를 것으로 예상돼 재정건전성 유지에 적신호가 켜졌다고 보았다. 트럼프 정부의 자기자본비율 완화, 스트레스 테스트 완화 등 금융규제 완화 정책도 금융안정을 저해하는 요인으로 뽑았다.

저금리 정책은 기본적으로 미래의 수요를 현재로 앞당김으로써 정책적인 효과를 얻는다. 그런데 저금리 정책을 이미 장기간 채택함으로써 당겨쓸 미래의 수요가 없다는 점도 문제이다. 또한 저금리 지속으로 인해 미국의 국내 저축 수준이 낮고 부동산과 금융자산가치가 고평가된 것도 문제이다. 재정적자의 확대, 금융규제 완화 정책 등 경기 순응적pro-cyclical 정책으로 경제위기 시 정책 선택 폭이 좁아 위기를 오히려 키울 수 있다.

코로나19 발생 전 미국 경제는 과열이라고 할 정도로 잘 나가고 있었다. 대내외 경제 여건과 경제정책의 문제점 등을 볼 때 경기침체가

2~3년 내 다가올 것으로 예상되기도 하였으나 코로나19 사태를 예상한 사람은 없었다.

중국의 경제 리스크

2008년 글로벌 금융위기 당시 중국은 과감한 재정 집행을 통해 고도성장을 유지하면서 세계 경기 부양에 공헌하였다.

그런데 중국은 지금 지방정부와 공기업의 구조조정 지연, 부동산 시장과 연계된 과도한 대출, 정부와 기업의 과도한 부채로 인해 어려움을 겪고 있다.

맥킨지의 2018년 보고서에 의하면 중국의 GDP 대비 총부채비율은 2007년 145%에서 2017년 256%로 상승해 상승 폭이 주요국들보다 매우 가파르다.[8] 또한 보고서에 의하면 중국의 부채는 그 규모만 아니라 질에 있어서 3가지 문제가 있다. 첫째, 중국 경제의 경우 가계, 비금융 산업, 정부부채의 반 이상이 부동산과 연계되어 있다. 부동산 시장이 붕괴될 경우 이들 대출의 부실이 우려된다는 것이다. 둘째, 지방정부가 경쟁적으로 사회간접자본과 공공주택 건설을 위해 저리로 과도하게 채권을 발행하면서 자금을 빌렸다. 최근 발행하는 채권의 42%는 만기가 된 기존의 부채를 상환하기 위해서 쓰이고 있다. 이미 지방자치단체 중에 채무불이행 케이스가 발생하고 있는데 이러한 현상이 계속된다면

8. McKinsey Global Institute(2018)의 'A decade after the global financial crisis : what has (hasn't) changed?'를 참조하라.

중앙정부가 개입해 베일 아웃bail-out하는 현상이 일어날 수 있다고 본다. 마지막으로 부채의 1/4이 그림자 금융으로 조달되고 있다는 점이다.[9] 대형 은행 대출 규제가 강화되면서 채권 발행을 통한 자금 조달이 늘어나고 2007년엔 거의 없던 회사채가 매년 40% 가까이 늘어 2017년에는 2조 달러에 이르고 있다.

중국 중앙정부는 부동산 시장의 거품 붕괴 가능성과 지방정부의 재정 파탄 가능성을 예의 주시하고 이에 대한 대비책을 세워야 할 필요가 있다. 그런데 올바른 대책을 세우기 위해서는 투명하고 정확한 통계가 필요한데 중국의 데이터 신빙성에 대해서는 의문을 제기하는 전문가들이 적지 않다.

내부적인 경제 문제가 누적된 상황에서 미국과의 무역 전쟁은 중국의 무역 규모 감소, 경제 성장 둔화, 인플레이션 악화 그리고 금융시장의 경색을 초래할 가능성이 크다. 중국이 국내 경제의 심각성을 어떻게 인식하고 있느냐에 따라 미국과 중국 간 무역 전쟁도 영향을 받는다. 그런데 중국은 코로나19 사태로 초기에 가장 심각한 타격을 입었지만 빠르게 이를 회복하면서 경제위기를 어느 나라보다 빠르게 극복하고 있다.

한편 시진핑의 일인 체제 구축은 중국이 추구하는 권위주의 체제가 자유민주주의 체제와 근본적으로 다를 수 있다는 점을 보여준다. 중국의 문제는 정치체제로 권위주의와 경제체제로 자본주의가 어떻게 양립

---

9. 일반적인 은행 시스템 밖에서 이루어지는 신용 중개, 신용 중개 기관을 일컫는 단어이다. 은행과 같은 엄격한 건전성 규제를 받지 않는 자금중개기구 혹은 상품을 통칭한다.

할 것인가 하는 것이다. 선진 경제 진입을 위해 통제를 풀면 시장은 확대되겠지만 권력은 축소된다.

유럽연합 경제 리스크

유로존을 볼 때 그리스, 이탈리아, 스페인, 포르투갈로 대표되는 남부 유럽 국가들의 경우 글로벌 금융위기로 인해 발생한 경제위기의 상흔이 채 가시지 않은 상태에서 코로나19 충격을 맞게 되었다.

2008년 글로벌 금융위기의 진원지는 미국이었지만 유로존이 입은 경제적 타격은 더욱 컸다. 당시 글로벌 금융시장이 서로 얽혀 있어서 미국 은행 못지않게 유럽 은행들의 부실 규모도 컸다. 특히 유럽 주요 은행들은 유니버설 뱅킹 시스템을 택하는 가운데 투자은행의 역할도 함께 함으로써 미국 투자 은행들이 겪은 투자 부실을 함께 겪었다.

글로벌 금융위기 당시 유로존은 남유럽 국가들과 북유럽 국가들 간 경제적 불균형이 심각하였다. 특히 남유럽 국가들은 국제수지 적자, 재정적자 그리고 정부부채 급증으로 어려움을 겪고 있어 글로벌 금융위기는 바로 유로 위기로 전이되었다. 이러한 결과는 유로존이 재정통합 없이 단일 시장을 형성하고 단일 화폐 유로화로 금융통합을 이루었을 때 경제학자들이 우려하고 예상하였던 현상이다.

유로존에 속한 국가들이 단일 통화를 사용하는 것은 각국이 독자적인 통화신용정책과 환율정책을 포기하는 것을 의미한다.

유럽연합은 유로가 달러와 맞설 기축통화로 자리 잡기를 바랐다. 가장 큰 문제는 유로의 가치를 달러 대비 어떻게 정하느냐 하는 것이었다. 유럽연합은 출범에 앞서 유로와 달러의 교환 비율을 1:1로 정하였다. 이러한 교환 비율이 유로존 참가국 평균 생산성과 일치한다면 생산성이 높은 독일과 북유럽 국가들의 제품 가격은 상대적으로 저렴할 것이며 생산성이 낮은 남유럽 국가들의 제품 가격은 상대적으로 비쌀 것이다. 독일의 경우 유로화 도입은 평가절하의 효과를 가져오는 데 반해 남유럽 국가들의 경우 평가절상의 효과가 나타난다. 구조적으로 독일과 북유럽 국가들은 국제수지 흑자를 보게 될 것이며, 남유럽 국가들은 국제수지 적자를 기록하게 될 것이다.

남유럽 국가들은 유럽연합 틀 안에 들어가면서 국가위험도가 과거보다 과소 평가되었다. 유럽연합 가입으로 인해 남유럽 국가들은 낮은 금리로 자금을 조달할 수 있게 되면서 이들의 정부와 민간부채가 급속히 늘어났다.

그런데 완전한 경제통합을 이루려면 재정통합도 함께 이루어져야 하는데 재정정책은 역사적인 산물이라는 이유로 각국의 독자적인 재정정책은 그대로 유지하기로 하였다. 그런 가운데 유로존이 출범하면 각국 간의 재정정책도 자연적으로 수렴할 것으로 기대하였다. 그러나 결과는 기대와는 달랐다.

정치적으로 불안한 남유럽 국가들에서 포퓰리즘이 성행하고 재정이 방만하게 운영되면서 이들 국가의 부채가 급증하였다. 이러한 시점에 글로벌 금융위기가 터졌으며 금융위기 대응을 위한 남유럽 국가들의 급격한 재정지출로 정부부채가 더욱 빠른 속도로 늘어나면서 재정위기가 발생하였다. 2019년 3분기 말 GDP 대비 정부부채비율을 보면 그리스 183.6%, 이탈리아 148%, 스페인 114.8%, 포르투갈 134.5%이다. 남유럽 국가들이 경제위기에 휩싸이면서 글로벌 금융위기의 진원지가 미국임에도 불구하고 유로존이 더욱 큰 피해를 겪었다.

그런데 글로벌 금융위기가 채 회복되지 못한 상황에서 코로나19 공중보건public health 위기가 터졌다. 남유럽 국가들은 코로나19로 인해 글로벌 금융위기 때보다 실물경제에 더욱 큰 충격을 받았다.

이들 남유럽 국가들은 보건, 고용유지 및 기업부담 완화(보조금 지급 및 실업수당 확대 등), 피해 기업과 가계 지원, 건전한 기업 도산 등을 막기 위한 대출 보증 등에 정부 재정 지원이 더욱 필요할 것이며 이는 재정수지를 더욱 악화시킬 것이다.

유럽연합은 코로나19 위기 속에서 연대solidarity와 각자도생의 전환기에서 절충안을 모색하고 합의점을 찾으려 할 것이다. 남유럽 국가들의 재정위기를 막기 위해서는 유로존 차원의 재정 지원이 필요할 것이나 남유럽과 북유럽 국가 간 이해가 일치하지 않는다.

유럽연합은 공동의 보증으로 코로나 본드를 발행해 필요한 재원을 확보하고자 한다. 이 경우 남유럽 국가들은 국채 발행에 따른 위험 프리미엄을 북유럽 국가들 수준으로 줄일 수 있어 그만큼 재정 부담을 줄일 수 있다. 반면에 북유럽 국가들은 남유럽 국가들의 방만한 재정 운영에 대한 책임을 공동으로 진다는 부담이 있다.

신흥국 경제 리스크

코로나19 위기가 터지기 전부터 터키, 브라질, 아르헨티나, 베네수엘라 등이 경제적 어려움을 겪으면서 이들 경제가 위기 상황으로 빠질지 국제적인 전염 현상이 나타날지에 대한 우려의 목소리가 높았었다.

풍부한 천연자원이나 관광자원을 가지고 있으면서도 국가 경제를 제대로 관리하지 못한 결과 코로나19 사태가 발생하기 전부터 이들 경제는 어려움을 겪고 있었다. 이들 국가는 집권 세력들이 장기 집권을 도모하기 위해 인기영합주의populism 정책을 쓰면서 국가 재정을 낭비하며 곳간을 비웠다. 국제금리가 낮은 틈을 이용해 외자를 대폭 들여와 외화부채를 단기에 큰 폭으로 늘렸다.

경쟁력 있는 새로운 산업을 발전시키거나 체질 개선을 이루지 못한 채 오로지 석유, 곡물, 관광자원 등에 의지함으로써 국가 경제를 외부 충격에 매우 취약하게 만들었다. 예컨대 코로나19 사태 전부터 베네수엘라는 석유 가격의 급락으로 인해, 아르헨티나는 곡물 가격의 급락으로 인해, 터키는 치안 불안과 미국과의 갈등에 따른 무역수지 악화와 자본 해외 유출로 인해 어려움을 겪었다.

그런데 코로나19 사태가 중국, 미국, 유럽을 거쳐 신흥국으로 이동하는 가운데 신흥국들의 열악한 의료 시스템과 높은 인구 밀도 등으로 인해 일부 국가들의 경우 통제 불능의 상황이 올까 우려되고 있다. 특히 아시아와 중동 지역에 비해 중남미와 아프리카 지역이 취약한 것으로 나타나고 있다.

코로나19 사태와 함께 선진국의 수요 위축, 유가 급락, 곡물가 하락 등 대외 충격 요인이 각국의 재정건전성 악화와 외화부채 증가 등 내부 취약 요인과 함께 겹치면서 이들 국가 중 일부가 경제위기로 치달을 가능성이 있다.

한편 신흥국들의 정부부채가 10년 전 글로벌 금융위기 당시보다

2.3배 확대되는 등 재정 능력이 크게 줄어들었다. 신흥국 중에서는 특히 사우디아라비아, 남아공, 이집트, 브라질 등에서 GDP 대비 재정적자가 크게 확대되었다.

코로나19 사태가 터지면서 85개 국가가 IMF 비상 자금지원을 요청했는데 이는 2008년 글로벌 금융위기 당시의 2배 수준이다.

세계 경제 침체로 신흥국들의 수출 감소와 경상수지 악화가 우려된다. 자본유출이 늘어나는 가운데 외화부채 만기가 2020~2022년에 집중되면서 상환 부담이 가중되고 있다. 신흥국 외화부채가 10년 전 대비 2배 가까이 증가해 2019년 말 8.4조 달러에 이르렀으며 향후 3년 내 달러화 표시 부채 만기도래가 전체의 55%에 이른다. 신흥국들의 경우 외화 유동성, 특히 달러 유동성이 부족한 상태이다.

코로나19 사태 이후 미국은 달러 유동성을 확대 공급하였다. 이것은 미국 국내 대출시장과 자본시장의 경색을 막고 국제적으로는 달러 스왑을 통해 선진국들과 우방 국가들의 일시적 달러 유동성 부족을 막기 위한 것이다. 그런데 대부분의 신흥국들은 미국과의 스왑 라인을 이용할 수 없기 때문에 달러 확보에 어려움을 겪고 있다.

코로나19의 전방위적 확산과 함께 신흥국으로부터 외국자본의 대규모 이탈 현상이 발생하면 신흥국들이 경제위기에 빠지고 세계 경제가 크게 위축될 가능성이 커질 것이다. 신흥국들은 본국의 화폐가치가 급락하는 외환위기, 국내 금리의 대폭 인상에 따른 금융위기 그리고 외채 상환 실패에 따른 국가 부도 위기에 몰릴 가능성이 있다.

한국 경제의 성장 동력 상실과 구조적 문제

chapter

3

한국 경제는 구조적 문제에 직면한 채 성장 동력을 상실하고 있다. 소득 양극화 현상이 심해지는 가운데 교육과 노동시장을 통한 중상류층의 세습 문제가 이슈화하면서 서민층의 중상류층 진입 사다리가 사라지고 있다.

또한 저출산과 고령화 현상이 빠르게 진행되면서 우리가 시급히 풀어야 할 가장 큰 구조적 문제로 등장하였다. 사망자 수가 출생자 수보다 많아 인구 절벽 현상을 보이는 가운데 경제 활력이 떨어지고 있다.

4차 산업혁명 시대를 앞서 대비할 필요가 있다. 중화학 공업과 장치 산업 중심에서 파괴적 기술 기반의 4차 산업구조로의 재편과 경쟁력 확보를 위해 산업의 구조 개혁이 필요하다. 이를 위해서는 노동과 자본시장의 개혁, 법적 인프라 구축, 기초과학의 육성과 교육 시스템의 개혁도 필요하다.

정규직과 비정규직으로 나뉜 노동시장의 이중구조와 산업구조 변화 추세를 따르지 못하는 노동시장의 경직성은 개혁이 시급하다. 이러한 구조 개혁을 통해 4차 산업혁명에 대비한 인적 자본을 양성하고 노동시장의 유연 안정성(flexicurity : flexible + security)을 확보해야 한다.

우리가 성장 동력을 확보하기 위해서는 혁신 성장innovative growth, 포용 성장inclusive growth, 지속가능 성장sustainable growth을 끊임없이 추구해야 할 것이다.

혁신 성장을 위해서는 창조적 파괴를 통한 경제구조 개혁이 필요하다. 산업구조 개혁, 노동시장 개혁, 성장을 가로막는 서비스산업 분야의 불필요한 규제를 개혁해야 한다.

저출산과 고령화라는 구조 변화를 겪고 있는 한국 경제 입장에서 필요한 산업과 노동의 구조 개혁을 등한시하고 새로운 성장 동력을 확보하지 못한 채 단기적 경기 부양책에 집착한다면 앞으로 2%대 경제성장도 낙관하기 힘들 것이다. 1990년대에 들어와 잃어버린 20년을 겪은 일본의 예가 남의 일이 아니다.

포용 성장은 성장과 함께 분배구조를 개선해야 함을 의미한다. 성장과 분배 개선이 함께 가지 않는다면 성장의 과실을 소수의 사람들이 전유물로 독점하면서 사회적 불안과 갈등이 커질 것이다. 포용 성장을 위해서는 정부와 시장의 상호 보완과 협력이 필요하며, 기회의 균등과 과정의 공정성이 확보되어야 할 것이다. 한편 불평등 심화는 중산층을 붕괴시키고 수요 둔화와 경기침체를 초래하는 요인으로 작용할 것이다.

지속가능 성장을 추구한다는 것은 단기적 성장에 집착하지 않고 장기적으로 성장의 열매를 거두는 것을 의미한다. 대통령이 재임 기간에 성과 달성에 급급하거나 장기 집권을 노려 대중 영합적인 성장정책을 편다면 그 나라 경제는 결국 파국에 이를 것이다.

1. 소득 분배 악화와 중상류층의 기득권화

소득 분배 악화

정부가 저소득층의 소득 개선을 위해 수십조 원의 재정을 투입하고 소득주도성장 정책을 써 왔지만 소득 분배 문제는 전혀 개선되지 않고 있다.

[표 3-1]은 코로나19 사태 발생 전 3년간 소득 5분위별 소득과 분

표 3-1 소득 5분위별 소득과 소득점유율

(단위 : 천 원, %)

구분		소득 5분위별 소득					분위별 소득점유율				
		1분위	2분위	3분위	4분위	5분위	1분위	2분위	3분위	4분위	5분위
2017	1/4	1,398	2,836	4,026	5,400	9,290	6.1	12.4	17.5	23.5	40.5
	2/4	1,435	2,861	3,947	5,192	8,285	6.6	13.2	18.2	23.9	38.1
	3/4	1,416	2,857	4,064	5,381	8,948	6.2	12.6	17.9	23.7	39.5
	4/4	1,505	2,912	4,038	5,317	8,450	6.8	13.1	18.2	23.9	38.0
2018	1/4	1,287	2,723	4,035	5,614	10,152	5.4	11.4	16.9	23.6	42.6
	2/4	1,325	2,800	3,942	5,444	9,135	5.9	12.4	17.4	24.0	40.3
	3/4	1,318	2,843	4,147	5,691	9,736	5.6	12.0	17.5	24.0	41.0
	4/4	1,238	2,773	4,110	5,573	9,324	5.4	12.0	17.9	24.2	40.5
2019	1/4	1,255	2,844	4,239	5,863	9,925	5.2	11.8	17.6	24.3	41.1
	2/4	1,325	2,911	4,194	5,660	9,426	5.6	12.4	17.8	24.1	40.1
	3/4	1,374	2,982	4,319	5,904	9,800	5.6	12.2	17.7	24.2	40.2
	4/4	1,324	2,940	4,291	5,841	9,459	5.5	12.3	18.0	24.5	39.7

자료 : 2020년 4/4분기 가계동향조사 결과, 통계청

위별 소득점유율을 분기별로 보여준다. 먼저 분위별 소득점유율을 보면 1분위 소득점유율은 2017년 6.4%에서 2019년 5.5%로 줄어든 반면 5분위 소득점유율은 39.0%에서 40.3%로 늘어났다.

[표 3-2]는 2015년부터 2019년까지 분기별 균등화 처분가능소득 5분위 배율을 보여준다. 지난 5년간 5분위(상위 20%) 소득이 1분위(하위 20%) 소득에 비해서 빠른 속도로 늘어나 소득 양극화가 심해진 것을 알 수 있다.

표 3-2 분기별 균등화 처분가능소득 5분위 배율(전국, 2인 이상 비농림어가)

(단위 : 배)

연도	1분기	2분기	3분기	4분기
2015	4.86	4.19	4.46	4.37
2016	5.02	4.51	4.81	4.63
2017	5.35	4.73	5.18	4.61
2018	5.95	5.23	5.52	5.47
2019	5.80	5.30	5.37	5.26

자료 : 2020년 4/4분기 가계동향조사 결과, 통계청

최근 들어 세계 각국은 성장과 분배의 중요성을 동시에 인식하고 포용적 성장Inclusive Growth의 필요성과 중요성을 강조하고 있다. 우리 정부도 저소득층의 소득을 올려 경기를 부양하고 성장도 높인다는 이유로 소득주도성장 정책을 채택하였다. 이와 함께 최저임금을 2018년에 16.4% 그리고 2019년에 10.9% 올렸다. 포용적 성장을 위해 저소득층의 소득 개선이 필요하다는 주장은 타당하다. 그러나 저소득층의 소득 인상으로 분배가 개선되는 것은 물론 성장을 이룬다는 주장은 논리의 비약이다. 역사상 재분배 정책을 통해 경기 부양과 경제 성장을 동시에 달성한 나라는 없었다.

2018년과 2019년 소득 분배가 악화한 원인 중 하나가 급격한 최저임금 인상으로 특징지어지는 소득주도성장 정책이다. 우리나라의 최저임금 문제는 대기업과 정규직 고용자의 문제가 아니라 경제적 약자인 자영업자와 파트타임직, 임시직 · 비정규직 간의 문제이다. 최저임금의 급격한 인상은 자영업자의 소득을 줄이고 파트타임직, 임시직 · 비정규직의 고용을 줄이는 결과를 가져와서 경제 성장을 저해하고 분배구조

도 악화하는 결과를 가져왔다. 경제정책은 뜨거운 가슴과 냉철한 머리가 필요한데 가슴과 머리 모두가 뜨거워 이러한 결과가 나타났다고 할 수 있다.

코로나19 사태로 2020년 최저임금 인상률은 2.9%로 책정되었다. 코로나19 사태가 진행되는 상황에서 앞으로 2년간 최저임금 인상률은 2020년 수준을 크게 넘기가 쉽지 않을 것이다. 그렇다면 최저임금 연도별 인상률의 차이가 5배 이상 나서 경제에 충격을 주는 것은 바람직하지 않으며 장기간에 걸쳐 고르게 인상하는 것이 바람직하다. 2020년 소득이 낮은 대면 서비스산업 종사자와 비정규직과 일용직들이 코로나19 충격을 크게 입은 것을 감안할 때 2020년 소득 분배도 악화하였을 것이다. 그렇다면 상대적으로 피해를 많이 입은 자영업자들과 저소득층을 위해 재난지원금을 두텁게 지원하는 것이 바람직하다. 보편적 재난지원금 지급은 재원 확보 문제를 고려하지 않은 인기영합적 정책이다. 이와 함께 정책 당국은 자영업자의 경쟁력 강화와 구조조정 문제가 최저임금 정책 못지않게 시급히 해결해야 할 문제라는 점을 확실히 인식하여야 할 것이다.

한편 자산 양극화가 심해지는 상황에서 소득 분배의 악화는 그만큼 사회적 불안 요인이 될 수 있다. [표 3-3]을 보면 우리나라의 경우 자산 양극화가 소득 양극화보다 심한 것을 알 수 있다. 지난 수년간 폭등한 부동산 가격으로 인해 자산 양극화는 더욱 심해지고 있다. 소득과 자산 양극화는 우리가 풀어야 할 가장 중요한 숙제이다.

표 3-3 순자산, 가구소득의 분위별 점유율

(단위 : %)

구분	순자산				가구소득			
	2017	2018	2019	2020	2016	2017	2018	2019
1분위	0.6	0.6	0.5	0.4	3.7	3.7	3.8	3.9
2분위	5.3	5.3	5.1	5.0	9.3	9.3	9.3	9.3
3분위	12.0	11.8	11.5	11.3	15.8	15.6	15.7	15.8
4분위	22.1	21.8	21.4	21.4	24.1	23.9	23.9	24.1
5분위	60.0	60.5	61.5	62.0	47.2	47.4	47.2	46.9

* 반올림으로 인해 총합이 100%가 아님.

자료 : 가계금융복지조사 결과(2018, 2019, 2020), 통계청, 금융감독원, 한국은행

교육과 노동시장을 통한 중상류층의 기득권 보호

우리의 중상류층도 교육과 노동시장을 통해 그들의 기득권을 자녀에게 세습하고자 한다. 외국과 같이 20 vs 80을 결정하는 첫 단계는 명문대 진학이다. 이를 위해 중상류층은 자녀 교육에 전적으로 매달린다. 둘째 단계는 노동시장 진입이다. 좋은 직장을 위해 중상류층은 인턴 자리 마련 등 그들의 모든 사회 · 경제적 지위와 수단을 동원한다. 오늘날 젊은이들이 느끼는 불평등의 본질은 부모 세대가 본인들의 학벌과 지위를 바탕으로 자녀들에게 비슷한 학력과 지위를 물려주는 것이다.

물론 이것이 능력지배사회meritocracy의 한 단면이라고 주장할 수는 있다. 그렇지만 우리는 능력제 사회의 어두운 면, 디스토피아를 알아야 할 것이다. 능력 본위가 자동적으로 평등함을 의미하지는 않는다. 능력 본위라고 주장하는 것이 불평등한 고등교육 시스템의 결과라면 문제이

고 기회의 공정한 평등이 필요하다. 그렇지만 기회의 평등이 하향 평준화를 의미해서는 안 된다. 교육의 다양성을 살리면서 학생들이 일찍이 본인들의 능력을 발휘할 수 있도록 고등학교 교육을 다양화하고 지역 할당제 등을 통해 선발인원의 40~50%를 뽑으며 국가나 학교가 경제적으로 어려운 학생들에게 전액 장학금을 지급하는 것이 오히려 바람직하다. 능력 본위 시장은 인정하되 동시에 시장이 인정하는 능력을 발달시킬 기회의 평등은 적극적으로 보장하는 상향 평준화 사회제도의 마련이 필요하다.

MIT 교수인 대런 애스모글루는 북유럽 국가들의 공동 번영의 비결에 대해 생산성 향상 정책과 노동자 협상력 강화로 생겨난 고임금 일자리 공급을 들고 있다. 그는 공동 번영에는 세 가지 축이 있다고 본다. 첫째가 재정 재분배를 통한 공공서비스 확대이다. 둘째는 법규와 노동자 보호제도를 통해 안정적인 고임금 일자리를 공급하는 것이다. 그는 규제가 없는 한, 고용주는 저임금 일자리를 양산하려고 하므로 좋은 일자리는 자유경쟁 시장에서 자유롭게 생산되지는 않는다고 보고 있다. 셋째는 생산성을 향상해 인구 전체의 임금 상승을 유도해야 한다는 것이다. 생산성을 높이고 인적 자본을 축적하는 기술적 혁신이 필요하다고 본다. 그는 또한 독점의 폐해를 지적한다. 특정 회사가 산업을 독점한다면 다른 회사들을 파산으로 내몰면서 사회 전체적으로는 고용이 감소할 것이라 본다.

기술 개발과 일자리 보호는 함께 가는 것이 바람직하다. 이 두 가지 목표는 상호보완적으로 동시에 달성할 수 있다. 그런데 이를 위해서는 정부 주도의 연구 개발 투자가 중요하다. 민간 주도의 기술 개발은 이윤을 위해 자동화를 늘리는 방향으로 이루어지기 때문이다. 컴퓨터, 인터넷, 항생제 등 제2차 세계대전 이후로 고임금 일자리를 만드는 신기술은 주로 정부가 주도한 R&D 투자에서 이루어졌다.

우리 정부도 디지털 산업, 그린 산업, 생명공학과 바이오 산업에서 우리 기업들이 주도적 역할을 하도록 기초연구 발전의 토대를 마련하고 인재 육성에 적극적으로 참여해야 할 것이다.

2. 한국 경제의 저출산과 고령화 심화

저출산과 해소 방안

한국의 경우 저출산과 고령화 문제가 심각하다.

통계청 발표에 의하면 우리나라 2018년, 2019년 합계 출산율은 각각 0.98, 0.92이다. 합계 출산율은 가임기 여성이 평생 낳을 것으로 예상되는 아이의 숫자이다. OECD[경제협력개발기구] 36개 회원국 중 합계 출산율이 1명 아래인 나라는 한국뿐이다. 보다 관심을 가질 수치는 출생아 수이다. 출생아 수가 사망자 수보다 적게 되면 절대적 인구가 감소하는 인구 절벽 시대에 진입하기 때문이다.

[표 3-4]에서 보듯이 2016년까지 출생아 수는 40만 명대를 유지하였으나 2017년 35만 7,800명으로 급격히 떨어진 뒤 2019년의 출생아 수는 30만 3,100명으로 30만 명 수준에 간신히 턱걸이하였다. 2020년에는 출생아 수가 27만 2,000명이며 합계 출산율은 0.84명이다. 출생아 수는 경제 여건과도 밀접한 관계가 있는데 코로나19 사태로 2020년 경제가

표 3-4 **출생아 수 및 합계 출산율**

(단위 : 천 명, 가임여자 1명당 명)

	2011	2012	2013	2014	2015	2016	2017	2018	2019
출생아 수	471.3	484.6	436.5	435.4	438.4	406.2	357.8	326.8	302.7
합계 출산율	1.244	1.297	1.187	1.205	1.239	1.172	1.052	0.977	0.918

* 합계 출산율(Total Fertility Rate ; TFR) : 여성 1명이 평생동안 낳을 것으로 예상되는 평균 출생아 수를 나타낸 지표로서 연령별 출산율(ASFR)의 총합이며, 출산력 수준을 나타내는 대표적 지표임.

자료 : 통계청

악화한 것도 2020년 출생아 수와 합계 출산율이 떨어진 한 요인이다.

출생아 수 감소 원인은 먼저 결혼 감소에서 찾을 수 있다. 이철희(2018)는 출산장려정책이 배우자가 있는 경우 출산율을 높이지만 혼인 건수 자체가 줄면서 전체적 출산율이 오히려 하락하였다고 보고 있다.[1] 2019년 결혼 건수는 전년 대비 7.1%나 줄었다.

출산연령이 점점 늘어나는 것도 저출산 원인 중 하나이다. 40대를 제외한 전 연령층에서 전년 대비 출산율이 감소하였는데 〈그림 3-1〉은 20대와 30대 연령층에서 지난 수년간 출산율이 계속 감소하였음을 보여준다.

정부는 지난 15년간 저출산 문제 해결을 위해 200조 원 이상을 투입하였고 2019년에도 30조 원 이상을 썼지만 별 성과를 내지 못하였다. 대표적인 출산대책이 아이를 기르는 부모에게 현금을 주는 제도이다. 정부는 만 7세 미만 아이들에게 월 10만 원을 지급하는 아동수당에

1. 이철희가 『경제학연구』(2018)에 게재한 「한국의 출산정책은 실패했는가? 2000~2016년 출산율 변화 요인 분해」를 참조하라.

〈그림 3-1〉 모(母)의 연령별 출생아 비중

(단위 : 해당 연령 여자 인구 1천 명당 명)

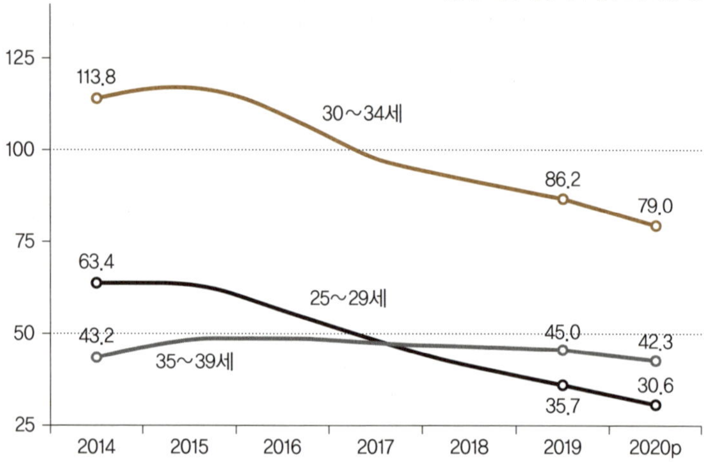

자료 : 2020년 인구동향조사 출생 · 사망통계 잠정결과, 통계청

3조 원에 가까운 예산을 투입하였고 지자체들도 아이를 낳는 부모들에게 수백만 원에 이르는 출산장려금을 주고 있지만 별 성과를 거두지 못하고 있다.

[표 3-5]는 OECD 회원국의 합계 출산율 및 첫째 아이 출산연령을 보여준다. OECD 평균 합계 출산율(2018년 기준)은 1.63인 반면 한국의 합계 출산율이 0.98로 가장 낮을 뿐만 아니라 유일하게 1보다 적다. OECD 평균 첫째 아이 출산연령(2017년 기준)도 29.1세인 반면 한국은 31.6세로 가장 높다. 한국이 아이도 늦게 낳고 또한 적게 낳는다는 것이다. 현재의 인구를 유지하기 위해서는 합계 출산율이 2.1명은 되어야 한다. 이 출산율을 대체 출산율이라고 하는데 2020년 합계 출산율은 대체 출산율의 40% 수준이다.

표 3-5 OECD 회원국의 합계 출산율(2018) 및 첫째아 출산연령(2017)

(단위 : 가임 여자 1명당 명, 세)

국가	합계 출산율	첫째아 출산연령	국가	합계 출산율	첫째아 출산연령
이스라엘	3.09	27.6	영국	1.68	28.9
헝가리	1.49	28.0	멕시코	2.13	-
에스토니아	1.67	27.7	오스트리아	1.48	29.3
터키	1.99	-	칠레	1.65	-
폴란드	1.44	27.3	프랑스	1.84	28.7
리투아니아	1.63	27.5	일본	1.42	30.7
콜롬비아	1.81	-	벨기에	1.61	29.0
핀란드	1.41	29.1	아일랜드	1.75	30.3
슬로베니아	1.61	28.8	포르투갈	1.41	29.6
스웨덴	1.75	29.3	라트비아	1.60	26.9
룩셈부르크	1.38	30.8	호주	1.74	-
네덜란드	1.59	29.9	그리스	1.35	30.4
뉴질랜드	1.74	-	독일	1.57	29.6
이탈리아	1.29	31.1	덴마크	1.73	29.4
노르웨이	1.56	29.3	스페인	1.26	30.9
미국	1.73	26.8	슬로바키아	1.54	27.1
체코	1.71	28.2	스위스	1.52	30.7
아이슬란드	1.71	27.9	한국	0.98	31.6
캐나다	1.50	29.2	(2020년)	(0.84)	(32.3)
OECD 평균 : 합계 출산율 1.63[1], 첫째아 출산연령 29.1[2]					

주 : 1) 37개 회원국의 2018년 자료를 이용하여 계산함.
2) 해당 자료가 있는 31개 회원국의 2017년 자료를 이용하여 계산함.

자료 : OECD, Family Database

인구 절벽과 고령화

우리나라의 출생아 수는 줄고 사망자 수는 늘면서 2020년부터 인구 절벽 현상이 나타나고 있다. 2019년 사망자 수는 29만 5천 1백 명으로 2018년에 비해서 3천 7백 명 줄었으나 과거 10년을 볼 때 이는 일시적 현상이라 할 수 있다. 〈그림 3-2〉는 과거 30년 동안 출생아 수, 사망자 수 그리고 자연증가 추이를 보여준다. 2019년에는 출생아 수가 사망자 수를 8천 명 초과하여 자연증가를 보였지만 2020년에는 출생자 27만 2천 명, 사망자 30만 5천 1백 명으로 인구 자연증가는 -3만 3천 명으로 최초 자연감소가 발생하였다.

2020년에는 인구 절벽 현상과 함께 고령 사회로 진입하였다.[2] 고령

〈그림 3-2〉 출생아 수, 사망자 수, 자연증가 추이

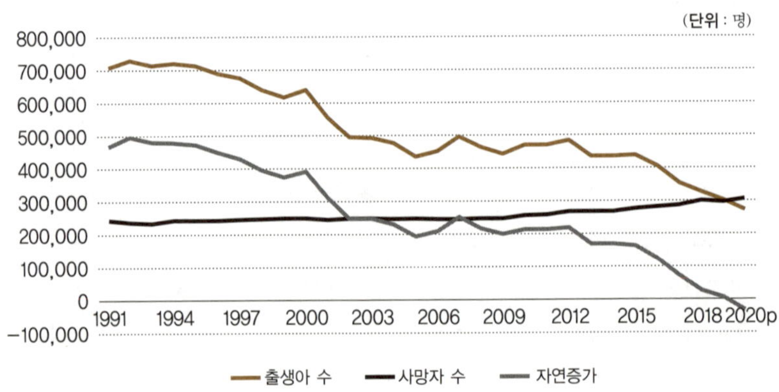

자료 : 2020년 인구동향조사 출생 · 사망통계 잠정결과, 통계청

2. 유엔은 65세 이상 인구가 전체 인구에서 차지하는 비중이 7% 이상이면 고령화 사회, 14% 이상은 고령 사회, 20%를 넘으면 초고령 사회로 분류한다. 우리의 경우 2017년 고

화는 노인 빈곤 문제 해결을 위한 재정 부담을 늘릴 것이다.

한국은 2020년 고령 사회에 진입하고 2025년에 초고령 사회 진입이 예상된다. 이재준(2019)에 의하면 우리 경제의 고령화 현상은 OECD 국가 중 가장 빠르게 진행되고 있으며 2050년 고령 인구 부양비는 약 70%를 상회하고 경제성장률은 1% 내외에 머물 것으로 예상된다.

인구가 정체되거나 줄어드는 상황에서 고령화 현상은 고령 인구 부양비를 높일 것이다. 고령 인구 부양비는 65세 이상 인구/15~64세 생산가능인구로 정의되는데 이 비율은 앞으로 계속 늘어나 통계청 추산에 의하면 2050년에는 그 비율이 73%에 이를 것이다. 통계청의 '장래인구추계'에 의하면 2050년 인구 구성은 14세 이하 유년 인구 약 10%, 생산가능인구 약 52%, 65세 이상 고령 인구 38%로 구성된다. 고용률 70%를 가정한다면 2050년에는 인구의 36%가 전체 인구를 부양해야 한다는 결론이 나오게 된다.

빠른 고령화 속도를 생각할 때 고령화가 우리 사회와 경제에 미치는 부정적 충격은 공급과 수요 쪽 모두에서 빠르게 나타날 것이다. 생산가능인구의 감소로 인한 공급 감소와 함께 소비 감소와 저축 증대로 인한 수요 감소 등 공급과 수요 측면에 부정적 효과가 동시에 나타날 것이다.

고령 사회에 대처하기 위해서는 먼저 일반적인 경제활동 참가율을 선진국 수준으로 높여야 할 것이다. 특히 상대적으로 낮은 여성의 참가율을 선진국 수준으로 높일 필요가 있다. 그런데 이재준에 의하면 성장

령인구의 비율이 14.2%가 되어 고령 사회로 진입하였다.

동력을 높이기 위해서는 생산가능인구 연령대의 경제활동만으로는 불충분하며 고령 인구의 적극적인 경제활동 참가가 필요하다. 고령 세대의 경제활동 참가는 이들의 축적된 경험을 생산적으로 활용하는 것과 동시에 고령 인구 부양 부담을 감소시킬 수 있다는 장점이 있다.

고령 세대의 복지 개선을 위해서는 원격진료 도입 확대 등을 통해 의료 비용을 낮추고 혜택을 높이는 방향으로 노인 의료보험 제도를 설계해야 한다. 이와 함께 저소득 고령층을 위한 연금제도 개선 등을 통해 기본적인 노인복지를 보장하는 방향으로 정부 대책이 세워져야 한다.

3. 산업부문의 구조적 문제

최근 들어 우리는 반도체를 제외한 모든 산업 분야에서 중국의 추월을 우려하는 실정이다. 조선, 해운, 철강, 자동차 등 많은 분야에서 비교우위를 잃고 해외의 도전을 받으면서 우리의 전통적인 제조업이 선진 경제의 문턱에서 동력을 상실하고 있다.

전통적 산업의 구조 개혁은 우리 경제의 생산성을 높이기 위해 우선 해결해야 할 과제이다. 먼저 우리나라는 지금 대기업과 중소기업의 생산성 격차가 너무 과도하다. OECD 국가의 경우 중소기업은 대기업 생산성의 69%이지만 우리나라의 경우 24%에 불과하다.[3] 이와 함께 대기업과 중소기업 간의 불공정거래가 종종 문제가 된다.

한편 제조업과 서비스산업 간의 생산성 격차도 커서 OECD 국가의

3. IMF의 Korea Country Report(2018)을 참조하라.

경우 서비스산업의 생산성이 제조업의 90%를 차지하지만 우리의 경우 45%에 불과하다. 의료, 관광, 교육, 물류, 금융 등 서비스산업이 제대로 자라지 못한 채 각종 규제에 얽매여 있다. 중소기업의 생산성을 높이고 규제를 풀어 서비스산업을 육성하는 것이 우리 경제가 풀어야 할 숙제이다.

재벌의 지배구조 개혁도 우리 기업의 경쟁력을 높이기 위해 풀어야 할 과제이다. 재벌들의 과도한 자식 사랑과 자식에게 경영권을 물려주기 위해 무리수를 두는 것이 늘 사회적 이슈가 되었다. 지배 대주주 경영권 유지와 상속을 위한 정경유착, 탈세, 비상장 기업에 대한 일감 몰아주기, 무리한 그룹 기업 간 M&A 추진 등은 없어져야 할 것이다. 그렇지만 기업 경영 능력이 입증된 지배 대주주가 불이익을 받는 것 또한 바람직하지 않다.

4. 노동부문의 구조적 문제

노동부문 또한 산업 못지않게 많은 문제를 가지고 있다. 노조 중심 정규직의 과보호와 4차 산업혁명으로 불리는 산업구조 변화 추세에 발맞추지 못하는 노동조합의 경직성은 시급히 개선되어야 할 문제이다.

우리 노동시장은 정규직과 비정규직으로 크게 양분되어 이중구조를 보이는 가운데 이들 소득 또한 양극화되어 있다. 우리나라 노동조합은 독점적 이윤을 얻는 대기업, 금융기관, 공공기관에 기반을 두고 집중되어 있으며 조합에 속한 노동자들은 상대적으로 고임금 근로자들로 독점적 위치를 보호받고 있다.

전체 근로자들 가운데 노동조합에 가입한 근로자 숫자는 양대 노총을 합해 2백만 명 정도로 그 비율은 그리 높지 않다. 낮은 조직률에도 노동조합이 강력한 정치 · 경제적인 영향력을 발휘하는 이유는 이들이 독점력을 가진 대기업, 금융기관, 공공기관에 집중되어 있기 때문이다. 특히 기업 노조의 경우 하청시장에서 수요독점력을 가진 대기업에 집중되어 있다. 또한 정치적 이해타산에 따른 정치권의 노사관계 개입 또한 노동조합의 정치적 영향력 확대를 가져온 요인이다.

그런데 우리나라는 비정규직 노동의 비중이 다른 OECD 국가들에 비해서 높고 이들이 정규직보다 상대적으로 저임금에 시달리고 있다.

OECD는 비정규직을 크게 임시직temporary employment, 파트타임직part-time employment, 자영업자self-employment 등 세 부류로 구분한다. 여기서 임시직은 고용 기간이 사전에 정해진 비정규직이다. 임시직이 차지하는 비중은 OECD 국가의 평균이 11.2%이나 우리는 21.9%이며, 파트타임직 비중은 OECD 평균이 16.7%이지만 우리는 10.9%이고 자영업 비중은 OECD 평균이 15.8%이나 우리는 25.5%이다.[4] 우리나라 비정규직 노동의 비중이 58.3%로 OECD의 평균 43.7%보다 14.3% 높다.

우리나라의 경우 자영업의 비중이 상대적으로 높은 이유는 소위 베이비붐 세대가 은퇴하면서 다른 선택의 여지가 없는 이들이 특별한 전문성 없이 음식, 숙박업 등 서비스산업에 뛰어들었기 때문이다. 그 결과 이들 자영업자의 수입 또한 낮은 수준이다.

---

4. IMF의 Labor Market Duality in Korea(2018)을 참조하라.

코로나19 사태 발생 전 한국 경제 실상과 현안

chapter

4

코로나19 발생 전 한국 경제의 가장 큰 현안은 부동산 가격 급등, 정부와 가계 등 부문별 부채 급등과 관리 문제였다. 먼저 국민순자산/GDP, 서울과 수도권 아파트 실거래가 지수를 살펴본 결과 2017년부터 부동산 가격과 아파트 가격이 급등하기 시작하면서 자산의 양극화가 소득의 양극화보다 더욱 심해진 것을 알 수 있었다. 자산 양극화를 가져온 주범인 아파트 가격 폭등 원인을 살펴보면 정부의 잘못된 폭등 원인 진단과 정책 처방이었음을 알 수 있다. 공급 부족이 아파트 가격 상승의 가장 큰 원인이었는데 투기를 가장 큰 원인으로 보고 잘못된 처방을 계속 내린 결과 폭등세로 이어졌다.

부채 관리와 금융안정 문제를 보기 위해서 코로나19 발생 전 금융자산/GDP 비율 변화를 중점적으로 살펴보았다. 금융은 중개 기능을 담당하므로 경제 내 총금융자산과 총금융부채는 별 차이가 없다.

코로나19 발생 전 한국도 저성장, 저물가, 저금리 현상이 동시에 나타났다. 한국의 경제 성장 추세를 보면 1990년대 후반 안정성장기에 접어든 이후 5년 주기로 성장률이 1%씩 떨어졌으며 코로나19 발생 전에는 2%대에 머물렀는데 이마저 정부 주도의 성장이었다. 한편 정부의 소득주도성장 정책은 분배도 성장도 크게 개선하지 못하였다.

한국은행의 통화신용정책 목표는 물가안정과 금융안정으로 적시되어 있는데 한국은행은 경기 부양에 초점을 맞추면서 저금리를 유지하고 통화를 시중에 계속 푸는 정책을 이어갔다. 정부 또한 확대재정정책을 써서 2019년 관리재정수지는 2.8% 적자를 기록하였다.

대외부문을 보면 2018년보다 흑자 폭은 줄었지만 2019년에도 큰 폭의 경상수지 흑자를 기록하였다. 경상수지 흑자가 해외투자로 이어지면서 금융계정 증가 규모와 경상수지 흑자 규모가 비슷하다.

환율은 국내 요인과 국제 요인 모두에 민감하게 작용하였다. 코로나19 발생 전 원/달러 환율은 위안화/달러와 동조화 현상을 보이기도 하였다.

1. 국민순자산 급증과 자산의 양극화

한국 경제를 이해하기 위해서 먼저 한국의 국민순자산과 소득의 규모와 이들 간의 관계를 분석하는 것이 필요하다.

수년 전부터 한국은행이 국민대차대조표를 발표하면서 자산과 소득과의 관계 그리고 가계, 기업, 정부 각 경제주체별 비금융자산과 금융자산의 비율 등을 들여다볼 수 있게 되었다. 먼저 국민순자산은 크게 비금융자산과 순금융자산으로 나눌 수 있는데 비금융자산은 부동산이 대부분이다.

우리나라 부의 규모를 보여주는 국민순자산 규모는 [표 4-1]에서 보듯이 2019년 말 현재 1경 6,621.5조 원이다.[1] 이 중 비금융자산이 1경 6,041.5조 원, 순금융자산이 580조 원이다. 2019년 중 국민순자산은 1,057.7조 원 증가하였는데 이 중 비금융자산이 965.4조 원 증가하고 금융자산은 92.3조 원 증가하였다.

2019년 말 우리나라의 국민순자산은 명목 GDP 대비 8.7배로 2018년 8.2배에 비해서 0.5배, 2017년 7.8배에 비해서 0.9배 늘어났다. 이

---

1. 한국은행이 발표한 2019년 국민대차대조표 결과(잠정)의 보도자료를 참조하라.

표 4-1 국민순자산 규모

(단위 : 조 원, 배)

	2017	2018P	2019P
국민순자산	14,314.0 [7.8]	15,563.8 [8.2]	16,621.5 [8.7]
비금융자산	14,033.6	15,076.1	16,041.5
순금융자산	280.4	487.7	580.0
금융자산	15,237.5	15,951.2	17,213.1
금융부채	14,957.1	15,463.5	16,633.1

주 : [ ] 내는 국내총생산 대비 배율(배)

자료 : 2019년 국민대차대조표 결과(잠정), 통계청 · 한국은행

는 지난 2년간 부의 불평등이 소득 불평등보다 그만큼 빠르게 진행된 것을 시사한다.

[표 4-2]는 국민대차대조표에서 비금융법인, 금융법인, 일반정부 그리고 가계 및 비영리단체 등 경제주체별로 비금융자산, 금융자산, 금융부채, 순금융자산 규모를 보여준다. 복식부기원리에 의해 국내외 금융자산의 합은 금융부채의 합과 같으므로 여기서 얻은 국내 순금융자산은 우리나라 순대외금융자산의 원화 환산액으로 구해진다.

표 4-2 국민대차대조표

(단위 : 조 원)

		비금융 법인	금융 법인	일반 정부	가계 및 비영리단체	국내경제	국외
2018ᴾ년 말	비금융자산	4,694.8	176.1	3,438.5	6,766.7	15,076.1	-
	순금융자산	-2,227.3	134.6	635.9	1,944.4	487.7	-482.3
	금융자산	2,693.1	7,886.5	1,637.0	3,734.6	15,951.2	1,241.3
	금융부채	4,920.4	7,751.8	1,001.1	1,790.2	15,463.5	1,723.6
	순자산	2,467.5	310.7	4,074.4	8,711.1	15,563.8	-482.3
2019ᴾ년 말	비금융자산	4,988.9	190.9	3,657.0	7,204.7	16,041.5	-
	순금융자산	-2,435.3	179.2	733.7	2,102.4	580.0	-574.4
	금융자산	2,800.6	8,637.8	1,793.3	3,981.4	17,213.1	1,388.0
	금융부채	5,235.9	8,458.6	1,059.6	1,879.0	16,633.1	1,962.4
	순자산	2,553.6	370.1	4,390.7	9,307.1	16,621.5	-574.4

자료 : 2019년 국민대차대조표 결과(잠정), 통계청 · 한국은행

비금융자산은 크게 생산자산과 비생산자산으로 나누어 볼 수 있다. [표 4-3] 비금융자산 규모를 보면 2019년 말 현재 비금융자산 16,041.5조 원 중 생산자산이 7,221.5조 원, 비생산자산이 8,820조 원이다. 그런데 생산자산 중에서는 건설자산이 5,353.1조 원으로 가장 큰 비중을 차지하며, 비생산자산 중에서는 토지자산이 8,767조 원으로 대부분을 차지한다. 비금융자산에서 토지자산의 비중은 54.6%이며 건설자산은 33.4%이다.

표 4-3 비금융자산 규모

(단위 : 조 원)

	2016	2017	2018P	2019P
비금융자산	13,188.6	14,033.6	15,076.1	16,041.5
생산자산	5,992.4	6,343.7	6,798.8	7,221.5
고정자산	5,645.9	5,977.0	6,402.1	6,797.6
건설자산	4,446.3	4,692.2	5,043.4	5,353.1
설비자산	795.5	846.5	876.0	921.7
지식재산생산물	404.1	438.3	482.7	522.9
재고자산	346.4	366.6	396.6	423.8
비생산자산	7,196.3	7,690.0	8,277.3	8,820.0
토지자산	7,146.5	7,638.9	8,225.6	8,767.0
지하자원	26.0	26.5	26.4	27.1
입목자산	23.7	24.5	25.3	25.9

자료 : 2019년 국민대차대조표 결과(잠정), 통계청 · 한국은행

[표 4-4]는 국민순자산/GDP 비율의 구성내역 변화를 보여준다. 부동산 가격 상승으로 국민순자산이 상승한 결과 2019년 현재로 GDP

표 4-4 국민순자산/GDP(명목) 배율의 구성내역 변화

(단위 : 배, P)

	2015	2016	2017	2018P	2019P
국민순자산	7.7	7.8	7.8	8.2	8.7
비금융자산	7.5	7.6	7.6	7.9	8.4
생산자산	3.4	3.4	3.5	3.6	3.8
비생산자산	4.1	4.1	4.2	4.4	4.6
순금융자산	0.1	0.2	0.2	0.3	0.3

자료 : 2019년 국민대차대조표 결과(잠정), 통계청 · 한국은행

의 8.7배를 차지하는 것으로 나타났다. 그 결과 GDP 대비 국민순자산 비율은 2018년 대비 0.46배 올랐다. 그 내용을 보면 비금융자산 0.41배 그리고 순금융자산이 0.05배 올랐으며, 비금융자산 중에서는 비생산자산이 0.24배 그리고 생산자산이 0.18배 올랐다.

[표 4-5]는 2019년 말 현재 각 경제주체별 비금융자산 규모와 함께 생산자산과 비생산자산의 규모를 보여주고 있다. 각 경제주체별 비금융자산의 비중을 보면 가계 및 비영리단체가 44.9%, 비금융법인기업이 31.1%, 일반정부가 22.8% 그리고 금융법인이 1.2%를 차지하는 것으로 나타난다. 그런데 비금융자산 중에서 가계 및 비영리단체와 일반정부는 비생산자산 비중이 각각 72.6%와 58.9%로 높게 나타나며, 비금융법인과 금융법인은 생산자산의 비중이 각각 72.9%와 65.4%로 높게 나타나고 있다.

표 4-5 제도부문별 비금융자산 규모[1]

(단위 : 조 원, %)

	비금융법인	금융법인	일반정부	가계 및 비영리단체	국내경제
비금융자산	4,988.9 〈31.1〉	190.9 〈1.2〉	3,657.0 〈22.8〉	7,204.7 〈44.9〉	16,041.5 〈100.0〉
생산자산	3,619.9 (72.6)	112.5 (58.9)	1,471.5 (40.2)	2,017.6 (28.0)	7,221.5 (45.0)
건설자산	2,084.3 (41.8)	86.7 (45.4)	1,286.8 (35.2)	1,895.4 (26.3)	5,353.1 (33.4)
설비자산	729.6 (14.6)	8.6 (4.5)	121.9 (3.3)	61.5 (0.9)	921.7 (5.7)
지식재산생산물	415.2 (8.3)	17.2 (9.0)	59.4 (1.6)	30.9 (0.4)	522.9 (3.3)
재고자산	390.7 (7.8)	0.0 (0.0)	3.3 (0.1)	29.8 (0.4)	423.8 (2.6)
비생산자산	1,369.1 (27.4)	78.4 (41.1)	2,185.5 (59.8)	5,187.1 (72.0)	8,820.0 (55.0)
토지자산	1,341.1 (26.9)	78.4 (41.1)	2,176.8 (59.5)	5,170.7 (71.8)	8,767.0 (54.7)
지하자원	27.1 (0.5)	0.0 (0.0)	0.0 (0.0)	0.0 (0.0)	27.1 (0.2)
입목자산	0.9 (0.0)	0.0 (0.0)	8.6 (0.2)	16.4 (0.2)	25.9 (0.2)

주 : 1) 명목 순자본스톡(자산가액), 2019년 말 기준
2) 〈 〉 내는 각 제도부문이 보유한 비금융자산의 비중(%)
3) ( ) 내는 제도부문 내에서 해당 자산이 차지하는 비중(%)

자료 : 2019년 국민대차대조표 결과(잠정), 통계청 · 한국은행

〈그림 4-1〉은 2000년 이후 우리나라의 국민순자산/GDP 배율의 연도별 추이를 보여준다. 2000년 5.8 수준이었던 배율이 초기에는 비교적 안정적으로 유지되다가 2007년 말에는 7.5 수준으로 급격히 상승하였다. 또한 그 후 10년간 7.5~7.8 수준으로 안정적으로 유지되던 배율이 2017년 말 7.8에서 2019년 말 8.7로 급격히 상승하였다. 급등의 원인은 비금융자산이 증가하였기 때문이다. 과거 20년 동안 자산의 분배가 소득의 분배보다 더욱 크게 나빠졌음을 알 수 있다.

〈그림 4-1〉 우리나라의 국민순자산/GDP(명목) 배율

(단위 : 대GDP, 배)

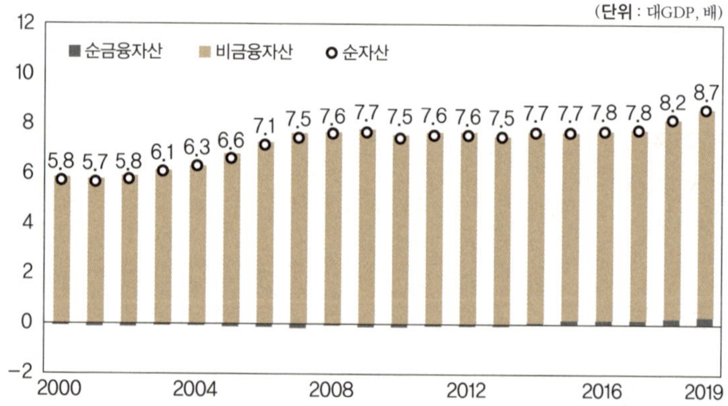

주 : 2000~2007년 중 순금융자산은 국제투자대조표(IIP)에 나타난 순대외금융자산의 원화환산액임.

자료 : 2019년 국민대차대조표 결과(잠정), 통계청 · 한국은행

그런데 흥미로운 사실은 부동산 가격 안정과 불로소득 회수를 최우선 정책 목표로 삼은 노무현 정부와 문재인 정부에서 부동산 가격이 가장 큰 폭으로 올랐으며, 자산 분배 양극화 현상 또한 커졌다는 것이다. 이러한 현상은 양 정부의 부동산 대책의 문제점을 보여주고 있는데 부동산 정책은 냉철한 머리로 다루어야지 뜨거운 가슴으로 다루는 것이

아니라는 점을 일깨워준다.

생산과 직결된 우리나라 고정자산의 GDP 대비 배율을 살펴보면 2019년 3.3배로 2017년 이후 거의 같은 수준을 유지하고 있다. 고정자산은 건설자산(주거용 건물, 비주거용 건물, 토목건설), 설비자산(기계류, 운송장비) 및 지식재산생산물로 구성된다. 우리나라 고정자산의 GDP 배율은 주요 선진국 평균 3.1배와 유사한 수준이다.[2] 우리나라 국민순자산의 배율이 최근 들어 급격히 상승하고 주요 선진국에 비해서도 높은 이유는 고정자산보다 토지자산을 포함한 비생산자산이 빠르게 증가하였기 때문임을 알 수 있다.

〈그림 4-2〉는 GDP 대비 토지자산 배율을 보여준다. 2019년 말 토지자산의 GDP 대비 배율은 4.6배로 전년 4.3배에 비해 크게 상승

〈그림 4-2〉 GDP 대비 토지자산 배율

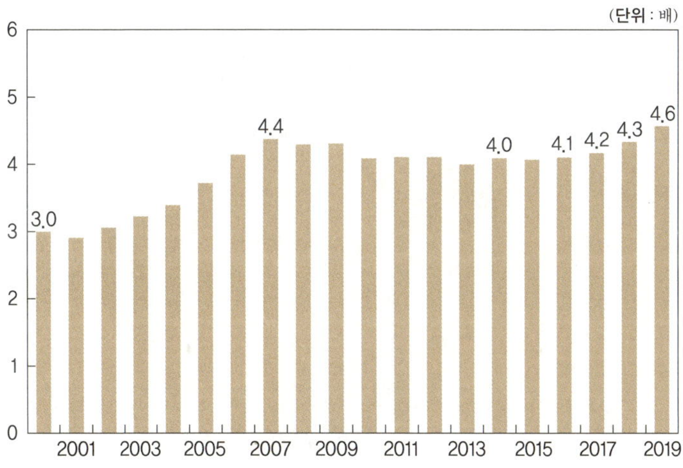

자료 : 2019년 국민대차대조표 결과(잠정), 통계청 · 한국은행

2. 한국은행이 발표한 2019년 국민대차대조표 결과(잠정)의 보도자료를 참조하라.

하였다. 이는 2019년 중 명목 GDP가 1.1% 늘어난 반면 토지자산은 6.6% 상승하였기 때문이다. 토지 가격의 급격한 상승으로 인해 배율이 크게 상승한 것은 그만큼 분자인 자산의 증가가 분모인 소득(GDP)의 증가보다 빠른 것을 의미한다.

〈그림 4-3〉은 2019년 말 현재 가계 및 비영리단체의 순자산 규모를 보여준다. 순자산 규모는 9,307.1조 원인데 중요 구성 내용을 보면 주택은 4,725.1조 원으로 50.8%, 주택 이외 부동산은 2,341조 원으로 25.2%, 순금융자산은 2,102.4조 원으로 22.6%를 차지한다. 2019년 말 가구당 순자산은 4억 6,268만 원으로 추정된다. 국민대차대조표에서는 가계부문만을 별도로 추계하지 않기 때문에 이 숫자는 가계 및 비영리단체 순자산을 추계한 가구 수로 나눈 값이다.

〈그림 4-3〉 가계 및 비영리단체 순자산 구성

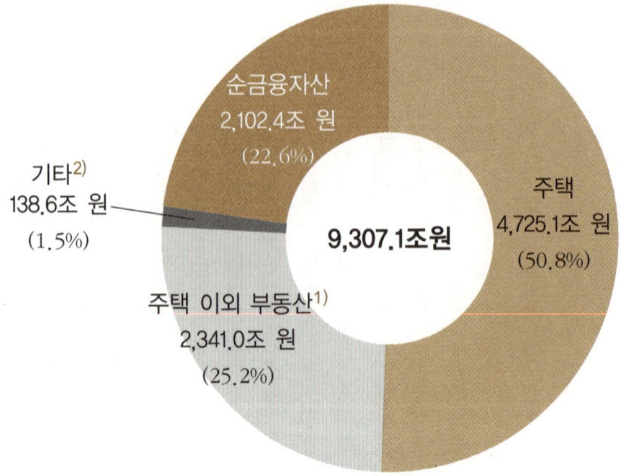

주 : 1) 주택 이외 건물 및 토지
2) 설비자산, 재고자산, 입목자산 등

자료 : 2019년 국민대차대조표 결과(잠정), 통계청 · 한국은행

가계 및 비영리단체의 주택과 부동산을 더한 값은 7,066.1조 원으로 GDP 1,919조 원의 3.68배이다. 가계 및 비영리단체 금융자산의 GDP 배율은 1.095로 국민총생산보다 9.5% 정도 높은 수준이다.

우리의 가계 및 비영리단체의 경우 외국과는 달리 비금융자산의 비중이 순금융자산의 비중보다 크게 높다. 〈그림 4-4〉는 2015년 기준 주요국 가계순자산 중 부동산과 금융자산 구성 비중을 비교해 보여준다. 우리나라는 주요 선진국에 비해서 순자산 중 비금융자산의 비중이 압도적으로 높음을 알 수 있다. 2017년 우리 가계의 부동산과 금융자산의 비율은 75.4% 대 24.6%로 일본의 43.3% 대 56.7% 그리고 미국의 34.8% 대 65.2%보다 부동산의 비율이 매우 높다.

〈그림 4-4〉 주요국의 가계순자산 구성 비교

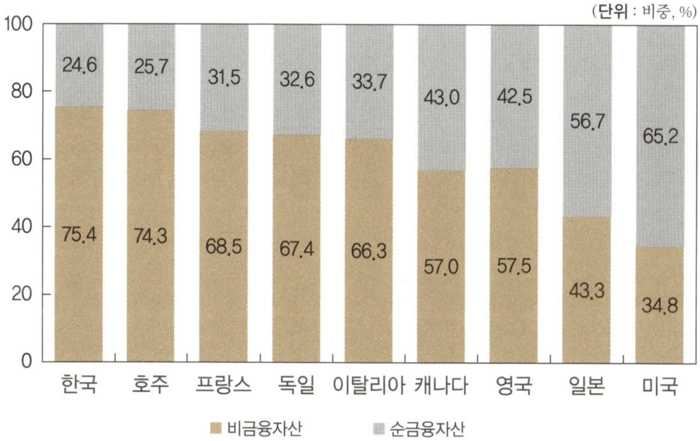

자료 : 2017년 국민대차대조표(잠정), 통계청 · 한국은행

우리의 GDP 대비 국민순자산 배율이 외국에 비해 높고 가계순자산에서 금융자산 대비 부동산 비중이 크게 높다는 것은 그만큼 우리나

라의 부동산 선호 현상이 강하고 부동산 가격 또한 과대평가되었다는 것을 의미한다.

부동산 시장 과열 현상은 부의 양극화 현상을 악화시킬 뿐만 아니라 부동산 시장 거품이 꺼진다면 금융안정을 해치면서 경제의 불안 요인으로 크게 자리 잡을 것이다.

[표 4-3]을 보면 비생산자산인 토지자산의 가치가 2017년, 2018년, 2019년 각각 492.5조 원, 586.6조 원, 541.4조 원 늘어나 3년 동안 토지자산 가치가 1,620.5조 원 늘어났다. 그런데 GDP는 2016년 말 1,740.8조 원에서 2019년 말 1,919조 원으로 지난 3년간 178.2조 원 늘어났다. 코로나19 위기 발생 전 3년간 토지자산의 가치가 GDP에 비해 9.09배 늘어난 것이다. 이는 2019년 GDP 대비 국민순자산 배율 8.7보다도 높은 수치다. 지난 3년간 비생산자산과 소득과의 배율이 커진 것은 자산의 불평등이 소득의 불평등보다 더욱 커진 것을 의미할 뿐만 아니라 대규모 불로소득 발생에 따라 국민의 위화감이 더욱 커질 수 있다는 것을 의미한다.

2. 주택가격 급등과 자산의 양극화

서울과 수도권 아파트 가격 폭등

그런데 자산의 양극화 현상을 분석하기 위해서는 한국은행이 발표한 국민대차대조표 통계와 함께 한국부동산원이 발표하는 부동산과 주택 관련 통계를 함께 살펴볼 필요가 있다.

〈그림 4-5〉 전국 지가지수

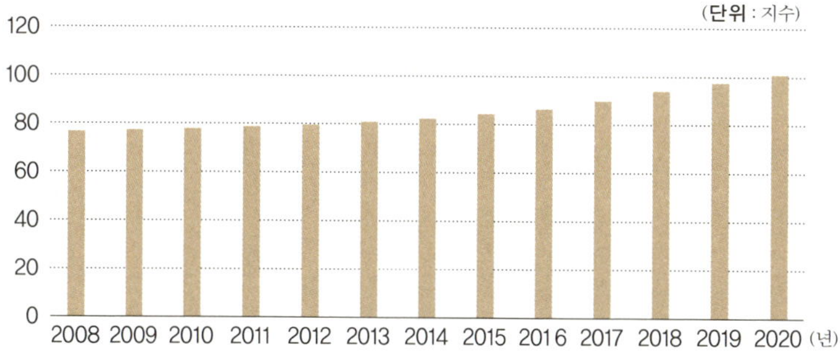

자료 : 한국부동산원

먼저 부동산 관련 자료를 보면 전국 지가는 〈그림 4-5〉에서와 같이 2008년 글로벌 금융위기 이후 2016년까지 비교적 안정세를 보이다가 2017년 이후 전국적으로 비교적 빠른 증가세를 보인 것을 알 수 있다.

〈그림 4-6〉에서와 같이 전국 지가 상승률은 2008년부터 2013년까지 1%대의 연간 상승률을 기록하였으며 2014년부터 2016년까지 3년 동안에도 2%대의 연간 상승률을 기록하였다. 그런데 2017년부터

〈그림 4-6〉 지가변동률

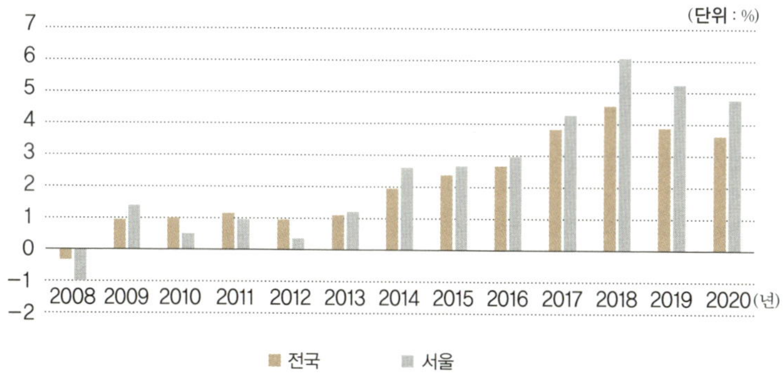

자료 : 한국부동산원

지가 상승률이 빨라져서 2017년, 2018년, 2019년 각각 3.9%, 4.6%, 3.9% 상승률을 기록하였다.

지가 상승률은 지역적으로 큰 차이를 보인다. 〈그림 4-6〉을 보면 서울 지가 상승률이 2016년까지는 전국 지가 상승률과 큰 차이를 보이지 않았으나 2017년, 2018년, 2019년 각각 4.3%, 6.1%, 5.3%로 전국 지가 상승률보다 훨씬 빨랐다. 이런 큰 격차는 수도권과 지방 지가 상승률 간에서도 나타난다.

그런데 코로나19 사태 발생 전 3년 동안 수도권 중심으로 아파트 가격이 폭등하고 지방은 경기침체와 함께 아파트 가격도 정체되면서 서울과 지방 간의 자산 양극화 현상도 심해졌다.

경제정의실천시민연합[경실련]은 문재인 정부 3년간 서울 아파트 가격이 한 채당 3억 원, 52% 폭등, 서울 불로소득만 490조 원 발생한 것으로 추정한다.[3] 경실련은 서울 아파트 가격이 문재인 정부 초기 2017년 5월 평균 6억 600만 원에서 2020년 6월 현재 9억 2천만 원으로 3억 1천 4백만 원이 올랐다고 분석한다. 경실련에 따르면 문재인 정부 3년간 상승률이 이명박 · 박근혜 정부 8년간 상승률보다 2.5배나 높게 나타난다. 또한 최저임금을 모두 모아 서울의 중위 가격 아파트를 구매할 때 걸리는 기간은 문재인 정부하에서 37년에서 43년으로 늘어난 반면 박근혜 정부하에서는 이전 38년에서 37년으로 그리고 이명박 정부는 51년에서 38년으로 단축된 것으로 나타난다.

---

3. 경제정의실천시민연합(경실련)이 발표한 '정권별 아파트값 상승 실태 발표'를 참조하라. (2020. 6. 23.)

주택가격 폭등의 원인

지난 3년간 지가가 전국적으로 크게 올랐으며 주택가격은 서울 중심으로 폭등하고 수도권과 지방 간의 가격 양극화가 더욱 심해졌다.

서울 중심의 주택가격 폭등과 양극화 현상은 주택시장에 대한 정부의 잘못된 진단과 정책 실패가 가장 큰 원인이다. 정부 부동산 정책의 목표는 주택가격의 안정과 서민층과 청년층 주거안정이어야 할 것이다. 이를 위해서는 주택시장에 대한 정확한 진단이 필요하고 장단기 주택 정책을 병행해서 택해야 할 것이다.

그런데 문재인 정부는 주택가격이 투기적 수요로 인해 폭등하였다고 보았다. 투기꾼과 다주택자가 가격 폭등의 원흉이다. 이에 따라 부동산 투기에 따른 불로소득 환수를 정책의 최우선 순위로 삼았다. 그리고 이러한 정책 목표를 조세 정책을 통해 달성하려 하였다. 종합부동산세와 보유세를 올리고 양도세와 취득세 인상을 통해서 정책 목표를 달성할 수 있다고 믿었다. 그런데 정부의 잘못된 진단과 정책으로 인해 불로소득의 환수라는 원래의 정책 목표와는 달리 부동산 가격 폭등으로 정부가 이야기하는 불로소득을 오히려 키우는 결과를 가져왔다.

문재인 정부 들어 주택가격이 폭등한 가장 큰 이유는 서울과 수도권 등 주거 선호 지역의 주택 공급이 크게 부족하기 때문이다. 대규모 개발에 부정적인 서울시는 10년간 재건축·재개발을 묶어 놓았고 뉴타운 개발 지역도 절반가량 해제해 버리면서 서울 시내 신규주택 공급 물량은 크게 줄어들었다. 재개발·재건축에 따른 기대이익을 불로소득으로 보면서 정부가 택한 분양가상한제, 초과이익환수제 등은 단기적으로 주택 공급을 억제하는 방향으로 작동되었다.

국토부는 주택보급률 100%라는 자료를 근거로 주택 공급은 충분하다고 주장하였다. 그런데 주택보급률은 단순 가구 대비 주택 수일 뿐 국민이 살고 싶은 주택이 충분한지를 설명하지는 못한다. 현재 거주하는 주택의 품질을 제대로 고려하지 않았다. 과거 개발도상국 시절에 지은 주택이나 아파트들은 개인당 소득 3만 달러인 현재의 수요를 만족시키지 못할 것이다. 특히 지역별로 주택 초과 수요와 초과 공급이 있다면 100% 주택보급률은 결코 주택 공급이 충분하다는 것을 의미하지 않는다. 지역별로 큰 격차를 보여 수도권에 주택이 부족한데 지방에 주택이 남아돈다고 주택 공급이 충분하다고 할 수 없다.

서울은 매년 천만 명 넘는 외국인 관광객이 찾는 메가 도시이다. 또한 많은 수의 외국인 근로자와 유학생이 살고 있다. 이런 점을 고려할 때 서울의 경우 통계상의 주택보급률 100%로는 주택가격 안정 달성이 힘들다. 실제로 거주하기 적절한 주택을 대상으로 한 서울과 수도권 주택보급률은 100%에 크게 미치지 못하고 있다.

수요 측면을 살펴보면 장기간 지속된 저금리와 늘어난 부동자금이 주택가격 급등의 가장 큰 원인이다. 특히 경기침체를 막기 위해 풀린 자금이 부동산 시장으로 몰리면서 주택가격이 크게 올랐다. 자사고와 특목고 등을 없애는 교육 평준화 정책도 강남권 등 특정 지역으로 교육의 쏠림 현상을 가져와 특정 지역 주택시장 과열의 원인이 되었다.

문재인 정부의 주택 정책 전문성과 일관성 결여도 주택시장 과열의 한 원인이 되었다. 한 예로 주택시장 공급 확대를 위해 다가구주택 소유자들이 시장에 매물을 내놓게 하려면 다가구주택 소유자에 대한 보유세를 크게 올리고 양도세와 취득세는 낮추어야 할 것이다. 그런데 정부는 보유세, 양도세, 취득세를 모두 올려 원래의 목적을 달성하지 못하고 있다. 또 다른 문제는 정책 수순을 잘못 밟고 타이밍을 놓침으로써 20여 차례에 걸친 주택 정책이 문제를 해결하기보다 오히려 문제를 더욱 꼬이게 하였다.

정부는 잘못된 진단으로 장단기 주택 공급대책도 제때제때 세우지 못하고 있다. 정부의 2017년 8.2 부동산 대책은 세제, 금융, 청약, 재개발 · 재건축 규제들이 총망라된 대책이다. 이 대책에는 투기과열지구 및 투기지역 지정, 다주택 양도세 중과, 1가구 1주택 양도세 비과세 요건 강화, 청약 관련 규제 등 고강도 부동산 대책이 담겼다. 기본적으로 주택가격 상승의 원인을 투기에서 보고 세금 중과를 통해서 부동산 투기에 따른 불로소득을 회수하고 수요를 억제할 수 있다고 믿었다.

정부는 2018년 9월 주택 공급을 늘리기 위한 수도권 30만 가구 주택 지구 선정 계획을 발표하였다. 2019년 6월까지 서울에 3만 가구 수용을 위한 중소 규모 택지를 선정하고 경기, 인천 수도권의 경우 7만 가구 수용을 위한 중소 규모 택지를 선정하며 이와 함께 20만 가구를 위한 신도시급 택지를 선정한다는 것이다. 그런데 이러한 계획 발표 당시 당연히 발표해야 할 공급 예정 택지 결정을 추후로 미룸으로써 예상 지역 택지 개발에 대한 불필요한 찬반 논란과 함께 투기 현상을 일으켰다. 정부는 주거 선호 지역에 대한 신뢰할 만한 장단기 주택 공급 정책을 발표해 주택시장의 거품 현상을 막아야 했었다.

정부는 시중 유동성이 부동산 시장 쪽으로 몰리는 것을 막기 위해 주택담보대출비율Loan To Value ; LTV과 총부채상환비율Debt To Income을 강화하는 정책을 폈다.

LTV는 담보인정비율로 주택을 담보로 돈을 빌릴 때 인정되는 담보에 대한 대출의 비율이다. DTI는 금융부채 상환능력을 소득으로 따져서 대출한도를 정하는 비율로 대출상환액이 소득의 일정 비율을 넘지 않도록 정한다.[4] 이 경우 정부가 주택시장으로 자금이 몰리는 것을 막으려면 LTV와 DTI를 낮추어야 한다.

그런데 우리나라의 독특한 전세제도는 LTV와 DTI를 낮추어서 자금이 주택시장으로 쏠리는 것을 막으려는 정부 정책을 무력화할 수 있다. 전세를 놓아 LTV나 DTI에 구애받지 않고 주택 매입을 위한 자금을 확보할 수 있기 때문이다. 전세제도는 주거 비용을 절약하고 원하는 주택을 매입하기 위한 중간 디딤돌로 사용할 수 있는 순기능이 있다. 그러나 전세제도가 주택 투기 수단으로 사용된다면 주택시장의 원활한 수급을 막고 주택가격을 올리는 요인으로 작동할 수도 있다.

투기 세력이 가세하면서 강남지역 부동산 가격이 급등하였고 이러한 현상이 서울과 수도권으로 퍼지면서 부동산 시장이 과열된 것도 일정 부분 사실이다. 그렇지만 투기가 아파트 수요를 결정하는 결정적 요인은 아니다. 공급이 충분할 경우 투기의 소지도 줄어들게 된다. 정부가 제시한 대책에 따라 아파트 가격이 안정된다면 투기꾼은 손해를 보기 때문이다. 그러나 정부 정책에 대한 신뢰가 무너진다면 투기는 더욱 기승을 부리게 된다.

---

4. 총부채원리금상환비율(Debt Service Ratio ; DSR)는 소득 대비 대출 원리금 상환액이 차지하는 비율을 의미하고, 다음과 같이 나타낼 수 있다.

DSR = (주택 대출 연간 원리금 상환액 + 기타 대출 연간 원리금 상환액)/연간 소득

그런데 부동산 투기는 자기실현적 기대self-fulfilling expectation를 현실화하면서 주택시장 거품을 불러일으킨다. 또한 이러한 거품이 과도해 터지게 되면 금융안정을 해친다.

투기 현상은 어떻게 보면 단순하다. 잘 알려진 투기 형태 중 하나는 갭 투자를 통해 주택을 계속 구매하면서 가격을 올리는 것이다. 우리의 경우 전세라는 독특한 제도를 통해 갭 투자를 하기가 쉽다. 전세를 끼고 주택을 매입한다면 주택가격과 전세가격 차이만을 지불하고 주택을 살 수 있다.

예를 들어 매입 가격의 75%가 전세가라면 한 채 가격으로 4채를 매입하여 모두 전세 놓는 갭 투자가 가능할 것이다. 이 경우 주택 매입에 자기자본 25%, 차입 75%로 300% 레버리지leverage가 된다.

그런데 이러한 갭 투자는 레버리지가 높아서 주택가격이 상승하면 높은 수익률을 기록하겠지만 반대로 하락하면 손실도 큰 폭으로 늘어날 것이다.

정부 정책을 불신하면서 주택가격이 계속 상승할 것이라고 믿는다면 갭 투자가 성행할 것이다. 시중에 유동성이 풍부해서 저리로 자금 확보가 가능하다면 이러한 갭 투자가 더욱 성행할 것이다. 갭 투자는 투기적 주택 초과 수요를 일으키고 주택가격 상승을 부채질할 것이다.

그런데 주택가격은 무한정 상승할 수는 없다. 부동산과 실물경제와의 괴리가 과도하다고 여겨지면 어느 순간 주택가격의 상승세는 더 이상 유지되지 못할 것이다. 한편 정부가 부동산 시장의 거품을 우려하여 시중 유동성 공급을 줄이고 금리를 올리는 정책을 편다면 주택가격은 빠른 속도로 떨어질 것이다.

그런데 주택가격이 하락하기 시작하면 레버리지를 높여 갭 투자를 한 경우일수록 유동성 확보에 어려움을 겪게 될 것이며 손실 또한 커질 것이다. 유동성 확보에 실패하고 손실을 견디지 못해 주택시장에 매물이 한꺼번에 쏟아진다면 전세시장과 주택시장의 거품이 터지게 될 것이다.

또 다른 형태의 투기는 단합에 의한 투기다. 극단적인 예를 들어 A와 B가 10억 원짜리 아파트를 15억 원으로 올리려고 단합할 경우를 가정해보자. A와 B가 상대방 아파트를 15억 원씩 주고 서로 산다면 두 사람 모두 실질적인 부담 없이 가격만 부풀릴 수 있다. 이들이 각각 아파트들을 한 채씩 더 가지고 있다고 가정하면 이들은 추가로 보유한 아파트들로부터 각각 50%에 해당하는 투기적 수익을 올리게 될 것이다. 만약 이들이 5억 원 대출받아 아파트를 구입했다고 가정하면 이들의 수익률은 100%가 될 것이다. 이들은 가능하다면 대출을 더 많이 받아 더 많은 아파트를 추가로 매입하여 수익률을 높이려 할 것이다.

투기 세력을 막기 위해서는 우선 이들 투기적 수요에 대한 대출을 막아야 하며 투기로 판명 시 징벌적 과징금을 부과해 투기 수익을 환수해야 할 것이다.

정부가 제때제때 적절한 수요와 공급 정책을 써서 부동산 가격을 안정시킬 능력과 의사가 있는지를 시장과 투기 세력들은 항상 주시하고 있다. 수요와 공급 정책의 타당성이 의심받고 각각 따로 놀며 타이밍을 놓친다면 이러한 정책들은 부동산 과열을 막기보다 오히려 부추기는 결과를 가져올 것이다.

부동산 시장 안정대책과 하방 리스크

정부가 정책을 펼 때 필요한 것은 뜨거운 가슴과 차가운 머리이다. 차가운 가슴으로 정책을 편다면 서민층과 청년층의 절박한 주택 문제를 제대로 이해하지 못하고 시장을 통한 문제 해결에만 집착하기 쉽다. 반면에 뜨거운 머리로 정책을 편다면 당위성에만 집착해서 주택 문제의 본질을 제대로 이해하여 진단하지 못하고 시장과 동떨어지고 일관성이 부족한 정책을 제시하기 쉽다. 일관성 없는 정책은 시장에 잘못된 신호를 주어 무정책보다 오히려 더 나쁜 결과를 가져올 수 있다.

주택시장의 문제는 기본적으로 수요와 공급의 문제이다. 주택과 아파트 가격의 폭등 현상은 서울과 수도권 중심 주거 선호 지역의 공급 부족과 시중에 풀린 과도한 유동성으로 인한 수요 확대가 원인이다.

그런데 문재인 정부는 아파트 공급은 충분하다고 믿었다. 주택가격 폭등의 근본 원인을 수요와 공급 쪽의 요인에서 찾지 않았다. 불로소득을 노리는 부동산 투기가 그 원인이라고 믿었다. 문재인 정권의 부동산 대책의 핵심은 코로나19 사태 이전이나 이후나 부동산 투기를 막고 이로 인해 발생하는 불로소득을 근절하는 것이었다. 아파트 가격 폭등의 원인은 다주택자와 투기꾼들이라고 믿었다. 부동산 투기 수요 원천을 차단하기 위해 투기 규제 지역을 확장하고 대출 규제를 강화하고 세율을 상향 조정하였다. 아파트 가격 폭등은 공시지가를 올리고 보유세를 중과하여 잠재울 수 있다고 믿었다. 그리하여 20여 차례에 걸친 부동산 대책을 내놓았다.

아파트 가격 폭등 원인 진단, 정책 목표, 정책 수단과 수순 그리고 타이밍이 잘못되었다. 가격 폭등의 기본적인 원인은 아파트 공급이 부족한 상태에서 과도히 넘치는 수요이며 투기는 부차적인 요인이다. 정책 목표는 주거안정과 아파트 가격 폭등을 막는 것이다. 부동산 정책은 주택 공급 확대 정책과 수요 억제 정책이 우선되어야 할 것이다. 투기는 아파트 수급에 대한 정부 정책 신뢰성이 상실되면 더욱 성행하게 된다. 그동안 정부는 서울과 수도권의 택지 개발을 소홀히 하고 재건축을 억제하고 고도를 제한하는 정책을 폄으로써 공급 측면의 병목 현상을 초래하였다.

코로나19 사태 발생 전에도 한국은행은 경기 부양을 위해 저금리 정책을 택했다. 그런데 코로나19 사태 이후 두 차례에 걸친 한국은행의 금리 인하로 금리가 0.5%로 떨어지고 시중 유동성은 증가하였다. 이와 함께 정부의 민생금융안정 패키지 프로그램을 통한 자금 지원과 금융기관의 대출 만기 연장과 이자 지급유예 조치 등으로 시중 유동성은 더욱 증가하였다.

그런데 코로나19 사태로 인해 경기가 침체한 상황에서 풍부한 유동성은 투자와 재화 시장으로 흘러가지 않고 부동산 시장으로 흘러가면서 부동산 가격의 폭등을 가져왔다. 특히 정부의 부동산 시장 대책이 경제 논리가 아니라 정치 논리가 우선한다고 믿게 되고 전문성을 의심하게 되면서 높은 수익을 기대하는 시중 자금은 부동산 시장으로 밀려들기 시작하였다. 금융기관들이 주택을 담보로 과도한 주택담보대출을 해주고 이를 금융당국이 제대로 규제하지 못한 데도 그 원인이 있다.

정부는 LTV, DTI, DSR 규제를 통한 대출 억제 정책을 여러 차례 내놓았다. 그런데 이미 살펴보았듯이 우리나라의 독특한 전세제도가 이러한 규제를 무력화하였다.

한편 LTV를 과도하게 낮춘다면 일반 서민의 은행 대출을 통한 주택 매입을 막고 현금 부자만이 주택 매입에 따른 혜택을 누리는 결과를 가져올 수 있다. 대출 규제 강화는 현금을 많이 보유한 사람에게 혜택을 줘서 자산 불평등을 오히려 악화시킬 수 있다.

잘못된 진단과 대책도 정부 정책의 전문성에 대한 의구심을 일으키게 하고 투기적 수요를 더욱 불러일으켰다. 투기과열지구 및 투기지역 지정은 투기를 억제하기보다 아직 묶이지 않은 인근지역으로의 투기를 조장하는 결과를 가져왔다. 또한 정부는 주거안정을 위해서 다주택 임대사업자에게 다양한 인센티브incentive를 줬다.[5] 그러나 나중에 다주택임대업이 주택시장의 매물 감소와 주택가격 상승요인이 된다고 보고 이를 철회함으로써 정책의 일관성을 지키지 못하고 시장을 교란하는 결과를 가져왔다.

한편 주택가격이 계속 상승하자 정부는 주택 공시가격을 대폭 상향 조정하고 취득세, 보유세, 양도세도 함께 올렸다. 부동산 시장에 거품이 낀 상황에서 1가구 1주택자의 주택 관련 세금을 일시에 모두 대폭 올린다는 것은 주거안정이라는 주택 정책의 목표와는 부합하지 않는다. 주택시장 공급 물량을 늘려 시장이 원활히 작동하도록 하려면 다주택자의 재산세, 종합부동산세 등 보유세는 강화하되 취득세와 양도세는 완화하는 조치가 필요할 것이다.

---

5. 정부는 다주택자가 임대사업자로 등록해 임대소득세를 내면 양도세 중과와 장기보유특별공제 배제 대상에서 제외하는 인센티브를 제시하였다.

전세시장 안정을 위해 채택한 임대차 3법(전월세신고제, 전월세상한제, 계약갱신청구권)도 정부의 원래 의도와는 달리 부작용을 일으키고 있는 정책이다. 의도가 좋다고 해서 좋은 결과를 가져오는 것은 아니다. 임대차 3법은 전세가와 기한을 함께 제한하는 정책으로 기본적으로 시장기능을 역행한다. 그 결과 전세 계약 자체를 회피하면서 매물 부족 현상이 나타나게 되거나 전세의 월세화로 임차인의 임대 부담이 상승할 것이다.

정부 주택 정책의 전문성과 신뢰성을 높일 필요가 있다. 비전문 정치가가 경제적 논리보다 정치적 논리로 정책을 편다면 그 정책은 성공할 수 없다. 정부가 정책의 신뢰성을 얻으려면 주택 관련 수요 · 공급 측면의 모든 문제를 분석하고 장단기 정책을 일관성 있게 제시해야 할 것이다. 그렇지 못하면 오히려 부동산 시장에서 투기와 거품이 일어날 것이다.

부동산 시장 거품은 서민층의 경제적 박탈감을 증폭시키며 자산의 양극화 현상을 부추긴다. 최근 수도권 아파트 가격 폭등 후 '벼락거지'라는 신조어가 등장하였다고 한다. 지난 2~3년 동안 주택을 장만하지 못한 사람들이 아파트를 산 사람에 비해 거지가 된 것과 같다는 자조적인 말이다. 또 '부동산 영끌'이라는 단어도 등장하였다. 영혼까지 끌어모아서 대출을 일으켜서 부동산을 사려고 한다는 것이다. 그런데 '영끌' 현상으로 부동산 시장 거품이 계속된 후 거품이 일시에 터진다면 금융안정을 해치고 경제를 위기 상황으로 몰아넣을 수 있다.

2008년 글로벌 금융위기도 부동산 시장의 거품이 꺼지면서 촉발되었다. 부동산 가격 폭락으로 부동산담보대출 채권이 부실화되고 이를 기반으로 하여 조성된 다단계 유동화 증권이 함께 부실화되면서 금융위기가 발생하고 경제위기로 치닫게 되었다.

1990년대부터 시작된 일본의 잃어버린 20년 위기도 계속된 저금리로 인해 발생한 부동산 시장의 거품과 그 붕괴 과정에서 일어났다. 그런데 부동산 시장의 거품과 붕괴는 사전적 대응이 힘들며 사후 대응에 큰 비용이 든다는 점에서 문제의 심각성이 크다.

부동산 시장의 거품 붕괴로 자산가격이 폭락한다면 가계는 원리금 상환 압박으로 인해 먼저 소비와 투자를 줄이게 될 것이며 이는 결국 부채 디플레이션으로 이어질 것이다. 부동산 시장에 매물이 쌓이게 되고 부동산 가격이 폭락하면서 가계가 금융기관 대출을 제때 갚지 못하면 가계 부실이 금융 부실로 이어지게 될 것이다.

가계와 기업의 부실로 인해 금융기관의 자기자본이 잠식당하기 시작하면 이는 금융위기로 이어질 것이다. 그리고 금융기관의 부실 우려로 예금과 투자가 빠져나가면 유동성 위기 그리고 경제위기로 치닫게 될 것이다.

우리 경제는 코로나19 사태 발생 이전부터 부동산 시장 과열, 가계부채와 취약차주 부채 증가, 고위험 · 저유동성 위험자산 투자 확대, 금융회사 시스템 리스크 등 금융안정을 저해하는 요인들을 가지고 있었다.

그런데 코로나19 사태 발생으로 경기가 급락하고 이를 막기 위해 쏟아부은 금융과 재정정책들이 경기를 살리기보다 부동산 가격 폭등을 불러오고 부동산 시장과 실물경제의 괴리 현상de-coupling을 더욱 심화시켰다. 그렇지만 경제의 펀더멘털이 취약한 상태에서 부동산 시장만 계속 호황을 누릴 수는 없으며 새로운 균형점을 찾아가야 할 것이다.

금리 인상, 부동산 중과세, 부동산 가격이 오를 만큼 올랐다는 인식 등은 부동산 시장의 급격한 거품 붕괴를 초래할 요인으로 작동할 수 있다. 경기침체가 지속되는 상황에서 부동산 시장 거품 붕괴는 우리 경제를 그만큼 어렵게 만들 것이다. 우리는 부동산 시장을 안정시키고 그 안정세가 장기적으로 유지되도록 하면서 경제를 빠른 속도로 회복시켜 새로운 균형점을 찾아야 할 것이다.

3. 금융자산과 금융부채 급등

금융과 GDP

여기서는 금융과 GDP 관계에 대해서 살펴보자. 금융 발전은 경제 성장에 영향을 미친다. 그런데 금융 발전과 경제 성장 간의 관계에 대한 통일된 이론적인 모델은 없다. 그것은 각국 경제의 특수성이나 성장 단계에 따라 그 관계가 다르기 때문이다. 실증 연구를 보면 금융 발전은 경제 성장에 긍정적인 영향을 주지만 어떤 시점을 지나면 경제 성장을 오히려 저해할 수 있다고도 보고 있다. 특히 선진 경제에 초점을 맞춘다면 금융부문의 비대와 과도한 성장은 생산성 향상에 오히려 저해 요인이 될 수 있다.[6]

---

6. S. G Ceccgetti와 E. Kharroubi의 "Reassessing the impact of finance on growth"를 참조하라.(2012. 7.)

금융 발전과 경제 성장 간의 관계는 금융과 실물 간의 관계 그리고 금융기관 간 상호 연계성 강화가 경제에 미치는 영향으로 나누어 볼 수 있다.

금융과 실물경제와의 긍정적 관계는 금융이 가계나 기업을 얼마나 잘 돌아가게 자금을 원활히 공급하는가에 달려 있다. 그러나 가계에 대한 과도한 주택담보대출이나 부실기업에 대한 대출 확대는 오히려 경제안정을 저해하는 요인으로 작용할 것이다.

금융자산/GDP 비율로 평가되는 금융 심화도深化度는 금융법인의 가계와 기업 대출 확대뿐만 아니라 금융법인 간의 상호 연계성 확대로도 증가한다. 금융법인 간 상호 연계성 확대는 금융의 효율성을 높이지만 고위험과 고수익을 목표로 하는 금융법인 간의 거래 확대는 금융안정을 해치는 요인이 되기도 한다. 금융 규제와 감독이 중시되는 것은 이러한 거래로 인한 금융 불안정을 막기 위한 것이다. 특히 비은행금융기관 주도로 금융 발전이 이루어지는 과정에서 고수익 · 고위험 투자를 고리로 타 금융기관 간 상호 연계성이 커지면 금융 시스템 리스크가 발생할 가능성이 커지고 그 결과 경제 성장도 저해될 수 있다.

가계, 기업, 정부의 금융자산과 금융부채

우리 경제 각 부문 간 자금 조달과 운영, 금융거래 규모, 총금융자산과 GDP 간의 관계를 분석하려면 한국은행에서 발행하는 국민대차대조표와 자금순환 통계를 살펴볼 필요가 있다.

[표 4-2]를 보면 2019년 말 대차대조표상 총금융자산은 1경 8,601

조 원이다. 국내부문 금융자산 합이 1경 7,213조 원이고 해외부문 금융자산이 1,388조 원이다. 국내부문 금융부채의 합은 1경 6,633조 원이며 해외부문 금융부채는 1,962조 원이 된다. 여기서 국내부문 금융자산과 금융부채의 차이가 순금융자산에 해당하며 그 금액은 580조 원이다.

2019년 말 국내부문 금융자산 구성을 보면 비금융법인, 일반정부, 가계 및 비영리단체 합으로 계산되는 비금융부문 금융자산이 8,575조 원이며 금융부문 금융자산은 8,638조 원이다.

그런데 여기서 비금융부문 부채 규모, 즉 일반정부의 부채 규모, 비금융법인의 부채 규모, 가계 및 비영리단체 부채 규모는 각 부문의 재정건전성과 부채 관리 상황의 평가 기준이 된다.

또 하나 유념해야 할 점은 대차대조표와 자금순환표상 비금융법인의 부채를 달리 다룬다는 점이다. 국민대차대조표상 비금융법인의 금융부채는 거주자 발행주식 및 출자 지분과 직접투자 항목이 포함된다. 그러나 자금순환표상 비금융법인의 금융부채에는 이 항목이 포함되지 않는다. 그것은 자금순환표 기준으로 볼 때 이 항목은 비금융법인이 갚아야 할 부채가 아니기 때문이다.

[표 4-6]은 자금순환표상 지난 4년간 연말 총금융자산 규모와 구성 내역을 보여준다. 2019년 말 총금융자산이 1경 8,580조 원임을 알 수 있다.[7] 2019년 말 현재 총금융자산 대비 국내총생산 배율은 9.68로

7. 한국은행의 대차대조표와 자금순환표는 다른 자료를 사용함에 따라 수치에 있어서 다소 차이가 있다.

표 4-6 자금순환표상 총금융자산 잔액 및 구성비 추이

(단위 : 연말, 조 원)

	2017	2018p	2019p	2020p
총 금융자산	16,523.1	17,158.0	18,580.5	20,764.9
현금 및 예금	3,168.3	3,389.0	3,691.2	4,131.9
보험 및 연금 준비금	1,211.2	1,279.5	1,364.1	1,459.7
채권	2,572.5	2,765.9	2,983.5	3,190.0
대출금	2,930.5	3,129.0	3,321.4	3,661.1
지분증권 및 투자펀드	3,561.6	3,349.4	3,784.3	4,645.2
기타[1]	3,079.1	3,245.3	3,436.0	3,676.9

주 : 1) 파생금융상품, 상거래신용, 직접투자 등

자료 : 2020년 자금순환(잠정), 한국은행

국민순자산 대비 국내총생산 배율 8.66보다 오히려 높다. 2019년 말 금융자산 구성내역을 보면 현금 및 예금 19.9%, 보험 및 연금 준비금 7.3%, 채권 16.1%, 대출금 17.9%, 지분증권 및 투자펀드가 20.4%, 기타 18.5%이다.

한편 [표 4-7]은 자금순환표상 지난 4년간 국내 비금융부문의 금융자산과 부채 잔액 추이를 보여준다. 2019년 말 국내 비금융부문의 금융자산 규모를 보면 가계 및 비영리단체 3,981조 원, 비금융기업 2,801조 원 그리고 일반정부 1,793조 원으로 국내 비금융부문의 금융자산이 8,575조 원이다. 금융부채는 가계 및 비영리단체 1,879조 원, 비금융법인기업 2,763조 원 그리고 일반정부 1,014조 원으로 국내 비금융부문의 금융부채는 5,656조 원이다.

그런데 [표 4-7]의 경우 비금융법인기업의 발행주식 및 출자 지분

표 4-7 자금순환표상 국내 비금융부문 금융자산 · 부채 잔액 추이

(단위 : 기말, 조 원)

		2017	2018p	2019p	2020p
금융자산 (A)	가계 및 비영리단체[1]	3,668.7	3,734.6	3,981.4	4,539.4
	비금융법인기업	2,607.6	2,693.1	2,800.6	3,136.3
	일반정부	1,572.3	1,637.0	1,793.3	1,960.8
	합계	7,848.5	8,064.7	8,575.3	9,636.5
금융부채[2] (B)	가계 및 비영리단체[1]	1,688.1	1,790.2	1,879.0	2,051.0
	비금융법인기업	2,522.7	2,640.6	2,763.4	2,973.2
	일반정부	909.3	957.5	1,013.8	1,137.8
	합계	5,120.1	5,388.3	5,656.3	6,162.1
순금융자산 (A - B)	가계 및 비영리단체[1]	1,980.6	1,944.4	2,102.4	2,488.4
	비금융법인기업	84.9	52.6	37.2	163.0
	일반정부	662.9	679.5	779.5	823.0
	합계	2,728.4	2,676.4	2,919.0	3,474.4
금융자산(A)/ 금융부채(B) (배)	가계 및 비영리단체[1]	2.17	2.09	2.12	2.21
	비금융법인기업	1.03	1.02	1.01	1.05
	일반정부	1.73	1.71	1.77	1.72
	합계	1.53	1.50	1.52	1.56

주 : 1) 가계(소규모 개인사업자 포함) 및 가계에 봉사하는 민간비영리단체
2) '거주자 발행주식 및 출자지분' 과 '직접투자' 제외
3) ( ) 내는 전년 말 대비 증감액

자료 : 2020년 자금순환(잠정), 한국은행

등은 확정 채무가 아니라는 이유로 이를 부채에서 제외함으로써 부채 규모가 2,763조 원으로 기록된다. 그 결과 [표 4-7]에서 국내 비금융법인의 순금융자산은 37조 원이다. 그런데 [표 4-2] 국민대차대조표상에서 국내 비금융법인 순금융자산은 -2,435조 원이다. 그것은 국민대차

대조표상에서는 기업의 발행주식 및 출자 지분이 부채로 계산되어 부채가 5,236조 원으로 기록되기 때문이다. [표 4-7]은 자금순환표상 국내부문별 금융자산/금융부채 배율을 함께 보여주는데 비금융법인의 경우 1.05이다. 그렇지만 [표 4-2]는 대차대조표상 비금융법인의 금융자산/금융부채 배율로 그 값이 0.53이다.

기업부채의 대 GDP 비율은 144%이다. 중소기업은 자금 조달을 금융기관 대출에 크게 의존하며 대기업은 자본시장에서 자금조달 비중이 높다. 최근 저금리로 인해 한계기업에 대한 대출이 큰 폭으로 증가하면서 경쟁력을 잃은 좀비기업들도 계속 연명해나가고 있지 않나 하는 우려를 낳고 있다.

한편 [표 4-7]을 보면 가계 및 비영리단체의 금융자산/금융부채 배율은 2.1이다. 그렇지만 여기 금융자산에는 주식 및 출자 지분을 포함하고 있는데 이러한 자산은 소득 상위층에 집중되어 있으며 기업의 경영권 확보와도 관련 있다. 이와 함께 주식과 출자 지분은 유동성이 매우 낮아서 유사시 이를 처분하여 금융부채를 갚는 데 한계가 있다.

2019년 말 가계 및 비영리단체의 금융부채가 1,879조 원에 이르러 2019년 GDP 대비 98%에 이른다. GDP 대비 가계신용은 다른 나라에 비해 높은 수준이다. 유사시 가계자산 건전성 유지와 부채 관리에 그만큼 어려움이 클 것이다. 코로나19 사태 발생 전 신용대출은 상대적으로 적어 가계대출의 30% 미만을 차지하고 있다.

가계대출이 급속히 늘어난 원인은 저금리 상황에서 주택담보대출이 빠른 속도로 늘어났기 때문이다. 그런데 앞으로 부동산 시장의 거품이 꺼지고 주택 담보가치가 떨어진다면 가계대출과 금융기관의 건전성이 문제가 될 수 있을 것이다.

가계와 기업에 대한 민간신용은 [표 4-7]에서 가계 및 비영리 단체의 금융부채와 비금융법인기업의 금융부채를 합한 값이다. 민간신용의 대 GDP 비율은 244%이다.

실물경제의 발전을 위해서 금융부문의 뒷받침이 필요하다. 그렇지만 GDP 대비 가계와 기업 민간신용이 과도하게 높다는 것은 그만큼 민간부채 규모가 큰 것을 의미하기 때문에 금융 심화가 오히려 경제발전을 저해할 수 있다. 과도한 금융기관 대출이 부동산 투기 등에 사용되거나 한계기업 연명 수단이 되어 오히려 경제발전을 저해하기 때문이다.[8] 우리나라의 민간신용/GDP 수치는 오히려 미국, 영국, 독일, 일본 수치보다 높은 것으로 나타난다.

일반정부의 경우 2019년 말 금융자산/금융부채는 1.78이지만 금융자산에는 외환보유고와 국민연금 등이 포함된다. 그런데 자금순환표상 정부 재정의 건전성을 평가받는 정부부채 규모가 1,008조 원으로 GDP의 53%에 이른다.

GDP 대비 총금융자산 비율이 크게 높아진 이유는 비금융부문뿐만 아니라 금융부문의 금융자산이 큰 폭으로 늘어났기 때문이다. 가계와 기업에 대한 민간신용의 확대뿐만 아니라 우리나라의 비은행금융중개 규모와 비중이 커지고 은행과 비은행 간 그리고 비은행 간의 상호 거래가 큰 폭으로 늘어나면서 금융부문의 금융자산과 부채가 큰 폭으로 늘

8. 김천수 · 박정수가 금융연구(2018)에 게재한 "우리나라 금융의 적정성과 경제 성과 효과"를 참조하라.

어났기 때문이다.

금융법인의 자산과 부채 규모 확대

2019년 말 현재 금융법인의 순금융자산은 179조 원에 지나지 않는다. 그러나 금융법인의 금융자산과 금융부채 규모를 보면 2019년 말 현재 각각 8,638조 원과 8,459조 원으로 GDP 대비 각각 4.5배와 4.46배이다. 이러한 금융 심화는 금융 산업이 발전하여 가계와 기업 등 실물부문에 필요한 자금이 원활히 흐르도록 돕고 있다는 것을 의미하지만 동시에 가계와 기업의 부채 규모가 상당한 수준이라는 의미도 있다.

한편 금융 심화의 또 다른 측면은 간접금융과 직접금융 발전을 넘어 금융권 간의 연계성 심화를 의미한다. 한 예로 투자증권사가 자산운영사가 운영하는 펀드에 투자하면 금융권 간 연계성이 커지고 투자증권사의 자산과 자산운영사의 부채가 늘어나면서 금융법인 전체의 금융자산과 금융부채가 늘어난다.

금융권 간 연계성 심화는 금융거래를 원활히 하는 측면이 있는 반면에 부실 위험을 금융권 간 빠른 속도로 전파하기도 한다. 지난번 글로벌 금융위기 당시 서브프라임subprime 모기지mortgage 대출 부실과 이에 대한 다단계 유동화로 인해 금융위기가 확대 · 재생산되었다. 탐욕스럽고 과도한 금융이 금융 시스템과 금융안정을 해치고 경제를 위기로 몰아넣을 수 있다.

비은행금융중개와 상호 연계성 확대

금융위기는 비은행금융중개 확대와 이들의 금융기관과의 연계성 확대로 발생하기 쉽다. 그렇다면 여기서는 비은행금융중개에 대해서 좀 더 깊게 살펴보자.

〈그림 4-7〉은 국제 금융안정위원회Financial Stability Board ; FSB의 비은행금융중개 분류 체계와 규모를 보여준다. 2017년 말 글로벌 차원에서 전체 금융자산 규모는 382.3조 달러이다.

한편 모니터링 대상 비은행금융중개Monitoring Universe of Non-Bank Financial Intermediation ; MUNFI 규모는 184.3조 달러, 기타 금융중개기관Other Financial Intermediaries ; OFIs 규모는 116.6조 달러 그리고 협의 비은행금융중개Narrow Measure 규모는 51.6조 달러이다. 아래 단계로 내려갈수록

〈그림 4-7〉 FSB의 비은행금융중개 분류체계(2017년 말 기준)

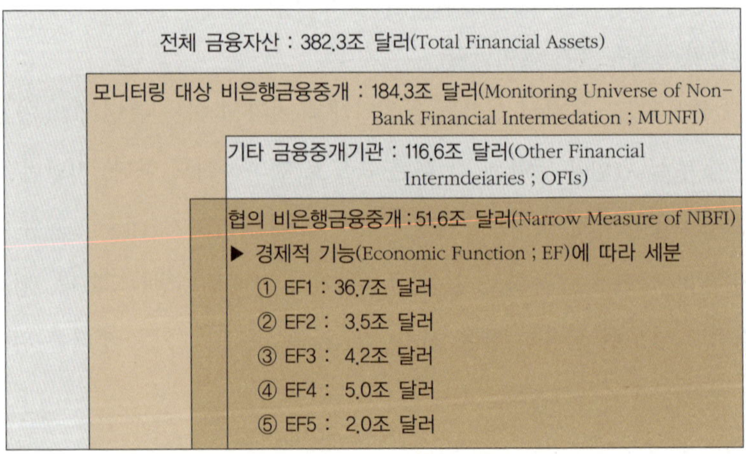

자료 : 박기덕, 우리나라의 비은행금융중개 현황 및 시사점, 한국은행, Global Report on Non-Bank Financial Intermediation, 2018

운영에 따른 리스크가 커지는 구조이다.

〈그림 4-8〉은 각각 단계별 비은행금융중개 기관의 현황을 설명한다.

〈그림 4-8〉 FSB의 모니터링 체계

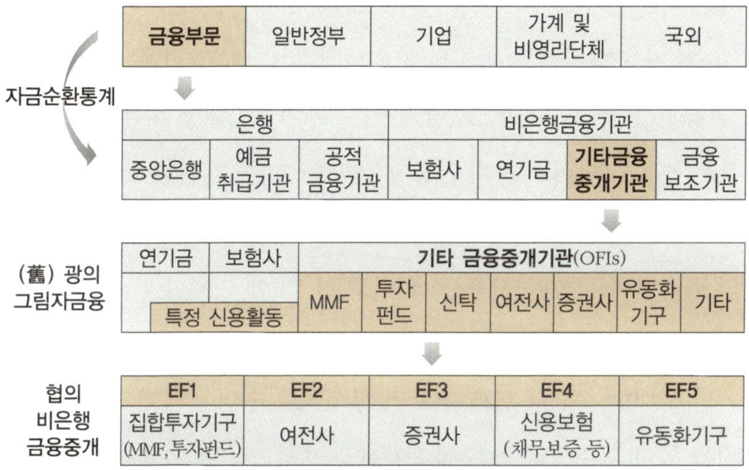

자료 : 박기덕, 우리나라의 비은행금융중개 현황 및 시사점, 한국은행

모니터링 대상 비은행금융중개는 모든 비은행금융기관의 금융중개를 의미한다.

기타 금융중개는 광의의 그림자금융중개라고도 하며 기타 금융기관의 모든 금융중개와 연기금과 보험사의 특정 신용활동을 포함한다. 여기서 기타 금융중개기관에는 MMF, 투자펀드, 신탁, 여전사, 증권사, 유동화기구 등이 포함된다.

협의 비은행금융중개는 기타 금융기관 금융중개 중 시스템 리스크 유발 가능성이 큰 금융중개를 의미한다.[9] 여기서 EF1은 환매에 취약한

9. 김경섭의 "국내 비은행금융중개의 현황 및 잠재리스크"를 참조하라.(한국은행 조사월보)

집합투자기구 중개, EF2는 단기자금 조달에 의존한 대출 중개, EF3는 단기자금 조달 및 고객자산 담보에 의존한 시장 중개, EF4는 채무보증 등 신용 창출 중개 그리고 EF5는 자산 유동화를 통한 신용 중개 등을 의미한다.

FSB 자료를 분석한 박기덕에 의하면 2017년 말 현재 우리나라 전체 금융자산 규모는 6.99조 달러인데 모니터링 대상 비은행금융중개 규모는 3.47조 달러로 전체 금융자산의 49.7%에 이른다. 한편 기타 금융중개 규모는 1.87조 달러로 전체 금융자산 규모의 26.8%에 달하며 협의 비은행금융중개는 0.82조 달러로 11.7%에 이른다.[10]

비은행금융중개 규모가 과거보다 급격히 커진 이유는 전문화된 금융기법에 대한 수요와 함께 저금리 상태에서 수익을 높이기 위해 레버리지를 높이고 수익성 높은 금융자산을 새로 만들려고 하기 때문이다. 그 과정에서 자산운영사의 사모펀드의 규모가 급격히 늘어났고 자산 유동화를 통한 신용 중개도 큰 폭으로 늘어났다.

그런데 이러한 비은행금융중개의 리스크는 수익 제고를 위한 레버리지 확대에 따른 리스크, 단기 조달 자금의 장기 자산 운영에 따른 만기 변환 리스크, 고유동성 자금을 저유동성 자산에 운영하는 유동성 리스크 등을 들 수 있다. 일례로 투자 환매를 자유롭게 보장하면서 단기 자금을 들여와 장기자산에 레버리지를 높여 투자한다면 리스크가 높은 것은 말할 것도 없다.

---

10. 박기덕의 한은 금요강좌, "우리나라의 비은행금융중개 현황 및 시사점"을 참조하라. (2019. 4. 5.)

비은행금융중개 관리가 제대로 되지 못해 금융시장이 불안정해진다면 환매 사태[fund run] 등이 발생할 가능성이 커지며 비은행권과 은행권과의 상호 연계성이 높다면 여기서 발생한 리스크가 금융 전체의 시스템 리스크로 번지게 되고 더 나아가 실물부문의 리스크도 유발할 수 있다.

비은행금융중개부문은 고위험 · 고수익을 추구하고 거래구조가 복잡하며 타 금융부문과의 상호 연계성이 높아서 리스크를 전염시키고 금융 시스템 리스크를 유발할 가능성이 크다. 앞으로 저금리 기조를 벗어나 금리가 정상화될 때 비은행부문 관리가 제대로 이루어지지 않는다면 여기서 발생한 리스크가 금융 시스템 전체로 번지면서 금융 시스템 리스크를 유발할 가능성이 있다.

우리나라의 국내총생산 대비 총금융자산의 비율이 계속 높아져 왔다는 점은 금융 발달로 그만큼 실물경제가 잘 뒷받침되었다는 긍정적인 측면이 있다. 그렇지만 이것이 저금리 상황에서 수익을 높이기 위한 비은행금융중개 확대와 금융권 간의 과도한 연계성에 의한 것이라면 부실 전염 위험을 높이고 금융 시스템 안정을 해치는 요인이 될 수 있다.

한편 시스템 위험을 막기 위해서는 시스템적으로 중요한 기관에 대한 추가 자본 규제, 거액 대출 규제, 최저자기자본 규제, 그림자 금융 규제 등이 필요할 수 있다.

한국은행 금융안정보고서에 의하면 최근 들어 우리나라 금융권 간의 상호거래가 증가하면서 국내총생산 대비 총금융자산의 규모가 커지고 상호거래 비중도 높아지고 있다.

금융기관 간 상호거래는 2019년 말 2,678조 원으로 전년 말 대비

14.1% 증가하였고 금융부문의 총자산 8,191조 원에서 차지하는 비중 또한 32.7%로 전년 동기 대비 1.2%포인트 증가하였다.[11]

금융기관 간 상호거래에서 비은행권 간 거래가 59.3%, 은행 비은행권 거래가 36% 그리고 은행권 간 거래가 4.7%를 차지한다. 〈그림 4-9〉는 금융기관 · 업권 간 상호거래 현황을 보여준다.

〈그림 4-9〉 금융기관 · 업권 간 상호거래 현황

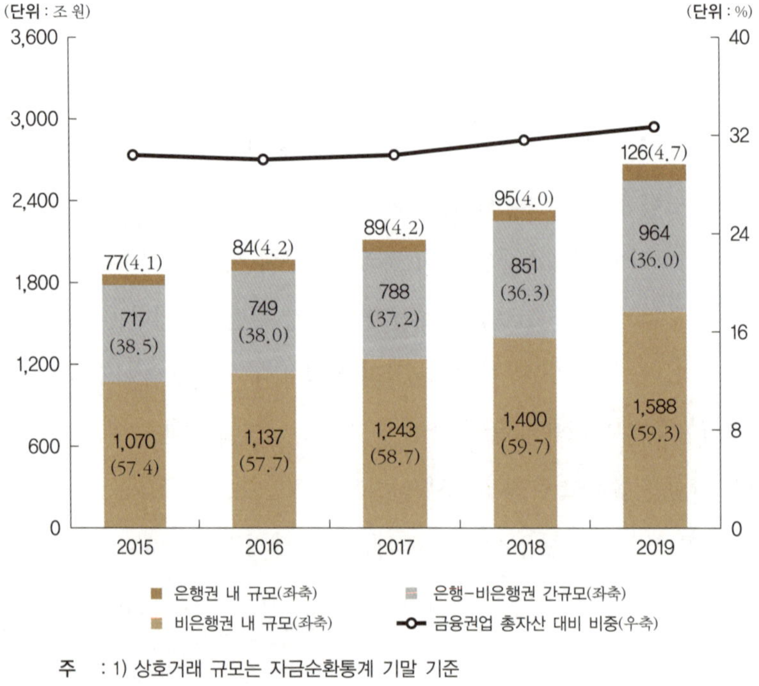

주 : 1) 상호거래 규모는 자금순환통계 기말 기준
2) ( ) 내는 전체 상호거래 규모 대비 비중

자료 : 금융안정보고서(2020. 6.), 한국은행

11. 한국은행의 금융안정보고서(2020. 6.)를 참조하라.

〈그림 4-10〉은 금융업권별 연계성을 보여주는데 국내은행, 신탁, 증권 및 투자펀드가 업권 간 거래에서 중심적인 역할을 하고 있는 것으로 나타난다. 금융업권 간 상호거래 규모를 보다 상세히 살펴보면 국내은행과 신탁 간 상호거래가 244.1조 원, 국내은행과 증권 간 173.2조

〈그림 4-10〉 금융업권 간 상호연계 구조[1), 2), 3), 4)]

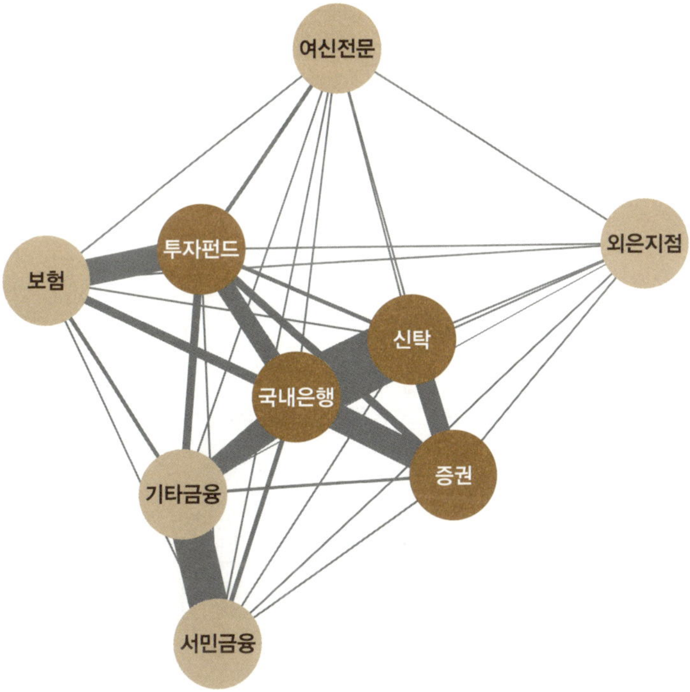

주 : 1) ●은 상호거래 규모 기준 상위 4개 업권

2) 네트워크 시각화 분석 기법을 활용한 상호연계 구조로서 금융업권 간 상호거래 규모에 비례하여 중앙성, 집중도, 선 굵기 등이 크게 나타남

3) 신탁은 은행 · 증권 · 보험회사의 신탁계정, 서민금융은 새마을금고 · 신협 · 저축은행 등, 기타금융은 각 서민금융기관 중앙회 · 공적금융기관 · 지주회사 등

4) 2019년 말 기준

자료 : 금융안정보고서(2020. 6.), 한국은행

원, 보험과 투자펀드 간 168.1조 원, 증권과 신탁 간 141.9조 원의 순으로 나타난다. [표 4-8]은 금융업권 간 상호거래는 주로 예금, 채권, 주식을 통해 이루어졌음을 보여주고 있다. 2019년 말 현재 예금, 주식, 채권을 통한 상호거래 비중은 각각 24.1%, 20.3%, 22.5%이다.

표 4-8 **금융업권 간 상품별 상호거래 규모**

(단위 : 조 원, %, %p)

상품	2018년 말		2019년 말		B − A
	규모	비중(A)	규모	비중(B)	
예금	558.0	23.8	645.2	24.1	0.3
채권	545.9	23.3	602.3	22.5	−0.8
주식[1)]	469.2	20.0	544.3	20.3	0.3
대출	123.4	5.3	136.3	5.1	−0.2
RP	114.8	4.9	141.9	5.3	0.4
파생	53.6	2.3	61.1	2.3	0.0

주 : 1) 주식에는 투자펀드지분, 주가연계증권(ELS) 등이 포함

자료 : 금융안정보고서(2020. 6.), 한국은행

앞으로 한국은행은 상세자금순환표를 개발하여 작성할 계획이다. 이러한 상세자금순환표가 나온다면 우리는 금융업권별 상호거래에 대한 보다 정확한 자료를 얻게 될 것이다.[12]

12. 최유진의 "상세자금순환표의 작성의의 및 개발 계획"을 참조하라. (Quarterly National Accounts Review, 1st, 2019)

◎ 비은행금융중개 위험 요인과 사모펀드의 부실 사례

저금리 상황에서 가계와 기업의 수익 확대를 위한 대표적인 고위험 투자의 예로 지난 10여 년간 급격히 늘어난 자산운영사의 투자펀드를 들 수 있다. [표 4-9]와 같이 2019년 말 현재 국내 펀드수탁고 총액은 720.4.조 원으로 이중 공모펀드는 242.3조 원 그리고 사모펀드는 478.1조 원이다. 사모펀드 중 경영참여형 사모펀드(PEF) 규모는 61.7조 원이며 전문투자형 사모펀드(헤지펀드) 규모는 416.4조 원이다. [표 4-10]은 지난 수년간 공모와 사모펀드 수를 보여준다. 한편 국제적으로는 2018년 말 글로벌 500대 자산운용사의 자산 규모는 91.5조 달러에 달한다.

표 4-9 공 · 사모펀드 수탁고

(단위 : 조 원)

구분	2013	2014	2015	2016	2017	2018	2019
펀드수탁고	356.5	403.2	452.0	506.0	552.3	600.0	720.4
공모	184.4	198.1	213.8	212.2	217.5	213.6	242.3
사모	172.1	205.1	238.2	293.8	334.8	386.4	478.1
(경영참여형)	28.1	31.8	38.4	43.6	45.5	55.7	61.7
(전문투자형)	144.0	173.3	199.8	250.2	289.3	330.7	416.4

자료 : 금융감독원

표 4-10 공 · 사모펀드 수

(단위 : 개)

구분	2013	2014	2015	2016	2017	2018	2019
펀드 수	11,044	12,274	13,037	13,845	13,292	14,953	15,923
공모	3,310	3,448	3,746	3,608	3,878	4,265	4,189
사모	7,734	8,826	9,291	10,237	9,414	10,688	11,734
(경영참여형)	237	277	316	383	444	583	721
(전문투자형)	7,497	8,549	8,975	9,854	8,970	10,105	11,013

자료 : 금융감독원

사모펀드의 급증은 저금리 상황에서 그만큼 우리 경제 각 부문의 고수익 · 고위험 투자에 대한 수요 확대와 함께 금융기관 간의 상호 연관성이 높아진 것을 의미한다. 그런데 금융기관 간 연계성 확대가 머니 게임 양상을 보이면서 GDP 대비 금융기관 부채 배율이 높아지면 금융기관 부실과 금융 불안을 가져올 가능성이 크다.

사모펀드의 급격한 규모 확대는 일정 부문 정부 정책의 결과이다. 1997~1998년 외환 · 금융위기 당시 부실기업 구조조정 과정에서 우리는 해외 사모펀드인 론스타 등 개입에 따른 부작용을 겪었다. 그 후 정부는 부실 산업구조 조정과정에서 해외 사모펀드와 정부의 직접적인 개입에 따른 부작용을 피하고 시장기능에 따른 구조조정이 바람직하다는 차원에서 국내 사모펀드 시장 육성을 장려하게 되었다. 정부는 자산운영사 설립을 허가제에서 신고제로 바꾸었다. 사모펀드는 전문가들의 시장임에도 불구하고 정부는 저금리 상황에서 일반 투자자도 1억 원 이상이면 투자할 수 있도록 만들었다. 증권사뿐만 아니라 은행도 판매하게 허용하면서 자산운영사가 우후죽순처럼 늘어나고 사모펀드 규모도 급속히 팽창하게 되었다.

2019년 말 헤지펀드 규모는 416.4조 원으로 전년 대비 85.7조 원, 25.9% 늘어났고 공모펀드는 242.3조 원으로 전년 대비 28.7조 원, 13.4% 늘어났다.

〈그림 4-11〉는 사모펀드 시장과 공모펀드 시장 간 격차가 시간이 지나면서 확대되고 있음을 보여준다.

〈그림 4-11〉 공 · 사모펀드 수탁고

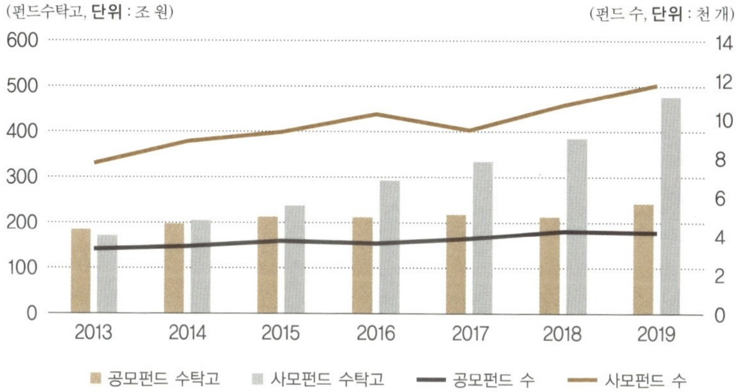

자료 : 금융감독원

헤지펀드의 유형별 순자산 추이를 보면 [표 4-11]과 같이 증권 펀드의 비중이 가장 높았지만 시간이 지날수록 부동산 펀드와 특별자산 펀드 등 실물 펀드의 강세가 지속되고 있음을 보여준다. [표 4-12]는 지난 수년간 자

표 4-11　　전문투자형 사모펀드 유형별 순자산 추이

(단위 : 조 원)

집합기구	2013	2014	2015	2016	2017	[illegible]	[illegible]	[illegible]
증권	75.3	93.9	100.3	114.9	111.7	116.8	131.1	31.5%
단기금융	2.9	4.0	8.0	17.8	25.4	20.2	31.5	7.6%
파생상품	19.5	19.1	17.9	22.7	27.2	28.6	30.5	7.3%
부동산	23.2	28.6	35.0	45.9	59.4	74.8	97.4	23.4%
특별자산	23.3	27.8	36.5	44.1	53.8	67.6	90.0	21.6%

자료 : 금융감독원

표 4-12 자산운용사 수 현황

구분	2013	2014	2015	2016	2017	2018	2019
회사 수 (전문사모운용사)	84	86	93 (20)	165 (91)	215 (140)	243 (169)	292 (217)
(진입) (전문사모운용사)	0	3	7 (6)	72 (72)	50 (49)	29 (29)	52 (51)
(퇴출) (전문사모운용사)	0	1	0	0	0	1	3 (3)
임직원 수	4,586	4,751	5,259	6,429	7,337	8,124	9,079

자료 : 금융감독원

산운영사 수와 임직원 수 현황을 보여준다.

한편 펀드 구조를 보면 개방형(open−ended)과 폐쇄형(closed)이 있는데 개방형의 경우 투자자들이 언제든지 투자 지분을 시장가격으로 환매하거나 신규 매입이 가능하나 폐쇄형의 경우 중도 환매가 어렵다.

전문투자형 사모펀드의 경우 자금 중개 기능을 높이고 경쟁을 촉진한다는 순기능이 있으나 유동성 불일치와 레버리지 확대에 따른 금융 리스크가 크다. 특히 환매가 자유로운 개방형 투자펀드의 경우 환매 요청 발생 시 자산과 부채 간의 유동성 불일치로 인해 투자자 환급 요구에 응하지 못할 수 있다. 투자자가 환매를 요구하면 헤지펀드는 투자 자금을 현금으로 돌려줘야 하는데 현금이 부족하면 운용자산을 급히 팔아야 한다. 그런데 매각이 몰리게 되면 자산시장가격이 재차 하락할 것이다. 자산가격이 큰 폭으로 하락하게 되면 투자자들은 가입한 상품을 빨리 환매하려 할 것이다. 그런데 투자자 해지 급증은 펀드의 자산매각 급증과 자산가격 재하락을 초래하면서 사모펀드 시장 위기를 불러올 수 있다.

최근 들어 외국 금리 연계 파생결합 펀드(Derivative Linked Fund), 라임, 옵티머스 등 사모펀드들의 금융사고가 발생하면서 사모펀드에 대한 시장 인식이 좋지 않다. 그동안 금융사고의 근본 원인은 시장참여자인 운영사,

판매사, 투자자가 제대로 영업하고 투자할 준비가 되어 있지 않은 상황에서 시장이 양적으로 크게 성장한 것에 있다.*

라임과 옵티머스 등 사모펀드 사태의 일차적 책임은 운영사에 있다. 기초자산 평가 능력 등 전문성이 부족한 가운데 높은 수익률을 추구하는 과정에서 운영상의 불법과 부당행위가 성행하였다.

라임 사태의 경우 투자 설정액이 급격히 늘어나면서 수익을 낼 투자 대상을 찾기가 쉽지 않자 부실 가능성이 크고 환금성도 낮은 비상장채권과 무역금융 등으로 투자 범위를 넓히고 모펀드 아래 여러 개의 자펀드를 두는 모자형 펀드를 도입하는 등 편법과 탈법을 벌이면서 발생하였다.

옵티머스의 경우는 존재하지 않는 공공기관 매출채권에 투자한다고 자금을 끌어모으면서 발생하여 처음부터 사기성이 농후하였다고 볼 것이다.

수수료 수익 창출에만 집중했던 판매사는 펀드 운용사에 대한 감시 기능을 제대로 수행하지 못하고 상품의 위험성을 제대로 알리지 않은 불완전 판매 책임을 면할 수 없다. 사모펀드가 공모펀드보다 위험한 것이 상식인데도 투자 대상에 대해 제대로 알아보지 않고 '묻지마 투자'를 감행한 투자자도 책임이 없다고 할 수 없다.

금융당국도 규제 완화에 수반되어야 할 감독 방안을 제대로 준비하지 못하였다. 시장참여자의 업무 형태를 감시 · 감독하고 투자자를 보호하기 위한 대책을 제때 마련하지 못하였다. 인가제에서 등록제로 진입 규제를 완화한 이후 급격히 증가한 운영사들을 제대로 관리하지 못하였다. 비유동성 자산 투자 비중이 높은 대체투자펀드가 증가하고 있는 상황에서 레버리지가 높아져 시스템 리스크가 발생할 가능성에 대한 대책 마련도 부족하였다.

사모펀드 시장의 문제점을 인식한 금융당국은 2020년 4월 '사모펀드 현

---

* 주윤신의 "사모펀드 금융사고 무엇이 문제인가?"를 참조하라. (*Hana Financial Focus*, 제10권 21호)

황평가 및 제도개선 방안'을 발표하였다. 여기서는 운영사, 판매사, 수탁사 등 시장참여자가 효과적으로 상호 감시 · 견제를 할 수 있도록 역할과 책임을 명확히 하고 투자자 보호 강화를 위한 유동성 관리 등 펀드 운영체계를 개선하였다. 이와 함께 상시 모니터링 및 사전 예방 시스템 구축, 불건전 영업행위 제재 강화, 부실 운영사 퇴출 등 금융당국의 감독 · 검사 기능도 강화하였다. 6월에는 '대체투자펀드 리스크 관리 모범기준'을 마련해서 모든 대체투자펀드에 대한 자산 실사를 의무화하였고, 9월에는 '은행 비예금상품 내부통제 모범기준'을 만들고 불완전 판매 경감 방안을 발표하였다.

그런데 사모펀드 관련 근본적인 문제는 우후죽순으로 늘어난 자산운영사들이 416조 원 자산을 굴려 은행권보다 훨씬 높은 수익률을 올릴 능력을 갖추었나 하는 것이다. 자산운영사들이 자산을 글로벌하게 운영할 능력을 갖추었거나 사모펀드 시장 규모가 크지 않아서 틈새시장을 활용해 높은 수익률을 올릴 수 있다면 가능할 것이다. 그런데 416조 원은 일반은행과 특수은행의 총여신 1,872조 원에 비해서도 결코 적은 수치가 아니다.

최근 들어 해외부동산 펀드 부실 우려도 커지고 있다. 2013년 설정액이 6.4조 원이었던 해외부동산 펀드가 2020년 4월 들어 56.5조 원으로 커졌다. 저금리 상황에서 안정적 수익을 내기 힘들어지자 국내 금융사들이 경쟁적으로 해외부동산을 사들인 결과이다. 해외부동산을 기초로 삼은 금융상품이 중위험 · 중수익 상품으로 포장되어 팔렸다. 그런데 문제는 국내 금융사들이 해외부동산을 제대로 실사할 능력과 해외부동산 펀드를 안정적으로 운영할 역량을 가졌나 하는 것이다. 해외부동산 투자의 부실은 국내 증권사나 보험사의 건전성에 악영향을 줄 수 있다.

자산운영사들이 투자자들과의 고수익 약속을 지키기 위해 기초자산 평가에 대한 전문적 능력이 부족한 상태에서 저유동성과 고위험 투자를 계속 감행하려 한다면 제2의 라임 · 옵티머스 사태가 재발할 수 있으며 자산운영사 발 금융위기 가능성도 배제하기 어렵다.

그런데 다행히 2020년 후반 들어 코로나19 사태를 극복하기 위해 모든 나라들이 돈을 풀면서 풍부한 유동성으로 인해 부동산 시장과 주식시장이 호황을 보이면서 헤지펀드의 부실 문제가 수면 아래로 내려가 있다. 그렇지만 저금리 시대가 끝나 금리가 정상화되고 부동산과 주식시장의 과열이 진정되면 국내 헤지펀드의 문제가 다시 재점화될 가능성도 있다.

4. 최저임금 급등과 소득주도성장 정책 부작용

세계적으로 저성장 국면에서 소득 분배도 악화하였다. 소득주도성장이란 여기서 아이디어를 얻어서 저소득층의 소득을 끌어올리고 소득 분배를 개선하면 소비가 되살아나고 경제 성장을 이룰 수 있을 것이라는 논리이다. 그러나 경제가 성장하기 위해서는 투자, 인적 자본 개발, 연구 개발 등 경제 혁신을 통해 잠재 성장력을 높여야지 소득 분배 개선으로 얻어지는 것은 아니다. 정부의 최저임금 개입이나 직접고용 확대 등을 통해 성장을 추진하는 것은 득보다 실이 크다. 경제이론상 정책 의도와 다른 결과를 가져오는 대표적인 예로 최저임금 인상정책과 집세 규제rent control 정책이 지적된다.

소득주도성장이란 기본적으로 저소득층의 소득 제고를 통한 경기 부양책이라 볼 수 있다. 그런데 최저임금 인상에 따른 성장 잠재력 제고는 미미해서 이를 성장의 동인으로 보는 것은 무리다. 한편 경기 부양에는 기존의 재정 및 금융 정책이 효과적이며 저소득층의 소득 제고는 사회보장정책의 일환으로 접근하는 것이 효율적이고 일자리 제공은 민간 주도로 이루어지는 것이 바람직하다.

문재인 정부는 최저임금을 2018년과 2019년 16.4%과 10.9% 올리면서 문재인 대통령 임기 말까지 최저임금을 시간당 만 원 수준으로 올리는 계획을 세웠다. 계획대로 진행된다면 최저임금 수준의 소득은 중위 소득에 근접한다.

최저임금 정책 문제의 심각성은 가격 결정에 정부가 직접 개입하여 시장이 감당하기 힘든 수준의 임금 수준을 정부 주도로 책정한다는 데 있다. 최저임금은 시장 상황을 고려해 점진적으로 올리는 것이 바람직하며, 정부가 가격 구조에 직접 손을 대는 경기 부양정책은 득보다 실이 더 크다.

그런데 현재 최저임금 관련 당사자는 대기업과 정규직 고용자가 아니라 자영업자와 파트타임직, 임시직 · 비정규직들이다. 최저임금의 인상은 파트타임직, 임시직 · 비정규직의 소득을 올리나 이들을 주로 고용하는 자영업자의 소득을 떨어뜨린다는 점에 문제가 있다. 경제적 어려움으로 코너에 몰린 자영업자들이 최저임금의 급격한 인상을 왜 혼자 감당해야 하는지, 감당할 능력이 있는지 하는 문제가 대두된다. 정부가 자영업자와 비용을 분담하더라도 그 실행 과정의 누수 현상을 제대로 관리하기 쉽지 않다. 경제적 어려움을 겪게 된 자영업자들이 도산하거나 고용을 줄인다면 최저임금 인상은 원래의 취지와 달리 고용과 분배 모두 악영향을 줄 것이다.

그런데 한국의 자영업은 최저임금 문제 외에도 구조적인 어려움을 겪고 있다. 예컨데 음식점업의 경우 그 숫자가 포화 상태를 넘어서고 있다. 인구 87명당 한 곳인데 대부분이 임차되어 운영되고 있다. 결코 수익을 낼 수 있는 구조가 아니다.

한편 자영업자들은 사업자 대출과 주택담보대출 등으로 필요한 자금을 확보하고 있는데 상대적으로 금리가 낮은 은행으로부터 차입하는데도 어려움을 겪고 있다. 2018년 2/4분기 말 현재 자영업자의 대출 규모는 590.7조 원으로 전년 말 대비 41.5조 원 증가하였으며 가계대출이나 기업 대출에 비해 그 증가세가 확대되고 있다. 자영업자 대출 구성을 보면 사업자 대출이 379.9조 원이고 가계대출이 210.8조 원이다. 금융권별로는 은행이 407.7조 원으로 69%, 비은행 대출이 183조 원으로 31%를 차지하고 있으며 은행에 비해 빠른 증가세를 보였다.[13] 이와 함께 음식숙박업과 도소매업은 연체율이 여타 업종에 비해 높아서 경기가 악화하거나 금리 상승 시 대출의 건전성이 크게 문제가 될 수 있다.

자영업자의 경쟁력 강화와 구조조정 문제가 최저임금 정책 못지않게 시급히 해결해야 할 문제라는 점을 정책 당국은 확실히 인식해야 할 것이다.

5. 통화신용정책과 금융안정

통화신용정책의 목표

글로벌 금융위기 이후 세계는 저금리, 저성장, 저물가 현상이 동시에 나타났으며 이러한 현상이 뉴노멀New Normal로 자리 잡았다.

13. 한국은행의 금융안정 현황(2018. 9.)을 참조하라.

미국의 경우 통화신용정책의 목표는 물가안정과 완전고용이다. 그런데 저성장 디플레이션이 뉴노멀인 상황에서 통화신용정책의 목표는 자연적으로 경기 활성화와 완전고용이 될 것이다. 그동안 세계적으로 저물가 현상이 유지된 것은 중국과 인도 등이 자유무역 시스템에 편입되면서 저가의 공산품 공급이 늘었고 셸 가스 발견으로 유가가 큰 폭으로 하락하고 기술 발전과 플랫폼 경제로 유통 비용 등을 절감할 수 있었기 때문이다.

한국은행의 통화신용정책 목표는 물가안정과 금융안정이다. 경기가 침체되고 저물가 현상을 보이는 상황에서 코로나19 사태 이전에도 한국은행의 정책 목표는 오히려 경기 부양에 맞추어 있었다.

코로나19 사태 이전 한국은행은 경기 부양을 위해 계속 금리를 낮추어 왔다. 금리 인하로 투자와 소비를 늘려 경제 성장을 도모하고 물가도 목표 수준을 유지하자는 것이었다. 그런데 금리 인하로 인한 경기 부양 효과가 제대로 나타나지 않는 상황에서 저금리로 풀린 돈이 부동산 시장으로 몰리면서 부동산 시장의 거품과 금융 불안정을 가져왔다. 그렇다면 한국은행은 앞으로 정책 목표에 경기 부양 혹은 완전고용을 명시하는 것이 바람직할지 그리고 물가안정에 자산가격 안정도 부분적으로 포함해야 할지를 고민해야 할 것이다.

〈그림 4-12〉는 글로벌 금융위기 이후 기준금리 추이를 나타낸다. 한국은행은 2008년 글로벌 금융위기 당시 5% 수준이었던 기준금리를 2009년 들어 2%대로 낮추었다. 2011년 일시적으로 3%대로 기준금리를 올렸으나 2012년 들어 2%대로 낮춘 후 2015년부터는 금리를 1%대 수준으로 더욱 낮추었다.

〈그림 4-12〉 한국은행 기준금리[1]

(단위 : 연%)

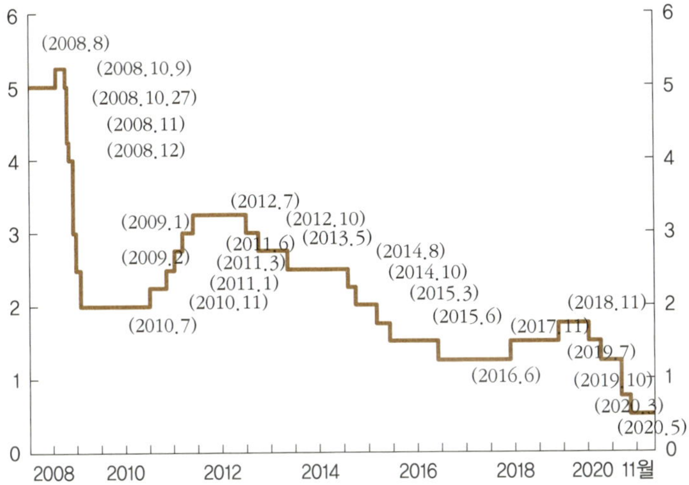

주 : ( ) 내는 기준금리 조정월

자료 : 한국은행

한편 미국의 연준은 글로벌 금융위기 이후 기준금리Federal Funds Rate를 0.25% 수준 낮추어 장기간 운영한 뒤 2016년부터 금리를 소폭씩 인상하기 시작하였다. 2018년에 1.5% 수준까지 높이고 2019년에 2.5%까지 올리면서 금리 정상화 정책을 폈다. 그러나 미-중 간의 무역분쟁 심화로 인해 경제가 어려워지자 미국 연준은 통화정책 기조를 완화 방향으로 바꾼 뒤 2020년 코로나19 사태를 계기로 기준금리를 제로퍼센트 수준까지 낮추었다.

그런데 여기서 강조하고 싶은 점은 〈그림 4-12〉에서 보듯이 2015년 이후 한국은행이 저금리 정책을 펴면서 코로나19 사태가 발생하기 전까지 2년간 우리의 기준금리는 미국의 기준금리보다 낮았다는 것이다. 그 결과 저금리와 풍부한 유동성으로 인해 너무나도 많은 돈이 고

수익 · 고위험 금융자산과 부동산 시장에 몰리면서 금융 불안이 우려되고 있었다.

기축통화국인 선진국들의 경우 마이너스 금리도 하나의 정책적인 옵션이다. 우리의 경우 원화는 기축통화가 아니다. 또한 자본의 해외 유출을 걱정해야 하는 상황에서 마이너스 금리는 우리의 정책적인 선택이 될 수 없다. 금리가 1% 수준으로 이미 낮아진 상태에서 코로나19 사태를 맞이해서 금리를 더욱 낮추는 데는 한계가 있었으며 통화정책의 정책적 효과도 크게 제약을 받게 되었다.

한편 한국은행 기준금리의 실효하한도 고려할 필요가 있다. 실효하한의 의미는 기준금리를 그 이하로 낮추면 경기 활성화 효과 대신 오히려 경제에 부작용을 초래한다는 것이다. 그 이유는 먼저 저금리가 경쟁력 없는 기업들을 연명시켜서 공급 쪽 구조조정을 지연시킬 수 있기 때문이다. 또한 저금리로 풀린 돈이 투자와 고용 창출이 아니라 자산시장으로 흘러 들어가서 자산가격이 폭등하고 빈부격차가 확대되면서 총수요를 감소시킬 수도 있다. 실제 세계 각국에서 저금리 정책이 지속되면서 경제 활성화보다 실물경제와 자산시장과의 탈동조화de-coupling 현상이 일어나고 있다.

원화가 기축통화가 아닌 점도 기준금리 실효하한선 논의에 고려 사항이다. 우리 금리 결정 과정에서 기축통화국의 금리 수준을 고려하지 않을 수 없다. 미국이나 일본이 제로에 가까운 저금리 정책, 심지어 마이너스 금리 정책을 쓸 수 있었던 이유 중 하나는 이들의 통화가 세계에서 기축통화로 통용되면서 금리 인하로 인한 자본유출과 이에 따른 환율 급변을 염려할 필요가 상대적으로 적기 때문이다.

최근 코로나19 사태로 인해 기준금리가 0% 수준에 머무르고 있다. 가계는 저축을 기피하고 기업은 투자를 주저하는 가운데 고수익 추구를 위한 은행권과 비은행권 자금이 부동산 및 주식 등 자산시장으로 계속 유입되면서 자산시장이 과열되고 있으며 일정 시간 경과 후 거품이 터지는 금융 불안 가능성이 커지고 있다.

자산시장 과열과 금융안정

2018년 글로벌 금융위기 이후 실물 사이클뿐만 아니라 금융 사이클의 중요성을 인식하게 되었다. 주가, 신용, 부동산 가격 등 금융 변수 사이클의 변동성 확대는 금융 시스템 위기를 촉발할 뿐만 아니라 실물 경기 침체를 가져오는 등 막대한 사회적 · 경제적 비용을 발생시킬 수 있다.

그런데 실물 사이클과 금융 사이클은 함께 같은 방향으로 진행되기도 하고 각기 다른 방향으로 진행되기도 하기 때문에 정책 선택에 어려움이 따른다. 또한 실물 사이클이 선행되기도 하고 금융 사이클이 선행되기도 한다. 1997~1998년 외환 · 금융위기 당시에는 산업 부실이 금융 부실로 이어져 실물 사이클이 금융 사이클을 선행하였다. 반면에 글로벌 금융위기 당시에는 금융위기로 인해 경제가 공황 상태로 빠져들면서 금융 사이클이 실물 사이클을 선행하였다.

뉴노멀 시대는 저성장, 저물가, 저금리로 특징지어진다. 그런데 저금리와 유동성 확대로 인해 자산시장이 과열 현상을 보이기도 한다. 실물경제와 자산시장이 탈동조화 현상을 보이는 가운데 자산시장 붕괴가 경제에 큰 피해를 줄 수 있으므로 금융안정이 필요하다. 금융안정과 관련한 가장 중요한 이슈는 부동산과 주식시장 등 자산시장의 과열과 거품 붕괴를 막고 가계와 기업 등 민간부문 부채를 안정적으로 관리하는 것이다.

우리는 보통 경기를 활성화하기 위해서 금리를 낮추거나 양적 완화quantitative easing 정책을 편다. 그런데 경기 전망이 밝지 않으면 풀린 돈이 가계의 소비나 기업의 투자에 쓰이지 않고 자산시장으로 흘러 들어가 부동산 시장의 거품이나 주식시장 과열을 가져올 수 있다. 실물경제와 자산시장의 탈동조화 현상이 나타난다.

탈동조화 현상은 무제한 지속되기 힘들다. 결국 불균형 상태가 깨지고 경제적 비용을 크게 지불하고 새로운 균형점으로 이행할 것이다. 그중 하나의 가능성은 자산시장의 거품이 꺼지면서 자산가격이 폭락하고 경제가 디플레이션에 빠지는 것이다. 또 하나의 가능성은 풀린 돈이 자산시장뿐만 아니라 재화시장으로도 빨려 들어가 자산시장의 거품과 실물경제에서 인플레이션이 함께 나타나는 것이다.

그런데 이 두 가지 경우 모두 경제적 비용이 크다. 바람직한 통화신용정책 방향은 자산시장의 거품이 일어나지 않게 관리하면서 경기를 활성화하는 것이다.

민간신용 급증과 금융안정

민간신용은 바젤은행감독위원회BCBS에 의해서 '가계 및 비금융기업에 공급되는 모든 형태의 채무'로 정의되고 있다. 민간신용/명목

GDP 비율은 2020년 1/4분기 말 201.1%로 전년 동기 대비 12.3% 상승하였다.[14]

2020년 1/4분기 말 현재로 GDP 대비 가계신용 비율은 96.8%이며, 기업신용 비율은 104.3%이다. 경기 둔화와 코로나19 사태 극복을 위한 기업들의 유동성 확보 노력 등으로 기업 신용이 큰 폭으로 늘어났다. 부동산담보대출이 늘어나고 경기침체 극복을 위해 신용대출이 늘어나면서 가계신용 또한 가파른 속도로 늘어났다. 코로나19 확산에 따른 경제활동 위축으로 GDP 성장률이 크게 떨어지는 가운데 기업과 가계부문의 신용이 늘어나며 민간신용 비율이 계속 상승하면 금융 불안정을 가져올 수 있다.

물론 가계부채의 증가가 단기적으로 경기 부양 효과를 가져올 수 있다. 주택시장 활성화와 소비 확대를 통해 단기적으로 경기가 활성화될 수 있다. 그러나 학술적으로 논란은 있지만 보통 가계부채가 GDP의 80%를 넘게 되면 원리금 상환 부담 등으로 오히려 소비와 투자를 둔화시키고 중장기적으로 성장과 고용에 저해 요인으로 작용할 뿐만 아니라 대출 부실로 금융 시스템의 잠재 위험을 증가시킬 수 있다.

최근 들어 우리나라 가계부채 증가율은 소득 증가율을 상회하면서 가계부채 대 GDP 비율이 계속 상승하고 있다. 우리나라의 가계부채 증가 속도는 글로벌 금융위기 이후 OECD 국가 수준을 크게 상회하고 있다.

2020년 1/4분기 말 가계부채(가계신용통계 기준)는 1,611조 원이

---

14. 한국은행 금융안정보고서(2020. 6.)를 참조하라.

다.[15] 처분가능소득 대비 가계부채비율은 163.1%로 전년 동기보다 4.5% 상승하였다. 한편 금융자산 대비 금융부채비율(자금순환표 기준)은 47.7%로 전년 동기보다 0.5% 상승하였다.

대출 종류별로 보면 2020년 1/4분기 말 현재 주택담보대출이 858조 원으로 가계대출의 절반 이상을 차지하고 있으며 전년 동기보다 5.7% 증가하였다. 실제로 주택 관련 자금 대출은 이보다 훨씬 클 수 있는데 그 이유는 주택 매입 시 일부를 신용대출로 조달하기 때문이다.

가계대출 중 특히 관심을 가지고 봐야 할 부분이 취약차주 부채이다.[16] 2020년 1/4분기 말 다중채무자이면서 저소득(하위 30%) 또는 저신용(7~10등급)인 취약차주의 대출 규모는 83.7조 원으로 전체 가계대출 금액의 5.5%를 차지하고 있으며 차주 수로는 전체 가계대출 차주의 7.0%를 차지하고 있다.

그런데 코로나19 확산에 따른 고용 악화 및 자영업 업황 부진이 지속되면서 가계의 채무상환 능력이 급격히 저하되고 있다. 개인채무자의 원금상환 유예 조치와 다중채무자의 채무조정 지원이 끝나는 시점에 이들의 부담은 한층 커질 것이며 대출을 제때 갚지 못한다면 금융기관의 안정을 해칠 우려도 있다.

---

15. 2020년 1/4 분기 말 자금순환표상 가계부채는 1,857.5조 원이며, 가계신용통계상 가계부채 1,611.3조 원과 규모 면에서 상당한 차이를 보이고 있다.

16. 한국은행 금융안정보고서 각호와 금융안정 상황을 참조하라.

6. 경제 성장과 재정

경제 성장 추이와 부문별 성장기여도

한국의 경제 성장 추세를 보면 1997~1998년 외환·금융위기 이후 5년 주기로 경제성장률이 1%씩 저하하면서 코로나19 사태 발생 직전 2%대에 머물렀다.

[표 4-13]은 지난 6년간 실질 국내총생산의 연간성장률과 지출항목별 및 경제활동별 연간성장률 추이를 보여주고 있다. 2018년, 2019년 경제성장률이 각각 2.7%와 2.0%로 2019년 들어 성장 동력이 급격히 떨어졌다. 성장 동력 약화와 함께 2019년 경우 교역조건의 악화로 실질 국내총소득Gross Domestic Income ; GDI은 0.4% 감소하여 실질 구매력을 나타내는 국민소득은 오히려 줄어들었음을 알 수 있다.

그런데 지출항목별로 볼 때 특히 우려되는 점은 경제 성장 잠재력과 직결되는 투자, 즉 건설투자와 설비투자가 코로나19 사태 이전 2년에 걸쳐 마이너스를 기록하고 있다는 점이다. 또한 정부소비 증가율이 민간소비 증가율보다 2배 이상 높아 정부 주도의 소비와 성장이 이루어지고 있다는 점도 문제다.

경제활동별로 보면 2019년 들어 제조업 증가세가 1.4%로 2018년 3.4%에 비해 크게 줄어들었으며 건설업 증가율은 2018년 -4.0% 그리고 2019년 -3.2%로 2년 연속 감소세가 이어졌다.

표 4-13　　지출항목별 및 경제활동별 국내총생산의 연간 성장률

(단위 : 전년 대비, %)

	2015	2016	2017	2018	2019p	2020p
국내총생산(GDP)	2.8	2.9	3.2	2.9	2.0	−1.0
민간소비	2.2	2.6	2.8	3.2	1.7	−5.0
정부소비	3.8	4.4	3.9	5.3	6.6	5.0
건설 투자	6.9	10.0	7.3	−4.6	−2.5	−0.1
설비 투자	5.1	2.6	16.5	−2.3	−7.5	6.8
지식재산생산물 투자	2.0	4.0	6.5	4.4	3.0	3.7
재고 증감[1]	0.4	−0.1	0.4	0.3	0.1	−0.7
수출	0.2	2.4	2.5	4.0	1.7	−2.5
수입	2.1	5.2	8.9	1.7	−0.6	−3.8
농림어업	−0.2	−5.6	2.3	0.2	2.3	−3.4
제조업	1.7	2.3	3.7	3.3	1.3	−1.0
전기가스 및 수도업	3.1	−1.2	6.2	−1.7	4.3	6.1
건설업	6.2	9.8	5.9	−2.8	−2.5	−0.8
서비스업[2]	3.1	2.9	2.6	3.8	2.9	−1.2
국내총소득(GDI)	6.5	4.4	3.3	1.6	−0.3	−0.3

주 : 1) 재고 증감은 GDP에 대한 성장기여도 기준(%p)

2) 도소매 및 숙박 · 음식업, 운수업, 금융 및 보험업, 부동산업, 정보통신업, 사업 서비스업, 공공행정 국방 및 사회보장 서비스업, 교육 서비스업, 의료보건 및 사회복지 서비스업, 문화 및 기타 서비스업 포함

자료 : 2020년 4/4분기 및 연간 실질 국내총생산(속보), 한국은행

[표 4-14]는 지난 3년간 지출주체별 그리고 지출항목별 성장기여도를 보여준다. 먼저 주체별로 보면 2018년 정부의 기여도가 0.9% 그리고 민간의 기여도가 1.8%이었는데 2019년에는 정부의 기여도가 1.6% 그리고 민간의 기여도가 0.4%였다. 경제성장률이 2019년에 2%

표 4-14 　 **지출항목별 성장기여도**(원계열)

(**단위** : 전년 동기 대비, %p)

			2018^p	2019^p	2020^p
국내총생산			2.7	2.0	−1.0
지출	주체별	민간	1.8	0.4	−2.0
		정부	0.9	1.6	1.0
	항목별	내수	1.6	1.1	−1.4
		최종 소비지출	2.2	1.9	−1.6
		민간	1.3	0.8	−2.4
		정부	0.9	1.1	0.8
		총고정자본 형성	−0.8	−0.9	0.8
		건설 투자	−0.7	−0.4	0.0
		설비 투자	−0.2	−0.7	0.6
		지식재산생산물 투자	0.1	0.2	0.2
		민간	−0.8	−1.4	0.6
		정부	0.1	0.5	0.1
		재고 증감 및 귀중품 순취득	0.2	0.1	−0.7
		순수출	1.1	1.0	0.4
		재화와 서비스의 수출	1.4	0.7	−1.0
		(공제) 재화와 서비스의 수입	0.3	−0.2	−1.4
	통계상 불일치		−0.1	0.0	0.0

자료 : 2020년 4/4분기 및 연간 실질 국내총생산(속보), 한국은행

를 턱걸이했지만 이마저 민간의 경제 활력이 크게 떨어진 상황에서 정부의 확대재정이 경제 성장을 떠받쳤다고 볼 수 있다.

지출항목별로 보면 내수 기여도가 2018년 1.6%에서 2019년 1.1%로 떨어졌고 순수출도 2018년 1.1%에서 2019년 1.0%로 떨어졌다. 내

수 중에서 총고정자본형성은 마이너스를 보여 2018년과 2019년에 각각 -0.8%와 -0.9%를 기록하였다.

[표 4-15]는 2012~2020년 국민소득계정을 보여준다. 당해년 가격 기준으로 볼 때 2019년 국내총생산GDP은 1,919조 원으로 2018년 1,898조 원에 비해 1.1% 증가하였다. 그러나 교역조건 악화로 달러 표시 국내총생산은 2019년 1조 6,463억 달러로 2018년 1조 7,252억 달러보다 4.6% 감소하였다. 국민총소득GNI도 2019년 원화 기준으로는 1.6% 증가하였지만 달러 기준으로는 4% 감소하였다. 한편 2019년 일인당 GNI는 원화로는 3,744만 원으로 2018년에 비해 1.3% 증가하였으나 달러로는 32,115달러로 2018년에 비해 4.3% 감소하였다. 한편 GDP 디플레이터는 -0.9%를 보여 저성장·저물가 시대에 본격적으로 진입하였음을 알 수 있다.

표 4-15 국민소득계정

(단위 : %)

연간지표별	2012	2013	2014	2015	2016	2017	2018	2019	2020
GDP(조 원)	1,440	1,501	1,563	1,658	1,741	1,836	1,898	1,919	1,933
GDP (억 달러)	12,780	13,706	14,840	14,653	15,000	16,233	17,252	16,463	16,382
GNI(조 원)	1,455	1,510	1,570	1,663	1,747	1,843	1,906	1,938	1,948
GNI (억 달러)	12,913	13,793	14,911	14,699	15,055	16,299	17,321	16,606	16,508
GDP 디플레이터	1.3	1.0	0.9	3.2	2.0	2.2	0.5	-0.9	1.3

자료 : 통계청

정부 예산과 확대재정

[표 4-16]은 2013년부터 2019년까지 재정 총수입, 총지출, 통합재정수지 그리고 관리재정수지를 보여준다. 그동안 정부 총수입은 2013년 351.9조 원에서 2019년 473.1조 원으로 늘었으며 총지출은 337.7조 원에서 485.2조 원으로 늘었다. 이에 따라 통합재정수지도 2013년 14.2조 원 흑자에서 2019년 12조 원 적자로 반전되었다. 그런데 통합재정수지는 사회보장성 기금수입과 사회보장성 기금지출을 포함하고 있다.[17] 지금까지는 이들 기금이 큰 폭의 흑자를 내고 있으나 향후 적자로 전환될 것이 예상된다. 그렇게 되면 재정수지는 더욱 악화될 것으로 전망된다.

표 4-16 재정 총수입, 총지출, 통합재정수지 및 관리재정수지

(단위 : 조 원)

	2013	2014	2015	2016	2017	2018	2019
총수입	351.9	356.4	371.8	401.8	430.6	465.3	473.1
총지출	337.7	347.9	372.0	384.9	406.6	434.1	485.1
통합 재정수지	14.2	8.5	−0.2	16.9	24.0	31.2	−12.0
관리 재정수지	−21.1	−29.5	−38.0	−22.7	−18.5	−10.6	−54.4

자료 : 국회예산정책처

17. 여기서 4대 사회보장성 기금은 국민연금기금, 사학연금기금, 산재보험기금 그리고 고용보험기금을 의미한다.

한편 관리재정수지는 정부의 통합재정수지에서 사회보장성 기금수지를 뺀 수치로 정부의 재정건전성을 평가하는 지표로 사용된다. 2013부터 2018년 동안 관리재정수지는 보통 GDP 대비 마이너스 1% 전후 수준을 유지하였다.

그런데 문재인 정부가 2019년 들어 확대재정정책을 택하면서 [표 4-16]에서와 같이 2019년 관리재정수지는 GDP 대비 2.8%인 54.4조 원 적자를 기록하였다.

한편 코로나 사태가 발생하기 이전에 책정된 2020년 예산을 보면 총수입이 481.8조 원, 총지출이 512.3조 원이며, 관리재정수지는 71.5조 원 적자로 GDP 대비 3.5% 적자를 기록하고 국가채무 또한 64.4조 원 늘어날 것으로 예상되었다.

[표 4-17]은 코로나19 사태 발생 이전 정부가 책정한 2020년도 정부 예산의 분야별 재원 배분을 보여준다. 2020 예산에서 보건, 복지, 고용이 차지하는 비중이 제일 클 뿐만 아니라 2019년에 비해 증가율도 12.1%로 총지출 증가율 9.1%보다 높다. 그런데 지출 내용을 살펴보면 이러한 지출이 장기적인 복지 개선과 안정적인 일자리 확보로 이어지지 않고 일회성 · 선심성 지출에 집중되고 있다. 다음으로 비중이 큰 항목은 행정과 교육인데 교육 증가율은 다른 분야에 비해서 가장 낮아서 2.8%이다. 이러한 수치는 정부가 인적 자본 양성과 관련된 교육 분야에 대한 장기적인 그림을 제대로 그리지 못하고 있기 때문이라 생각한다.

정부의 부채통계는 보통 국가채무(D1), 일반정부 부채(D2), 공공부문 부채(D3) 등 세 가지 유형으로 관리된다. 각각의 포괄 범위를 보면

표 4-17 2020년 정부예산안의 분야별 재원 배분

구분	2019 예산	2020 예산	증가율
총지출	469.6	512.3	9.1
1. 보건, 복지, 고용	161.0	180.5	12.1
2. 교육 (교부금 제외)	70.6 (15.4)	72.6 (17.3)	2.8 (12.1)
3. 문화, 체육, 관광	7.2	8.0	10.6
4. 환경	7.4	9.0	21.8
5. R&D	20.5	24.2	18.0
6. 산업, 중소, 에너지	18.8	23.7	26.4
7. SOC	19.8	23.2	17.6
8. 농림, 수산, 식품	20.0	21.5	7.4
9. 국방	46.7	50.2	7.4
10. 외교, 통일	5.1	5.5	8.8
11. 공공질서, 안전	20.1	20.8	3.5
12. 일반, 지방행정 (교부세 제외)	76.6 (24.1)	79.0 (26.8)	3.2 (11.2)

자료 : 기획재정부

국가채무(D1)는 중앙 및 지방정부의 회계 및 기금의 부채이며, 일반정부 부채(D2)는 국가채무에 비영리공공기관 부채를 더한 값이고 공공부문 부채(D3)는 일반정부 부채에 비금융공기업의 부채를 더한 값이다.

[표 4-18]은 2011년 이후 국가채무, 일반정부 부채, 공공부문 부채 추이를 보여준다. 2019년 말 기준 국가채무가 723.2조 원, 일반정부 부채가 810.7조 원 그리고 공공부문 부채 규모가 1,132.6조 원으로, GDP 대비 국가채무 비율, 일반정부 부채비율, 공공부문 부채비율이 각각

37.7%, 42.2%, 59.0%에 달한다.[18]

공공부문 부채(D3)에 군인연금과 공무원연금 충당부채를 더하면 가장 광의의 정부부채(D4)가 된다. 그런데 우리의 경우 D3와 D4 부채가 많다. 정부가 재정 부담이 있는 큰 사업을 공기업에 떠넘기는 경향이 있고 군인과 공무원의 연금 지급을 보증하고 있기 때문이다.

표 4-18 국가채무(D1), 일반정부 부채(D2), 공공부문 부채(D3) 추이

(단위 : 조 원, %)

구분 / 연도	국가채무(D1)		일반정부 부채(D2)		공공부문 부채(D3)	
	금액	GDP 대비	금액	GDP 대비	금액	GDP 대비
2010	392.2	29.7	–	–	–	–
2011	420.5	30.3	459.2	33.1	753.3	54.2
2012	443.1	30.8	504.6	35.0	821.1	57.0
2013	489.8	32.6	565.6	37.7	898.7	59.9
2014	533.2	34.1	620.6	39.7	957.3	61.3
2015	591.5	35.7	676.2	40.8	1,003.5	60.5
2016	626.9	36.0	717.5	41.2	1,036.6	59.5
2017	660.2	36.0	735.2	40.1	1,044.6	56.9
2018	680.5	35.9	759.7	40.1	1,078.0	56.9
2019	723.2	37.7	810.7	42.2	1,132.6	59.0

* 2019년 D2, D3은 지방정부 및 공공부문 결산이 완료된 이후 확정 발표 예정(2020년 12월)

자료 : 기획재정부

18. 부채 관련 통계는 확정치 대신 추계치가 사용되기도 해서 시점에 따라 차이를 보인다. 국회에 제출된 한 통계에 의하면 2019년 말 국가채무는 728.8조 원, 공공기관 부채는 525.1조 원, 연금충당부채는 944.2조 원이다. 이를 더한 국가부채(D4)는 2,198.1조 원으로 GDP 대비 114.5%에 이른다고 본다.

7. 대외부문과 환율

국제수지와 국제투자

국제수지는 경상수지와 금융계정 및 자본수지로 구분된다. 이 중 경상수지는 재화나 서비스를 수출과 수입하는 과정에서 발생하는 외화의 차이를 기록한 것이다. 금융계정 및 자본수지는 외국과의 자본거래의 결과로 발생한 외화의 차이를 기록한 것이다. 이 과정에서 해외로 유출된 외화가 국내에 유입된 외화보다 많으면 유출 초과가 된다. 보통 경상수지 흑자가 해외에 투자되면서 금융계정도 경상수지와 비슷한 수준의 흑자를 보인다.

경상수지는 우리의 대외 경쟁력을 보여준다. 한국은 2000년 이후에 계속해서 경상수지 흑자를 기록하고 있다. 경상수지는 상품수지, 서비스수지, 본원소득수지, 이전소득수지로 구성되어 있다. 지난 20년간 우리 경상수지의 특징을 보면 수출이 수입을 큰 폭으로 초과해서 상품수지는 큰 폭의 흑자를 기록하고 있다. 반면에 서비스수지는 여행수지와 기타 사업 서비스가 큰 폭의 적자를 기록해 전체적으로 적자를 기록하고 있다. 〈그림 4-13〉은 2000년 이후 연간 경상수지, 상품수지, 서비스수지 현황을 보여준다. 〈그림 4-14〉는 2000년 이후 상품 수출입 현황을 보여준다.

〈그림 4-13〉 경상수지, 상품수지, 서비스수지

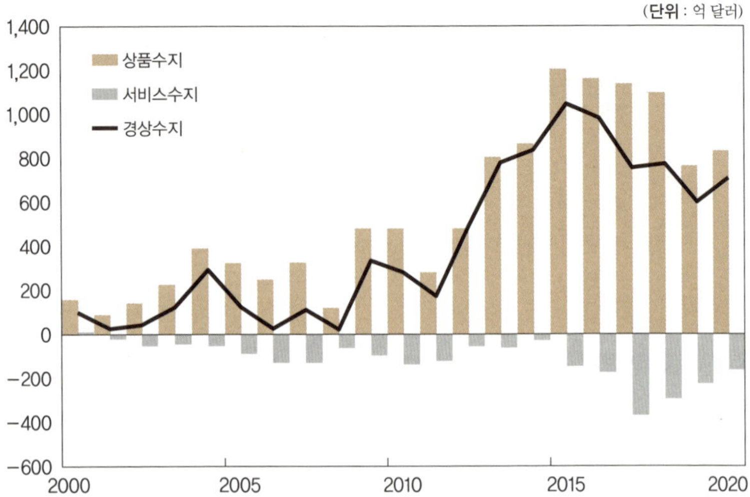

자료 : 한국은행

〈그림 4-14〉 상품수출입

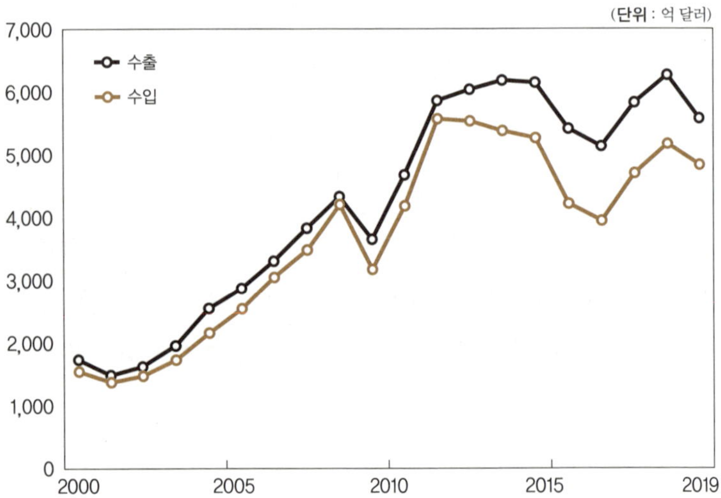

자료 : 산업통상자원부

[표 4-19]는 우리나라의 항목별 경상수지의 추이를 보여준다. 2019년 들어 우리나라의 경상수지는 596.8억 달러 흑자를 기록하였다. 2018년 774.7억 달러 흑자 규모보다 177.9억 달러 줄어든 수준이다.

표 4-19 경상수지

(단위 : 억 달러)

	2018	2019p	2020
경상수지	774.7	596.8	752.8
1. 상품수지	1,100.9	798.1	819.5
1.1 수출[1]	6,262.7	5,566.7	5166.0
1.2 수입(FOB)[1]	5,161.8	4,768.6	4346.6
2. 서비스수지	−293.7	−268.5	−161.9
2.1 가공 서비스	−73.2	−76.1	−56.9
2.2 운송	−25.1	−17.3	21.3
2.3 여행	−165.7	−118.7	−56.3
2.4 건설	97.2	67.8	47.7
2.5 지식재산권 사용료	−20.6	−21.6	−30.3
2.6 기타 사업 서비스[2]	−122.1	−123.9	−104.1
3. 본원 소득수지	49.0	128.6	120.5
3.1 급료 및 임금	−11.7	−8.5	−6.6
3.2 투자소득	60.8	137.1	127.1
(배당소득)	−33.2	44.2	20.8
(이자소득)	93.9	92.9	106.3
4. 이전 소득수지	−81.5	−61.5	−25.3

주 : 1) 국제수지의 상품 수출입은 국제수지매뉴얼(BPM6)의 소유권 변동원칙에 따라 국내 및 해외에서 이루어진 거주자와 비거주자 간 모든 수출입거래를 계상하므로 통관기준 수출입과는 차이가 있음

2) 연구개발 서비스, 전문 · 경영컨설팅 서비스, 건축 · 엔지니어링 서비스 등으로 구성

자료 : 한국은행

우리나라 경상수지를 항목별로 살펴보면 상품수지 흑자는 2019년 798.1억 달러로 2018년 1100.9억 달러 흑자와 비교할 때 흑자 폭이 302.8억 달러 줄어들었다. 경상수지 흑자 폭이 상품수지 흑자 폭만큼 줄지 않은 것은 상대적으로 서비스수지와 본원수지가 개선되었기 때문이다.

서비스수지의 경우 적자 폭이 2019년의 경우 265.8억 달러로 2018년 293.7억 달러보다 25.2억 달러 줄어들었다. 가장 큰 요인은 여행수지 적자 폭이 줄어들었기 때문이다.

본원소득수지의 경우 그동안 누적된 해외투자에 따른 배당과 이자소득으로 인해 흑자를 기록하고 있다. 그런데 2019년 본원소득수지 흑자는 128.6억 달러로 2018년 49.0억 달러 흑자보다 큰 폭으로 늘어났다. 2019년 본원소득수지 흑자가 늘어난 가장 큰 요인은 미국의 주식시장 호황으로 인해 투자소득 중 배당소득이 2019년 44.2억 달러로 2018년 -33.2억 달러 적자와 비교해 볼 때 큰 폭으로 개선되었기 때문이다. 이전소득수지는 2018년과 2019년 계속해서 적자를 기록하고 있다.[19]

[표 4-20]은 주요 지역별 수출 현황을 보여준다. 상대적으로 성장률이 높은 지역으로의 수출 규모가 커서 중국과 동남아가 절대적인 비중을 차지하고 있다. 그런데 이들 지역에 대한 수출이 2018년에는 전년도보다 14.1%와 11.8% 늘어났지만 2019년에는 전년도보다 16.5%

19. 이전소득수지는 내국인과 외국인 사이에 아무런 대가 없이 주고받은 금전 거래의 차이를 보여준다. 정부 간 원조금, 해외 거주 교포가 국내 친척에게 보낸 돈, 국내 자선 단체의 해외 기부금 등이 포함된다.

표 4-20 주요 지역별 수출

(단위 : 억 달러, %)

	2018		2019		2020	
미국	727.2	(6.0)	733.5	(0.9)	741.2	(1.0)
일본	305.3	(13.8)	284.1	(-6.9)	251.0	(-11.7)
EU	576.8	(6.7)	528.1	(-8.4)	478.7	(-9.4)
동남아	1,668.9	(11.8)	1,426.6	(-14.5)	1,361.4	(-4.6)
중국	1,621.3	(14.1)	1,362.1	(-16.0)	1,325.7	(-2.7)
중동	216.2	(-11.3)	176.2	(-18.5)	146.3	(-17.0)
중남미	277.9	(-1.2)	263.4	(-5.2)	195.1	(-25.9)

주 : ( ) 내는 전년 동기 대비 증감률

자료 : 관세청

와 14.5% 줄어들었다. 수출 규모와 함께 변동 폭도 크다.

[표 4-21]은 금융계정 및 자본수지로 거주자와 비거주자의 모든 대외금융자산 및 부채의 거래 변동을 기록한 금융계좌와 자본수지를 보여준다. 직접투자, 증권투자, 파생금융투자, 기타투자 및 준비자산 등으로 구성되는 금융계정은 2019년 590.3억 달러 증가하였다. 경상수지 흑자분이 해외투자로 이어지므로 금융계정 증가 규모와 경상수지 흑자 규모가 비슷하다.

2019년에 직접투자 256억 달러, 증권투자 423.8억 달러, 파생금융상품 62.3억 달러, 순자산이 늘어난 반면 기타투자의 경우 자산이 줄고 부채가 늘어나면서 순자산이 166.5억 달러 줄었다. 증권투자의 경우 주식 위주로 순자산이 증가하였으며 채권은 순자산이 오히려 줄었다. 2019년 파생금융상품 거래에서는 62.3억 달러의 이익이 발생하였으며, 중앙은행의 외환보유고는 14.7억 달러 증가하였다. 여기서 자본수지는

표 4-21 금융계정 및 자본수지

(단위 : 억 달러)

	2018	2019p	2020
금융계정[1]	769.3	590.3	771.2
1. 직접투자	260.4	256.0	232.6
1.1 직접투자[자산]	382.2	352.4	324.8
1.2 직접투자[부채]	121.8	96.3	92.2
2. 증권투자	474.2	423.8	414.9
2.1 증권투자[자산]	690.3	596.4	585.5
주식	358.7	426.2	563.3
부채성 증권	331.6	170.2	22.2
2.2 증권투자[부채]	216.1	172.6	170.6
주식	−63.0	7.7	−158.0
부채성 증권[2]	279.1	164.9	328.5
3. 파생금융상품	−15.0	62.3	42.2
4. 기타투자	−125.2	−166.5	−92.4
4.1 기타투자[자산]	−56.8	−47.1	132.5
(대출)	−29.2	37.6	30.5
(현금 및 예금)	−18.2	−42.1	51.9
(기타자산[3])	−28.1	−19.2	35.7
4.2 기타투자[부채]	68.4	119.5	224.9
(차입)	83.0	70.1	168.4
(현금 및 예금)	5.9	36.4	6.9
(기타부채[3])	−28.3	28.1	46.4
5. 준비자산	175.0	14.7	173.9
자본 수지	3.2	−1.7	−3.4

주 : 1) 순자산 기준, 자산 · 부채 증가는 (+), 자산 · 부채 감소는 (−)
2) 거주자가 해외에서 발행한 채권 중 비거주자와의 거래분 포함
3) 매입외환, 매도외환 등

자료 : 한국은행

예전의 기타자본수지 항목에 해당한다.[20]

[표 4-22]는 지난 6년간 우리나라의 대외금융자산과 대외금융부채 현황을 보여준다. 우리나라 2019년 말 순대외금융자산은 5,009억 달러로 전년 말 대비 648억 달러 증가하였다. 대외금융자산은 우리의 해외 증권투자가 크게 늘면서 1,534억 달러 증가하였으며, 대외금융부채 또한 외국인의 국내 증권투자가 늘어나면서 전년 말 대비 886억 달러 증가하였다. 〈그림 4-15〉와 〈그림 4-16〉은 각각 지난 25년간 순대외금융자산 추이와 대외금융자산과 부채 추이를 보여준다.

표 4-22 **대외금융자산 · 부채 현황**

(단위 : 기말잔액, 억 달러)

	2015	2016	2017	2018^{p}	2019^{p}	2020^{p}
대외금융자산(A)	11,440	12,451	14,616	15,463	16,997	19,361
(증권투자)	2,355	3,049	4,246	4,650	5,720	6,954
대외금융부채(B)	9,395	9,640	11,999	11,102	11,988	14,946
(증권투자)	5,507	5,733	7,739	6,666	7,413	9,763
순대외금융자산(A - B)	2,045	2,811	2,617	4,362	5,009	4,414

자료 : 한국은행

20. 자본수지는 자본이전과 비생산 비금융자산으로 구분되는데 자본이전은 해외 이주비나 채무면제 등이 해당되고 비생산 비금융자산은 토지, 지하자원 등과 같은 비생산유형자산과 저작권, 상품권 등과 같은 비생산무형자산의 취득 및 처분에 대한 거래를 나타낸다.

〈그림 4-15〉 순대외금융자산 추이

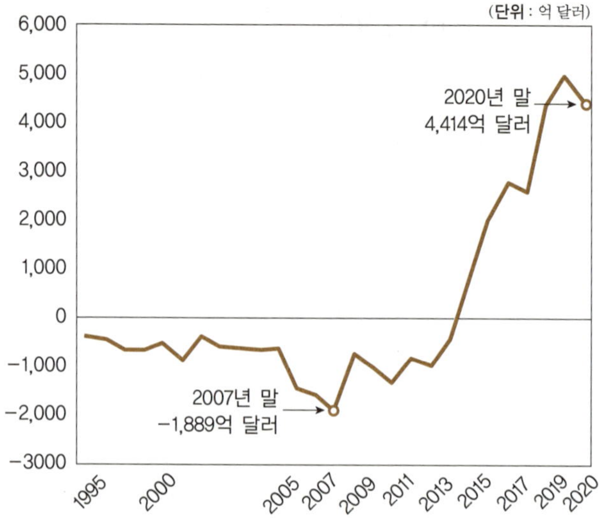

자료 : 산업통상자원부

〈그림 4-16〉 대외금융자산 · 부채 추이

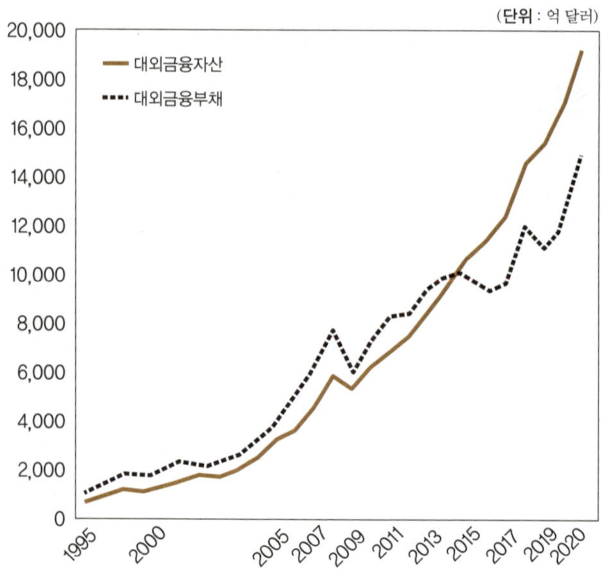

자료 : 한국은행

[표 4-23]은 지난 6년간 대외채권 및 채무의 현황과 변화 추이를 보여준다. 2019년 말 우리의 순대외채권은 4,806억 달러로 전년 말 대비 30억 달러 증가하였다. 단기외채/준비자산 비율과 단기외채/대외채무 비율은 각각 32.9%와 28.8%이다. 〈그림 4-17〉과 〈그림 4-18〉은 지난 20년간 대외채권 및 채무 추이 그리고 단기외채 비율 및 비중 추이를 보여준다. 〈그림 4-17〉을 보면 글로벌 금융위기 당시 2008년 말 순대외채권이 265억 달러로 크게 줄었다가 2019년 말에 4,806억 달러로 큰 폭으로 늘어난 것을 알 수 있다. 〈그림 4-18〉을 보면 글로벌 금융위기 당시 준비자산이 빠른 속도로 줄면서 단기외채/준비자산 비율이 73% 수준까지 상승하였음을 알 수 있다.

표 4-23 **대외채권 · 채무 현황**

(단위 : 기말잔액, 억 달러, %, %p)

	2015	2016	2017	2018[r]	2019[p]	2020[p]
대외채권(A)	7,205	7,814	8,774	9,188	9,476	10,207
(준비자산)	3,680	3,711	3,893	4,037	4,088	4,413
대외채무(B)	3,961	3,822	4,120	4,412	4,670	5,424
(단기외채)	1,043	1,048	1,160	1,256	1,345	1,575
순대외채권(A - B)	3,245	3,992	4,654	4,776	4,806	4,782
단기외채/준비자산	28.3	28.2	29.8	31.1	32.9	35.5
단기외채/대외채무	26.3	27.4	28.1	28.5	28.8	29.0

주 : 준비자산은 외환보유액

자료 : 한국은행

〈그림 4-17〉 대외채권 · 채무 추이

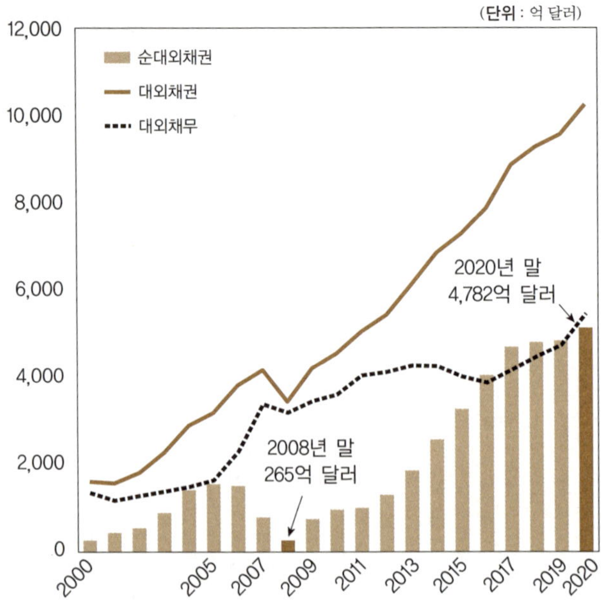

자료 : 한국은행

〈그림 4-18〉 단기외채 비율 · 비중 추이

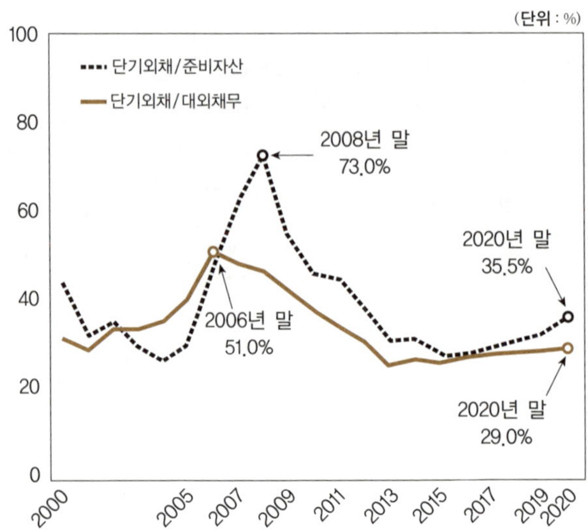

자료 : 한국은행

[표 4-24]는 국제투자대조표와 대외채권 및 채무 통계 간의 관계를 보여준다. 국제투자대조표에서는 모든 금융자산과 부채를 다루며, 대외채권 및 채무 통계에서는 확정 금융자산과 금융부채만을 다룬다.

표 4-24 국제투자대조표와 대외채권 · 채무

(단위 : 기말잔액, 억 달러)

	2018r	2019p	2020
A. 대외금융자산	15,463	16,997	19,361
가. 지분성 및 파생금융상품	6,275	7,521	9,154
나. 대외채권(확정 금융자산)	9,188	9,476	10,207
B. 대외금융부채	11,102	11,988	14,946
다. 지분성 및 파생금융상품	6,690	7,318	9,522
라. 대외채무(확정 금융부채)	4,412	4,670	5,424
순대외금융자산(A − B)	4,362	5,009	4,414
순대외채권(나 − 라)	4,776	4,806	4,782

주 : 가.와 다. 직접투자 중 지분, 증권투자 중 주식(펀드 포함), 파생금융상품 등

자료 : 한국은행

〈그림 4-19〉는 지난 15년간 직접투자 추이를 보여준다. 글로벌 금융위기 이전에는 외국인의 국내 직접투자가 본국인의 해외투자를 상회하였으나 그 후 본국인의 해외투자가 빠른 속도로 늘어나면서 2019년 말 본국인의 해외 직접투자 잔액은 4,401억 달러인 반면 외국인의 본국 직접투자는 2,386억 달러이다.

〈그림 4-19〉 직접투자

(단위 : 억 달러)

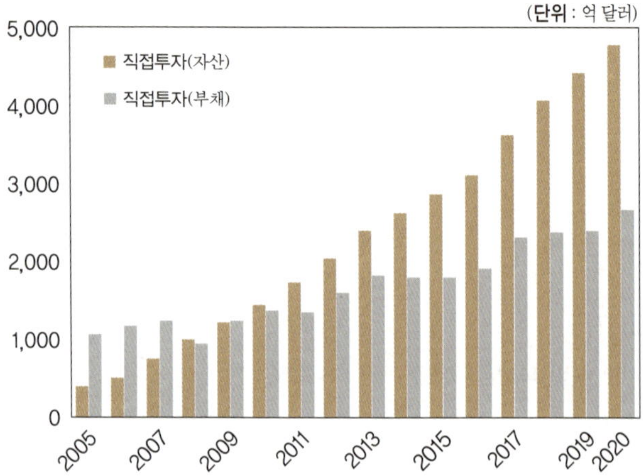

자료 : 한국은행

〈그림 4-20〉은 증권투자 추이를 보여준다. 1997~1998년 외환·금융위기 이후 자본시장 개방으로 외국인의 국내 증권투자 규모는 항

〈그림 4-20〉 증권투자

(단위 : 억 달러)

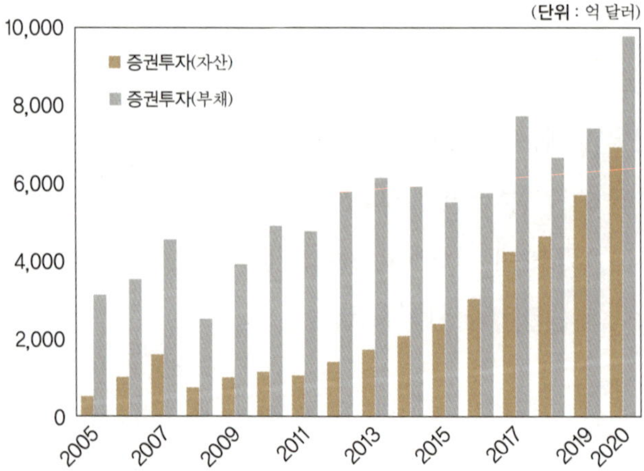

자료 : 한국은행

상 본국인의 해외 증권투자 규모를 큰 폭으로 상회하였다. 그렇지만 글로벌 금융위기를 벗어나고 본국인의 해외 증권투자가 활발해지면서 그 갭은 크게 줄어들어 2019년 말 본국인의 해외증권 투자 잔액은 5,720억 달러 그리고 외국인의 국내 증권투자는 7,413억 달러이다.

환율과 국제간 자본 이동

코로나19 사태 발생 이전 환율 움직임은 국내 요인뿐만 아니라 국제 요인에 모두 민감하게 작용하였다. 2008년 글로벌 금융위기 당시를 보면 외환보유고가 2,000억 달러가 넘고 국제수지가 흑자를 기록하고 있어서 경제의 펀더멘털은 튼튼하다고 믿었다. 그렇지만 자본이 해외로 빠져나가면서 환율이 크게 흔들리고 외환위기 가능성을 우려하는 상황까지 이르게 되었다. 그 당시 위기를 극복할 수 있었던 가장 중요한 요인 중 하나가 한-미 간의 통화스왑이었다. 필요한 달러를 미국이 안정적으로 공급하리라는 사인을 주었기 때문이다.

기존의 불가능한 삼각관계impossible trinity 이론에 따르면 독립적인 통화정책, 자유로운 국제자본 이동, 환율안정은 동시에 달성하기가 불가능하므로 이들 중에 둘을 선택하여야 한다. 그런데 레이Rey 교수에 의하면 미국과 같은 주요국의 통화신용정책으로 인해 글로벌 금융 사이클global financial cycle이 발생하는 상황에서는 변동환율제도를 채택하더라도 자본의 유출입을 막을 수 없어서 경제가 외부 충격으로부터 자유롭지 않다. 급격한 자본 유입이 우려된다면 잠정적으로 자본 유입을 억제하고 자산가격 폭등을 막을 거시건전성 정책을 택하면서 환율안정을 유지하도록 노력하는 것이 오히려 현명한 정책이라는 것이다. 급격한 자본의 유출입이 우려된다면 미국 금리와 우리나라 금리의 격차가 확대되는 것을 막고 환율안정을 도모하는 것도 필요할 것이다.

코로나19 사태 발생 전 한국과 미국 간의 금리와 환율 움직임을 살펴보자. 2019년 중반까지 미국 경제가 완전고용 상태에 이르면서 국제금리가 빠른 속도로 오를 것이 예상되었다. 2018년 9월 현재 한국의 기준금리는 1.5%였는데 미국은 기준금리를 2~2.25%로 올림으로써 한-미 간 금리 격차가 0.75%에 이르게 되었다. 미국은 2019년 들어 금리를 한 차례 올리면서 기준금리가 2.5%가 되었고 한국도 한 차례 금리를 0.25% 인상하여 격차가 그대로 유지되었다.

그런데 2019년 후반 들어 미국과 중국과의 무역 전쟁이 격화되고 글로벌 경기침체가 우려되면서 미국도 금리를 낮추는 방향으로 정책을 선회하였다. 우리나라도 2019년 중반부터 함께 기준금리를 낮추면서 한국과 미국 간의 금리 격차는 계속 유지되었다. 〈그림 4-21〉은 2019년 이후 주요국들의 정책금리 변화 추이를 보여준다.

〈그림 4-22〉는 우리나라 외환보유고 규모 추이와 환율 추이를 보여준다. 한국은 경상수지 흑자를 계속 기록하고 외환보유고도 늘어났음에도 금리 격차에 따른 자본유출로 원화는 약세를 면하지 못하였다. 우리 경제가 침체된 것도 원화 약세를 가져온 한 요인이 되었다.

코로나19 사태 발생 이전 2년간 달러는 원화와 위안화에 대해 모두 강세를 보여주었다. 원/달러 움직임은 위안화/달러 움직임과 동조화 현상을 보였다. 코로나19 사태 발생 이전 원화가 가장 약세를 보였던 시점은 홍콩 사태가 가장 악화되었던 2018년 8월 13일로 환율이 1,222

〈그림 4-21〉 주요국 정책금리 추이

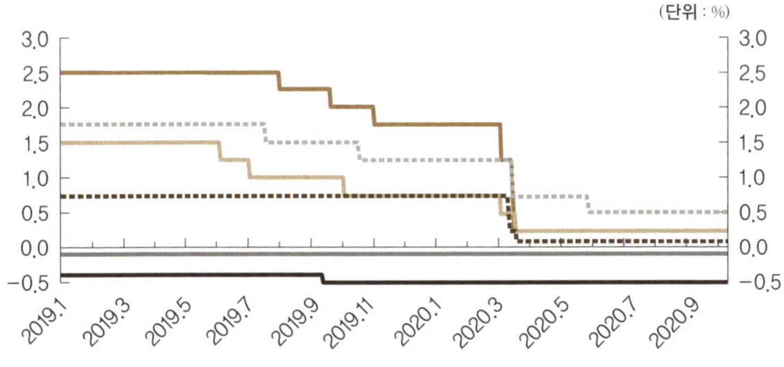

자료 : Bloomberg

〈그림 4-22〉 외환보유고

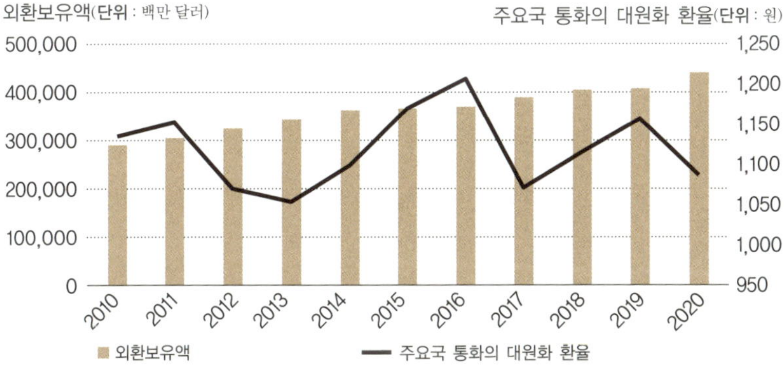

자료 : 한국은행

원/달러까지 올라갔었다.

2020년 발생한 코로나19 사태는 세계 경제뿐만 아니라 우리 경제에도 큰 충격을 주었다. 글로벌 경제 충격과 이에 따른 급격한 자본의 유출입이 가져오는 대외부문의 불안정 리스크를 막는 것이 필요하였다. 금융과 외환시장 안정을 위해 충분한 외환보유고를 확보하고 선진국들과 통화스왑 협정을 통해 가용 외환 규모를 넓히는 노력도 필요하였다. 코로나19 사태로 인해 일시적으로 환율이 요동쳤으나 미국과의 통화스왑이 체결된 후 환율은 급속히 안정을 되찾았다.

코로나19 사태와 한국 경제

chapter

5

이번 장에서는 코로나19 사태가 한국 경제에 미친 충격, 코로나19 관련 정부의 정책 대응 그리고 중요 관련 현안과 이슈에 대해서 다룬다.

정부 정책은 크게 금융정책과 재정정책으로 나누어 볼 수 있다. 코로나19 극복을 위한 금융정책은 한국은행과 기획재정부가 책임을 지고 집행하였다. 한국은행은 금리를 제로 퍼센트 수준으로 낮추고 금융기관과 자본시장에 유동성을 공급하면서 금융안정을 위해 노력하였다. 한편 기획재정부와 금융위원회는 피해를 본 가계와 기업 등에 대한 신규대출, 만기 연장, 지급보증 등 정책금융 지원과 함께 시중은행을 통한 대출 만기 연장과 이자상환 유예 조치 등을 취하였다. 금융시장 충격을 막기 위해서 정부는 단기 자본시장, 회사채 시장, 주식시장 등 자본시장 안정화 정책을 추진하였다.

코로나19를 극복하기 위해 정부는 4차에 걸쳐 재난지원금을 지급하면서 확대재정정책을 썼다. 그런데 코로나19 사태 전부터 확대재정정책을 쓴 결과 정부의 부채가 급등하였다. 경제가 정체를 보이는 가운데 부채의 규모뿐만 아니라 그 증가 속도가 빠른 점이 문제다. 중장기 재정운영 계획을 보더라도 정부는 앞으로 2023년까지 5% 후반대의 재정적자를 유지하려고 한다. 정부가 정부 재정이 담당할 투자의 많은 부분을 공공기관에 떠넘긴 결과 우리나라의 공공부문 부채는 다른 나라에 비해서도 높다.

적정 국가채무 수준이 얼마인지에 대한 이론적인 답은 없다. 국가채무 관리와 관련하여 우리는 먼저 재정의 지속가능성 여부를 따져봐야 할 것이다. 고령화와 저출산이 빠르게 진행되는 우리나라는 현 수준의 복지정책을 유지하더라도 국가채무가 급속히 늘어날 것이다. 또한 우리나라는 기축통화국도 아니며 대외개방도도 높고 가계와 기업의 부채도 높다.

우리는 재정 준칙을 정해 정부채무를 관리할 필요가 있다. 경제위기 상황에서 포퓰리즘 정책이 남발되는 것을 막기 위해서도 국민 합의를 바탕으로 법률적 지위를 부여받는 재정위원회 구성이 필요하다.

최근 복지제도 구축과 관련하여 기본소득제와 전 국민 보험제도에 대한 논의가 뜨겁다. 그런데 이런 논의는 재원 확보 방안과 함께 논의가 진행되어야 할 것이다. 그렇지 않으면 포퓰리즘 정책으로 흐르기 쉽다.

코로나19 사태를 겪으면서 가계와 기업의 부채가 급등하고 있다. 가계부채가 급등한 원인은 코로나19 사태로 어려움을 겪는 가계들의 빚이 늘어나고 최근 자산가격이 급등하면서 빚을 내서 집을 사고 주식을 사려는 수요가 늘었기 때문이다.

정부가 경기 부양을 위해 저금리 정책을 펴서 시중에 자금이 풍부한 가운데 부동산이나 주식 가격이 계속 오를 것이라 믿는다면 가계의 과도한 차입이 계속되면서 자산시장의 거품이 계속될 수 있다. 그런데 금리가 빨리 인상되거나 외부 충격이 발생하면 부동산 시장의 거품이 꺼지면서 금융시장 안정을 해치고 경제위기가 발생할 수 있다.

코로나19 확산에 대응하는 과정에서 정책 당국의 금융지원, 기업의 유동성 확보 노력 등으로 기업부채도 크게 늘었다. 실적 부진이 지속되고 기업의 재무 건전성이 악화한다면 원금 만기가 돌아오고 이자상환 유예가 끝날 때 취약 업종을 중심으로 유동성 위험 및 신용 위험이 현재화할 가능성이 크다.

2020년 코로나19 사태가 발생하면서 국제수지에 대한 우려가 있었다. 세계 경제 악화로 수출이 어려움을 겪을 것으로 예상되었기 때문이다. 그런데 수출은 줄었으나 경상수지 흑자는 2019년보다 늘어났다. 서비스수지 적자 또한 크게 줄었다.

코로나19 발생 초반 달러 환율은 큰 폭으로 뛰면서 원화는 약세를 면하지 못하였다. 그러나 미국과의 통화스왑 협정이 체결되면서 환율은 안정을 되찾았다. 한편 경상수지 흑자가 지속되고 해외에서 풀린 돈이 우리 주식시장에 들어오면서 원화는 강세로 돌아섰다. 이와 함께 위안화가 강세를 보이면서 원화와 위안화 동조화 현상도 나타났다. 미국이 영퍼센트 수준의 금리를 유지하고 양적 완화 정책을 추진함에 따라 달러 약세가 지속되었다.

글로벌 금융위기 이후 10년 가까이 주식시장은 2,000대 수준에서 정체되어 있었다. 코로나19 사태를 맞이하면서 주가지수가 2019년 말 2,197에서 2020년 3월 1,439까지 대폭 떨어졌다. 그런데 2020년 후반 들어 미국의 주가가 핵심 하이테크 산업 중심으로 큰 폭으로 뛰자 한국의 주가도 같은 양상을 보였다. 2020년 후반 들어 주식시장은 과열 현상을 보이면서 12월 말 주가지수는 2,873으로 3월 최저가의 거의 100%가 오르고 2019년 말에 비해서도 31%가 올랐다. 주가는 2021년에도 계속 상승세를 보여 2021년 6월 현재 2020년 말보다 15% 오른 3,300선을 기록하였다.

주식시장뿐만 아니라 부동산 시장도 과열 양상을 보였다. 서울의 아파트 가격은 2017년 말부터 급등세를 보이기 시작하였다. 2017년 11월 아파트 실거래가 지수를 100으로 볼 때 2020년 12월 155.9 그리고 2021년 4월 164.9이다.

부동산 시장의 과열은 자산의 양극화 현상을 가져왔다. 앞의 수치는 서울에 아파트를 소유한 사람들이 그렇지 않은 사람보다 부동산 자산이 평균적으로 64.9% 늘어났다는 것이다. 즉, 2017년 이전에 서울 아파트를 매입하는 데 20년이 걸렸다면 앞으로는 33년 이상이 걸린다는 것이다. 자산 양극화는 정치 · 사회적 불안을 낳고 사회를 분열시킨다.

부동산 시장 과열 이면에는 과도한 부동산 관련 금융기관의 대출과 보증이 도사리고 있다. 부동산금융 익스포저는 2020년 9월 말 현재 이미 GDP 수준을 초과하며 빠른 속도로 늘어나고 있다. 부동산 시장 거품이 꺼진다면 금융 불안이 우려된다.

한국 경제는 마이너스 경제 성장과 자산시장의 과열이라는 K자형 회복 양상을 보이고 있다. 또한 산업 간 격차도 커서 산업도 K자형 회복 양상을 보인다. 제조업은 빠른 회복세를 보이지만 전통 서비스산업은 어려움을 겪고 있다. 전자상거래, 반도체, 전기차, 바이오 산업 등 비대면 서비스산업과 혁신 산업은 빠른 성장세를 기록하고 있다. 반면에 여행, 관광, 항공, 숙박, 음식점업 등 대면 서비스산업은 경제활동 위축과 정부의 영업 제한 조치 등으로 어려움을 겪고 있다.

코로나19는 고용에도 큰 충격을 주었다. 임시일용직과 자영업자들의 취업자 수가 큰 폭으로 감소하였으나 상근직의 고용은 비교적 안정적으로 유지되었다. 소득 수준이 낮은 계층에 더욱 큰 피해를 준 결과 소득의 양극화도 더욱 커졌다.

코로나19 사태는 산업구조와 노동시장에도 변화를 가져왔다. 2010년 시총 상위 10대 기업은 전자 산업, 자동차 산업, 제철 산업, 에너지 산업 그리고 금융업이 주류를 이루었다. 2020년 시총 상위 10대 기업은 반도체, 바이오, 전기차 배터리, 인터넷 기업들이 장악하고 있다. 10년 사이 산업구조가 빠른 속도로 변한 것을 알 수 있다.

10년 사이 한국 증시를 이끌던 대표 기업들의 세대교체는 노동조합과 노동운동도 과거와는 궤를 달리해야 한다는 것을 의미한다. 새로운 시총 톱 10대 기업에서 필요로 하는 노동 인력은 고도의 전문 인력이며 과거 조선, 자동차, 전자, 제철 등 대기업을 이끌던 노동 인력과는 차이를 보일 것이다.

1. 코로나19 극복을 위한 금융정책

이번 코로나19 경제위기는 글로벌 팬데믹으로 인해 실물경제가 충격을 받고 실업률이 급격히 증가하며 금융위기로 발전할 가능성이 있다는 점에서 2008년 글로벌 금융위기보다는 오히려 1997~1998년 외환·금융위기를 닮았다. 그런데 그 당시에는 세계 경제는 호황을 보였고 우리 경제만 어려움을 겪었으나 지금은 코로나19 사태로 세계 경제가 위기를 맞고 있다는 점에서 차이가 있다.

우리 정부는 한국은행, 기획재정부, 금융위원회 중심으로 코로나19 경제위기를 극복하기 위한 금융정책을 펴고 있다. 한국은행은 금융경색을 막기 위해 충분한 유동성을 공급하며 경제안정과 금융안정을 도모하고 있으며 금융위원회와 기획재정부는 일시적으로 어려움을 겪고 있는 자영업자와 중소기업의 도산을 막고 채권시장과 주식시장을 안정시키기 위해 노력하고 있다. 기획재정부는 확대재정정책을 통해 금융안정에 필요한 재정 지원을 하고 소득 감소로 어려움을 겪는 가계와 기업을 지원하는 방향으로 정책을 추진하였다.

한국은행의 통화신용정책

'코로나19' 발생 후 주식시장이 급락하자 한국은행은 신용경색을 막기 위해 금리를 낮추고 유동성 공급을 확대하는 양적 완화 정책을 채택하였다.

한국은행은 코로나19 복합위기에 대응하기 위해서 여러 가지 통화신용정책을 전개하였다. 먼저 미국의 1% 대폭 금리 인하에 발맞춰 2020년 3월 16일 기준금리를 1.25%에서 0.5% 인하하였다. 한국은행은 선진국들의 금리 인하 정책에 발맞추어 5월 28일 금리를 0.25%로 인하하였다. 그 결과 금리 수준이 0.5%가 되어 처음으로 제로 퍼센트대 금리 시대를 열었다.

한국은행은 그동안 특정 분야 대출을 적극적으로 돕기 위해 기준금리보다 낮은 금리로 은행에 자금을 지원하는 금융중개지원대출제도를 운영하고 있다. 금융중개지원대출제도는 한국은행이 시중은행에 저리로 자금을 대출하고 이에 시중은행이 자기 자금을 더하여 한국은행이 원하는 부문에 대출하도록 하는 목적 지향적인 대출제도이다. 시중은행들은 낮은 금리 혜택을 보기 때문에 보통 금융중개지원대출로 한국은행으로부터 지원받은 규모의 2배 이상을 일반에게 대출해준다.

코로나19 사태를 극복하기 위해 한국은행은 코로나19 피해 기업 지원 프로그램을 금융중개지원대출 프로그램에 신설하였다. 2020년 3월 및 5월 두 차례에 걸쳐 코로나19 피해 기업 지원 한도를 10조 원 증액한 결과 금융중개지원대출 한도가 25조 원에서 35조 원으로 늘어났으며 이와 함께 금리를 0.5~0.75%에서 0.25%로 낮추었다.

한편 10월 5일에는 코로나19 재확산으로 자금 사정이 어려워진 소상공인 및 중소기업 등을 지원하기 위해 [표 5-1]에서 보듯이 금융중개지원대출을 35조 원에서 43조 원으로 8조 원 다시 증액하였다.[1] 코로나19 사태 관련 금융중개지원대출 한도가 18조 증액된 가운데 2021년 1월 현재 그 실적은 14.1조 원으로 3.9조 원은 아직 집행되지 않았다.

표 5-1 금융중개지원대출의 프로그램별 한도 및 금리

(단위 : 조 원, 연%)

프로그램	한도		금리
	변경 전	변경 후	
무역금융 지원	2.5	2.5	0.25
신성장 · 일자리 지원[1)]	11.0	13.0	0.25
중소기업 대출 안정화[2)]	5.5	5.5	0.25
지방 중소기업 지원	5.9	5.9	0.25
코로나19 피해기업 지원	10.0	13.0	0.25
소상공인 지원	-	3.0	0.25
합계	35.0[3)]	43.0[3)]	-

주 : 1) 기존 창업지원 프로그램을 신성장 · 일자리 지원 프로그램으로 확대 · 개편(2017년 9월).
2) 기존 설비 투자 지원 프로그램의 기취급 잔액 등을 포함하여 지원.
3) 한도 유보분 0.1조 원 포함.

자료 : 통화신용정책보고서(2020. 12.), 한국은행

한국은행은 코로나19 사태를 맞아서 유동성을 공급하고 금리안정을 도모하면서 적극적으로 금융시장 안정화 정책을 채택하였다. 시장안정화 대책은 [표 5-2]에서와 같이 유동성 공급 확대 정책, 국채 및 회

1. 한국은행의 통화신용정책보고서(2020. 12.)를 참조하라.

사채 시장 안정화 정책, CP 시장안정화 정책 그리고 외환시장 안정화 정책으로 나누어 볼 수 있다.

표 5-2 코로나19 관련 한국은행의 시장안정화 대책

(12월 9일 기준)

구분	정책 대응		주요 내용
기준금리	기준금리 인하		1.25% → 0.50%(0.75%p)
금융중개 지원대출	한도 증액		25조 원 → 43조 원(+18조 원)
	대출금리 인하		0.5%~0.75% → 0.25%
시장 안정화 대책	유동성 공급	전액공급방식 RP 매입	**공급 실적** : 총 19.43조 원(7월 말 종료)
		비은행 대상 RP 매입	**공급 실적** : 총 3.5조 원(3월 19일 1.0조 원, 3월 24일 2.5조 원)
		공개시장운영 대상기관 확대	RP매매 대상기관 확대(7월 말 종료)
		공개시장운영 대상증권 확대	단순매매 및 RP매매 대상증권 확대
		대출 적격담보증권 확대	한국은행으로부터 대출을 받을 때 제공해야 하는 대출 적격담보증권 확대
		금융기관 담보여력 확충	차액결제이행용 담보증권 제공비율 인하(70% → 50%) 차액결제이행용 적격담보증권 확대
	국채 및 회사채·CP 시장 안정	국고채 단순매입	**매입 실적** : 총 11.0조 원(3월·4월·7월·8월 각 1.5조 원, 9월 2.0조 원, 10월 1.5조 원, 11월 1.5조 원)
		금융안정특별 대출제도 도입	**총 한도** : 10조 원 **운용기한** : 2021년 2월 3일 **대출 담보** : 일반기업 발행 잔존만기 5년 이내 우량(AA- 이상) 회사채
		회사채·CP 매입기구(SPV)를 통한 신용시장 지원	**규모** : 10조 원(시장 상황에 따라 20조 원까지 확대) **SPV에 대한 한국은행의 대출금액** : 1.78조 원

	한 · 미 통화스왑	600억 달러 규모 통화스왑 체결 **만기** : 2021년 3월 말
	경쟁입찰방식 외화 대출	총 198.72억 달러 공급
	은행 선물환포지션 한도 확대	국내은행(40% → 50%) 및 외은지점(200% → 250%)
외환 시장 안정	외환건전성 부담금 경감	은행, 증권사, 카드사, 보험사에 대해 3개월(2020년 4~6월)간 외환건전성 부담금 부과 대상기간 제외 등
	환매조건부 외화채권매매를 통한 외화유동성 공급제도	금융회사의 외화채권을 환매조건부로 매입하여 미 달러화 자금을 공급 **대상 채권** : 미 국채(필요시 미 정부기관채 등으로 확대)

자료 : 통화신용정책보고서(2020. 12.), 한국은행

먼저 코로나19 사태가 가져온 초기 자금시장의 경색을 막고 유동성 공급 확대를 위해 전액공급방식의 유동성 지원제도를 도입하였다. 이 제도는 공개시장 운영 대상 기관과 대상 증권을 확대할 뿐만 아니라 RP 매입을 통해 유동성 수요에 맞추어 무제한 자금을 공급하는 것이다. 이것은 일종의 대출제도로서 금융시장에서 장단기 금융자산을 매입하여 자산가격에 영향을 주는 양적 완화 정책과는 차이가 있다. 한편 한국은행은 대출 적격담보증권도 RP 매매 대상 증권과 같게 8개 공공기관 발행채권과 은행채를 추가하였다.

한국은행은 금융시장의 안정을 도모하고 정부의 민생 및 금융 안정 프로그램을 지원하기 위해 2020년 4월부터 3개월간 일정 금리 수준으로 시장의 유동성 수요를 전액 제한 없이 공급해주는 주 단위 정례 RP 매입 제도를 도입하였다. 한편 유동성 공급 확대를 위해서 공개시장 운

영 대상 기관과 대상 증권을 확대하였다.

그 결과 7월 말 종료된 총공급 실적이 19.43조 원에 이르렀고 그중 비은행 대상이 3.5조 원이었다. 이와 함께 공개시장 운영 대상 기관과 대상 증권을 확대하였는데 이러한 조치는 7월 말로 종료되었다. 또한 대출 적격담보증권을 확대하고 금융기관 담보 여력을 확충하기 위해 담보증권 제공 비율을 인하하였다.

한편 한국은행의 시장안정을 위한 국고채 단순 매입은 시중에 유동성을 공급하는 동시에 국고채 금리에도 영향을 준다. 국고채 매입 규모를 보면 3, 4, 7, 8월 각각 1.5조 원, 9월 2.0조 원, 10, 11월 각각 1.5조 원 총 11조 원에 이른다. 코로나19 사태가 발생하자 한국은행은 RP 매입과 국고채 매입을 통해 원화 유동성을 무제한 공급한다고 하였으나 실제 공급 규모는 2021년 1월 현재 33.93조 원이다.

한국은행은 코로나19 사태로 국내외 경제 여건이 어렵고 불확실한 가운데 일반기업, 은행 및 비은행금융기관의 자금 조달이 어려워질 것에 대비한 안전장치로서 금융안정특별제도를 도입하였다. 미국 연준이 코로나19 사태 이후 재가동한 긴급대출제도와 유사한 제도라고 보면 될 것이다. 이러한 제도는 긴급사태에 대비한 컨틴전시 플랜이다. 총한도는 10조 원이며 운영기한은 2021년 2월 3일까지이다.

금융안정특별제도는 한국은행이 은행과 증권사 및 보험사에 일반기업이 발행한 우량 회사채(신용등급 AA-)를 담보로 최장 6개월 이내로 일정 금리로 대출하여 회사채 시장의 안정을 도모하기 위한 제도이다. 그런데 실제로 운영은 한 번도 되지 않고 있다.

한국은행은 회사채와 CP 매입을 위해 세운 특수목적회사Speccial

Purpose Vehicle ; SPV에 대출하는 방법으로 회사채 시장과 CP 시장에 신용 공급을 하였다. SPV의 규모는 10조 원이나 시장 상황에 따라 20조 원까지 확대할 수 있다. 구성을 보면 KDB산업은행의 출자 1조 원과 후순위 대출 1조 원에 한국은행의 선순위 대출 8조 원이며 한국은행은 2021년 1월 말 현재 자기 몫 8조 원 중 3.56조 원을 SPV에 대출해주었다.

한국은행은 코로나19 사태가 발생하자 외환시장을 안정시키는 것이 급선무라고 보았다. 한국은행은 미국 연방준비제도와 2020년 3월 19일 6백억 달러 규모의 통화스왑을 체결하였다. 통화스왑 체결은 코로나 사태로 달러당 환율이 1,300원에 육박할 정도로 올랐던 불안한 외환시장을 안정시키는 데 크게 도움을 주었다. 통화스왑은 우리가 필요할 때 미국이 달러 유동성을 제공할 준비가 되어 있다는 시그널을 국제적으로 준다는 점에서 금융안정과 환율안정에 꼭 필요한 조치이다.

우리는 기축통화국이 아니므로 환율안정을 위해서는 외환보유고나 통화스왑 등을 통해 외화자산을 확보하는 것이 필요하다. 글로벌 금융위기 때와 마찬가지로 통화스왑이 코로나19 사태 초기 환율안정에 결정적으로 공헌하였다. 미국 연방준비제도는 기존의 선진국들과의 통화스왑뿐만 아니라 한국과 호주, 싱가포르 등 총 9개국 중앙은행과도 통화스왑을 체결하였다. 이것은 글로벌 금융시장의 국제유동성 쇼크를 그대로 방치해서는 미국 경제에도 해가 된다는 연준의 위기감도 작용한 결과이다.

초기 환율안정을 위해 한국은행은 국내 은행과 외은지점의 선물환 매입 포지션 한도를 25% 확대하였다. 은행은 보통 선물환 매입과 함께 현물환을 매도하므로 선물환 매입 포지션 한도 확대는 그만큼 외환 공급을 확대하는 효과가 있다. 이와 함께 한국은행은 금융회사의 단기 차입에 따른 외환 건전성 부담금을 낮추어서 외환 공급을 확대하고자 하였다. 한국은행은 금융회사의 외화채권을 환매조건부로 매입하여 미 달러화 자금을 공급하는 조치도 취하였다.

정부 중심의 금융 종합대책

한편 정부는 코로나19 사태로 피해를 본 기업과 가계를 돕고 금융시장 안정을 위해 기획재정부와 금융위원회 중심의 금융 종합대책을 발표하였다. 종합대책 금융지원 방안의 원칙은 보증기금과 특수은행 등 정책금융기관의 재원을 우선 활용하며 한국은행이 필요한 유동성을 공급하고 정부 재정이 손실을 보전한다는 것이다.

이번 '코로나19' 위기는 과거 미국에서 촉발한 글로벌 금융위기와는 달리 국민 보건위기이며 실물경제위기로 우리나라뿐만 아니라 세계 경제 전반에 충격을 주고 있다. 과거 글로벌 금융위기는 대형 금융기관, 대기업 등에서 촉발되었으나 이번 위기는 소상공인, 중소기업 등 취약부문에 가장 큰 피해를 주면서 항공, 여행, 숙박업, 유통업 등 대면 서비스업 중심으로 위기가 번져나갔다.

정부는 코로나19 위기가 모든 경제주체로 파급될 소지가 크다고 보았다. 수요급감에 따른 실물경제 위축과 금융시장 불안감이 상승작용을 일으켜 위기가 증폭될 가능성을 우려하였다. 정부는 코로나19 사태의 충격과 파급 한도를 예측하기 어려운 만큼 선제적이고 속도감 있는 과감한 대응책과 함께 장기적인 시각에서 접근할 필요가 있다고 보았다. 그런데 궁극적인 코로나19 팬데믹 극복은 백신과 치료제 개발에 달렸다.

정부 대책은 기획재정부와 금융위원회 중심으로 코로나19 사태로 피해를 본 가계와 기업에 대한 재난지원금 등 직접 지원, 다음으로 피해를 본 가계와 기업 등에 대한 신규대출, 만기 연장, 지급보증 등 정책금융 지원 그리고 시중은행을 통한 만기 연장과 이자상환 유예 등 간접 지원정책이다. 이를 위해 실적이 나빠진 기업들을 소상공인과 자영업자, 중견기업, 대기업으로 분류하여 선제적으로 기업자금을 지원하였다. 경영지원 자금은 산업은행, 수출입은행, 기업은행 등 특수은행 들과 소상공인 진흥기금, 신용보증기금, 기술보증기금 등 각종 보증기금을 통해서 확보하게끔 하였다. 이와 함께 시중은행들이 코로나19로 어려움을 겪고 있는 기업들의 대출 만기를 연장해주고 이자상환을 유예하도록 조치하였다.

미국 연준의 특별대출 프로그램에 해당하는 정책금융 지원의 경우 우리는 정부기관인 금융위원회 중심으로 대책을 세워 특수은행과 보증기금 등 정책금융기관이 나누어 분담하는 구조이다. 한국은행은 국회 동의하에 세워진 특수목적기구SPV에 유동성을 공급하는 방향으로 참여하였다.

정부는 40조 원 규모의 기간산업안정자금을 신설해 코로나19 사태로 어려움을 겪고 있는 항공, 해운, 조선, 자동차, 일반기계, 전력, 통신 등 7대 기간산업의 자본확충 등을 지원하고자 하였다. 정부는 KDB 산업은행 산하에 기금을 설치하며 산업은행이 국회 동의를 얻어 국가보증채권을 발행하여 기금을 조성하는 방법을 택하였다. 이를 위해서 산업은행법을 개정하고 국회의 보증 동의를 얻었다.

그런데 기간산업안정자금 지원에는 무엇보다도 지원 기업들의 도덕적 해이를 막을 장치가 필요하다. 노사 고통 분담 방안을 마련하고 고액 연봉 지급, 배당 확대, 자사주 매입 등을 막고 기업 정상화의 이익을 공유하는 방안 등을 마련하여 자금 지원의 취지를 살릴 필요가 있다.

정부가 보증기금이나 특수은행을 통해 금융지원을 늘리려면 이들 금융기관의 자본금을 정부가 늘려줄 필요가 있다. 예를 들어 이들 금융기관이 자기자본비율 20%를 유지해야 한다면 정부는 정부 재정으로 자본을 1조 원 늘려주면 대출을 5조 원 할 수 있게 된다. 정부는 적은 재정으로 금융지원을 몇 배 할 수 있겠지만 대출이 부실해지면 그만큼 재정에서 부담해야 하는 문제가 있다. 코로나19 사태로 인한 기업 부실이 현재화하면 그만큼 재정 부담으로 나타날 것이다.

금융시장 충격을 막기 위해서 단기 자본시장, 회사채 시장, 주식시장 등 자본시장 안정화 정책도 추진하였다. 그 내용을 보면 먼저 채권시장안정펀드를 조성하여 원활한 회사채 발행을 지원하며 기업어음CP 등 단기자금시장 안정도 지원한다는 것이다.

채권시장안정펀드는 은행, 증권사, 보험사 등 금융권이 공동 출자해서 우량 회사채, 금융채, CP 등에 투자하는 방식으로 기업의 유동성을 지원하는 제도이다. 위기 발발 초기 경기 악화와 신용등급 하락으로 우량 회사채조차 제대로 발행되지 못하고 자금난이 가중되는 상황을 타개하기 위한 제도이다. 2008년 글로벌 금융위기 당시에도 총 10조 원 규모로 펀드를 조성하여 이 자금으로 유동성을 공급하고자 하였다.

정부는 상대적으로 신용도가 낮은 피해 기업들의 회사채 발행을 돕기 위한 지원 방안도 세웠다. P-CBO[Primary Collateralized Bond Obligation]는 신용도가 낮아 회사채를 직접 발행하기 힘든 기업의 신규 발행채권을 모아 신용보증기금 등의 보증을 거쳐 발행하는 자산담보부증권이다.

한국은행은 미국 연방준비제도와는 달리 원칙적으로 상환위험이 있는 특정 민간기업에 직접 자금을 지원할 수 없다. 그 결과 한국은행의 경우 특수은행 등에 대한 대출을 통해 채권안정펀드 조성에 간접적으로 참여하는 방법을 택하였다.

정부는 한국은행의 금융안정특별제도 신설에도 불구하고 신용등급이 낮은 기업의 회사채와 CP는 여전히 지원의 사각지대에 있다고 보았다. 이에 따라 이미 살펴본 바와 같이 정부가 산업은행을 통해 특수목적기구[SPV]를 설립하고 손실을 보전해줌으로써 한국은행과 정책금융기관이 저신용등급 회사채와 CP까지 매입할 수 있도록 하였다.

이와 함께 정부는 증시 폭락을 대비해서 금융권 중심의 증권시장안정펀드 조성 계획을 세웠다. 증시가 회복될 때까지 한시적으로 운영하며 개별 종목 주가에 영향을 주지 않도록 시장 대표 지수 상품에 투자할 계획이었다. 증권시장안정펀드에는 금융지주와 증권유관기관, 증권사, 보험사 등이 참여할 계획이었다. 그런데 3월 증시 폭락 이후 증시가 오히려 과열을 보임으로써 증권시장안정펀드는 계획으로 그치고 실제로는 조성되지 않았다.

그동안 정부는 금융안정을 위해 보증제도를 적극적으로 활용하였다. 그것은 적은 재정 투입으로 효과를 극대화할 수 있기 때문이다. 그런데 정부가 대출 보증을 해주게 되면 기업이 빚을 갚지 못하는 경우 정부가 대신 빚을 갚아주어야 한다. 이를 위해 정부는 예상 손실액을 보증 재원으로 투자하게 된다. 예를 들어 예상 손실률이 10%이고 가용 재정이 1조 원이라면 1조 원을 보증 재원으로 투자해서 10조 원까지 대출해줄 수 있게 된다. 또한 보증하는 방법으로 재정을 투입한다면 손실이 날 때만 재정 손실로 반영되기 때문에 재정건전성을 유지하는 데에도 유리하다.

그런데 이러한 보증제도의 문제점은 코로나19 사태가 장기화하면 대출 보증에 대한 손실률이 예상 손실률보다 훨씬 커질 수 있다는 것이다. 10% 예상 손실률을 예상하였는데 실질적으로 20% 손실률이 발생하였다면 그 차이도 결국 정부 재정에서 감당해야 한다. 또한 보증제도가 남발된다면 이것이 오히려 한계기업과 개인의 부실을 더욱 키울 수 있으며 운영 과정에서 차입자나 대출 금융기관의 도덕적 해이 문제를 일으킬 수 있다.

코로나19 사태 이후 대출 만기가 연장되고 정부가 지급보증을 하고 이자상환이 유예된 경우가 많다. 그렇다면 이러한 조치들이 끝날 때의 금융 부실 규모가 금융안정화 조치에 따른 비용이라 할 수 있다. 재정 지출과는 다르게 이러한 비용이 어느 정도일지는 지금 가늠하기가 힘들다. 빠른 코로나 백신 접종으로 집단 면역을 달성하고 코로나19를 단시일에 극복한다면 그 비용은 줄어들 것이다. 반면에 세계 경제가 추락하고 우리 기업들이 도산하고 금융 부실로 이어진다면 그 비용은 계속 커질 것이다.

금융안정을 위한 거시건전성 정책

금융안정은 협의로는 금융 시스템의 안정을 의미하나 광의로는 자산시장의 안정과 외환시장의 안정도 포함해야 할 것이다. 금융안정을 위해서는 자산시장의 거품 형성과 붕괴, 유사시 자본의 급격한 유출이 가져올 환율 급변과 충격을 막아야 할 것이다. 코로나19 사태 이후 지속되는 저금리와 함께 돈이 시중에 풀리면서 우리 경제의 금융 불안 요인으로 작용하고 있다.

금융 시스템 안정을 위해서는 안정적인 통화신용정책과 함께 금융 시스템 전체의 건전성을 추구하는 거시건전성 정책이 필요하다. 개별 금융기관의 관점에서 건전성을 평가하는 미시건전성 정책으로는 불충분하다.

거시건전성 정책 수단은 크게 횡단면 차원cross-sectional dimension의 시스템 위험과 시계열 차원time dimension의 시스템 위험에 대한 대응 정책으로 나누어 볼 수 있다.

횡단면 차원의 시스템 위험은 금융기관 간 상호 연계성interconnetedness 및 의존성interdependence 등으로 인해 한 부문에서 발생한 위기가 시스템 전체로 확산할 수 있는 위험을 의미한다. 이 경우 특정 금융기관의 자산 건전성 악화 또는 유동성 위험이 시스템 전체로 파급되면서 신용경색credit crunch, 자산 투매fire sale 및 환매 사태fund run 등이 일어나 시스템 전체의 위험을 유발하는 것이다.

횡단면 차원의 시스템 위험을 막는 거시건전성 정책 수단으로는 시스템적 중요 기관에 대한 추가자본 규제, 거액 대출 규제, 최저자기자본 규제, 그림자 금융 규제, 파생상품의 중앙청산소 설치 등이 있다.

시계열 차원의 시스템 위험 가운데 하나는 금융 및 경기 순환 사이클 속에서 금융기관들의 과도한 무리 행위herd behavior와 경기 순응성pro-cyclicality 등으로 인해 자본과 유동성 부족으로 발생한다. 이에 대한 대표적 정책 수단으로는 경기대응완충자본, 자본보전완충자본, 레버리지 비율 규제, 부문별 자본 규제 등 자본 규제 정책들과 유동성 커버리지 비율 규제와 순안정자금 조달비율 등 유동성 규제들이 있다.

또 다른 시계열 차원의 위험은 여기서 우리가 다룬 부동산 시장의 과열과 거품 붕괴가 가져오는 위험이다. 금융기관의 과도한 주택담보대출은 가계부문의 부채 문제를 악화시킬 뿐만 아니라 부동산 시장을 과열시키는 요인이다. 부동산 시장의 거품 붕괴로 주택가격이 폭락한다면 대출해준 금융기관이 부실해지면서 금융안정을 해칠 것이다.

부동산 시장의 과열과 거품 붕괴 위험을 막기 위해서 정책 당국은 필요한 정책 수단 확보와 선제적 정책 대응이 필요하다. 풀린 돈이 부동산 시장으로 쏠리는 것을 막기 위해서는 LTV나 DTI와 같은 거시건전성 정책이 사용된다. 일반적으로 주택 구입에 돈이 많이 흘러 들어가는 것을 막으려면 LTV나 DTI 비율을 낮춘다. 정책적인 효과를 높이기 위해서는 은행뿐만 아니라 모든 금융기관의 주택담보대출에 대해서도 LTV를 규제해야 할 것이다.

2. 코로나19 극복을 위한 재정정책

코로나19와 확대재정정책

정부는 코로나19 상황을 전시 상황이라 규정짓고 대규모 확대재정정책을 채택하고 있다. 시기를 놓치면 호미로 막을 것을 가래로도 막을 수 없다는 주장이다.

코로나19와 싸우기 위해서는 대규모 정부 재정이 필요하다. 먼저 코로나19 관련 검사test, 추적trace, 치료treatment에 필요한 보건의료 비용, 취약계층에 대한 최저생활 유지 지원금, 영업금지 제한 등 정부 조치로 인한 손실 보전금, 대출 만기 연장과 이자상환 유예 등으로 인한 금융부문 손실에 대한 정부 분담금 등에 정부 재정이 크게 들어갈 것이다.

정부는 코로나19 사태로 인한 소득 감소 보전 및 소비 촉진 등을 위한 저소득층 대책과 소상공인 대책 등도 마련하였다. 긴급재난지원금 지원과 함께 정부는 사회보험료 감면, 수출기업 보증 보험 지원, 벤처와 스타트업 자금 지원, 중소·중견기업 부담 경감을 위한 재원 지원 계획도 발표하였다. 한편 정부는 코로나19로 인한 가계의 소득 감소 보전 및 소득 촉진 등을 위한 긴급재난지원금 필요성을 제기하고 재원을 마련하였다. 긴급재난지원금은 일회성 지원으로 정기적으로 현금을 지급하는 기본소득과는 구분된다.

정부는 또한 소비 촉진을 위한 납세 기간 연장 및 세제 혜택, 수출기업 만기 연장 등 지원대책과 대규모 고용안정 특별대책도 세웠다. 고용안정 자금을 마련해서 소상공인 기업 고용유지 지원, 근로자 생활안정 대책, 긴급 일자리 창출, 실업대책에 썼으며 재원은 추경을 통해서 확보하였다.

4차에 걸친 재난지원금 지급

정부는 2020년 5월, 2020년 9월 그리고 2021년 1월 등 3차에 걸쳐서 재난지원금을 나누어 주었으며 2021년 3월 말 4차 재난지원금을 나누어 주었다.

1차 재난지원금은 보편적 지원금으로 14.3조 원 규모로 전 가구에 최대 100만 원을 지급하였다. 처음에 정부는 소득 하위 70% 이하 1,400만 가구에 대해 4인 기준 긴급재난지원금 100만 원을 지급하겠다고 발표하였다. 총소요 재원은 9조 1천억 원으로 중앙정부가 7조 1천억 원 그리고 지방정부가 2조 원 부담하며, 중앙정부는 기본적으로 예산지출 구조조정을 통하여 충당하겠다고 발표하였다. 그런데 총선 당시 여당의 주장을 받아들여 모든 가구에 긴급재난지원금을 지원하는 방향으로 정책을 바꾸었다. 소요 재원 일부는 정부 예산에서 그리고 추가 재원은 정부 채권을 발행해 확보하였다.

2차 재난지원금은 선별적 지원금으로 7.8조 원 규모로 자영업자 294만 명에게 피해 정도에 따라 100만~200만 원을 지급하고 만 16세에서 34세까지, 65세 이상에게 통신비 2만 원을 지급하였다. 지원 내용을 상세히 보면 소상공인 지원, 집합 제한과 집합 금지 업종 지원, 특수고용노동자와 프리랜서 지원, 중학생 이하 아동 가구 지원, 통신비 지원, 국민 20%가 쓸 코로나 백신 확보, 생계위기 가구 지원 등이다.

3차 재난지원금은 9.3조 원 규모로 코로나로 직접 피해를 본 소상공인과 근로자 등 580만 명을 대상으로 한다. 소상공인 재난지원금 기본 금액은 100만 원으로 2019년보다 매출이 줄어든 연매출 4억 원 이하 소상공인에게 지급되었다. 집합 제한 업종에는 100만 원을 더해 200만 원을 지급하였다. 연 매출 4억 원 이하 소규모 숙박 시설 운영자에게도 방역 강화로 피해를 본 점을 감안하여 200만 원을 지급하였다. 방역 단계가 높은 집합 금지 업종에는 기본급 100만 원에 200만 원이 추가되었다. 고용 취약계층 소득안정자금으로 특수형태근로종사자, 프리랜서에게 50만~100만 원이 지급되었고 법인 택시 기사, 방문돌봄 서비스 종사자에게도 50만 원이 지급되었다. 소상공인 임대료 지원을 위한 저금리 융자 프로그램도 함께 내놓았다. 이와 함께 여행업 등 코로나 직격탄을 맞은 업종에 대해선 근로자 해고를 막기 위해서 무급 휴직 고용 유지 지원금을 3개월 연장해 지급하였다.

그런데 재난지원금은 3차 지원금과 같이 피해 업종 위주로 직접 피해를 본 사람들에게 지원하는 것이 바람직하다. 재난지원금을 경기부양책으로 활용하는 것은 문제가 있다. 코로나19로 인해 재정적자가 눈덩이처럼 늘어나는 상황에서 전 국민 상대 무차별 지원은 바람직하지 않을 뿐만 아니라 재원의 낭비다. 코로나19로 인해 일부 비대면 산업들은 오히려 활황을 보이고 있을 뿐만 아니라 부동산과 주가 상승으로 부의 양극화가 오히려 더욱 진행된 상황이다. 전 국민 무차별 지원은 경기 부양 효과도 미미할 뿐만 아니라 또 다른 포퓰리즘을 낳을 것이다.

정부는 2021년 3월 19.5조 원에 달하는 4차 재난지원금을 편성하였다. 재원은 기존 확정된 예산에서 4.5조 원, 15조 원에 달하는 추가경정예산을 편성하여 마련하였다. 추가경정예산 15조 원은 긴급피해지원 8.1조 원, 긴급고용대책 2.8조원, 방역대책에 4.1조 원 쓸 예정이다. 한편 기존 확정된 예산 중 일부인 4.5조 원으로는 소상공인과 중소기업을 위한 대출이나 지역사랑 상품권 발행에 쓸 예정이다. 피해지원대책 중 소상공인 버팀목 자금 플러스가 6.7조 원으로 가장 크다. 업종별 피해 유형을 5개 유형으로 나누어 100~500만 원을 지급할 예정이다. 긴급고용대책으로 청년 14만 명, 중장년 5.8만 명, 여성 7.7만 명 모두 27.5만 명의 일자리를 창출할 계획이다. 한편 백신 구매와 접종 2.7조 원, 감염환자 치료 7천억 원, 의료기관의 손실 보상 등 방역대책에 4.1조원을 쓸 계획이다.

부채 급등과 국가부채의 유형

정부는 우리의 GDP 대비 국가채무 비율이 다른 선진국들에 비해서 낮다는 점 그리고 2020년 대규모 재정적자는 코로나 위기 상황에서 불가피하다는 점을 들어 재정정책에 큰 문제가 없다고 주장한다. 그런데 문제는 정부가 2020년 확대 예산을 세워놓은 상태에서 코로나19가 발생하여 재정적자 규모가 대폭 늘어났으며 앞으로도 계속 팽창재정정책을 쓰려고 한다는 점이다. 그런데 코로나19 위기 극복을 위한 재정지원은 관련 재정지출과 조세감면을 더한 값이라 할 수 있다.

한편 2020년 우리나라 경제성장률은 –1%인데 반해 우리나라 국가채무(D1)는 846.9조 원으로 늘어나 대 GDP 비율이 그동안 마지노선으로 잡았던 40%를 넘어 43.9%에 이른다. 2020년 통합재정수지 적자가 84조 원으로 대 GDP 비율이 4.4%에 이른다. 관리재정수지 적자는 123.7조 원으로 대 GDP 비율이 6.4%에 이른다.[2] 이 수치는 유럽연합이 협약을 통해 재정건전성의 기준으로 삼는 재정적자 비율 3%의 2배가 넘는 숫자이다. 국가채무 규모가 증가하는 것도 문제지만 증가 속도가 너무 빠르다는 점이 더 큰 문제이다.

2020년 9월에 발표한 정부의 중장기 재정운영 계획을 보면 [표 5-3]과 같이 2023년까지 관리재정수지 적자 비율이 5% 후반으로 확대되어 운영될 예정이다. 그 결과 2024년 GDP 대비 국가채무의 비율이

표 5-3 **재정수지 및 국가채무 전망**

(단위 : 조 원, %)

	2020년[1)]		2021년	2022년	2023년	2024년
	본예산	추경[2)]				
관리재정수지	△ 71.5	△ 111.5	△ 109.7	△ 123.2	△ 128.2	△ 127.5
(GDP 대비, %)	(△ 3.5)	(△ 5.8)	(△ 5.4)	(△ 5.9)	(△ 5.9)	(△ 5.6)
통합재정수지	△ 30.5	△ 76.2	△ 72.8	△ 83.7	△ 87.9	△ 88.1
(GDP 대비, %)	(△ 1.5)	(△ 3.9)	(△ 3.6)	(△ 4.0)	(△ 4.0)	(△ 3.9)
국가채무	805.2	839.4	945.0	1,070.3	1,196.3	1,327.0
(GDP 대비, %)	(39.8)	(43.5)	(46.7)	(50.9)	(54.6)	(58.3)

주 : 1) 국회 확정예산 기준
2) 3차 추경 기준

자료 : 2020~2024년 국가재정운용계획 주요내용, 기획재정부

2. 우리의 경우 국민연금 수입이 지출보다 커서 국민연금을 포함한 통합재정수지 적자는 관리재정수지 적자보다 작다. 그런데 앞으로 국민연금 지출이 수입보다 커지게 되면 통합재정수지 적자가 관리재정수지 적자보다 커질 것이다.

58.3%에 이를 것이다. 그런데 정부의 2021년 재정운영 계획을 보면 중장기 목표치보다 이미 0.6% 초과한 상태이다. 현재 논의되고 있는 가덕도 신공항 계획이 포함되면 2024년에 쉽게 60%를 넘게 될 것이다.

일반정부 부채와 공공부문 부채가 국가채무와 같은 속도로 늘어난다면 부채 관리에 빨간불이 켜질 것이다. 정부는 국가채무(D1)와 일반정부 부채(D2)의 대 GDP 비율이 각각 50%와 60%를 넘지 않는 선에서 관리해야 할 것이다. 이와 함께 비금융공기업의 부채가 GDP의 10%가 넘지 않게 이를 줄이는 노력도 함께해야 할 것이다.

정부는 코로나19 사태를 극복하기 위해 책정한 사상 최대의 적자예산 필요성과 동시에 앞으로 상환 계획을 솔직히 설명하고 이해를 구해야 할 것이다. 한 번 늘어난 재정적자를 줄이기는 쉽지 않다. 국가채무 관리를 위해서는 긴축재정정책이 뒤따라야 하는데 긴축재정정책은 고통이 뒤따르고 인기도 없는 정책이기 때문이다.

독일의 메르켈 총리의 경우 대국민 연설에서 독일 연방정부가 코로나19 팬데믹을 저지하고 위기를 극복하기 위해서 짧은 기간 막대한 예산을 투입했고 새로운 국가채무가 많이 발생함을 인정하였다. 메르켈은 재정 지원이 이루어지지 않아 기업이 파산하고 수백만 명이 직장을 잃는다면 재정적으로나 사회적으로나 더 큰 대가를 치르게 되었을 것이라는 점을 설명하였다. 메르켈은 이어 이런 수준의 재정 지원을 끝없이 지속할 수는 없으며, 2023년부터는 급격히 증가한 신규 국가채무를 갚아나가기 시작해야 하므로 향후 수년간 예산정책과 관련해 엄청난 도전에 직면할 것이라는 점을 밝히고 국민의 양해를 구했다.

적정 채무 수준 논란

물론 적정 GDP 대비 국가채무 비율이 얼마인지에 대한 이론적인 해답은 없다. 그리고 각국에 처해 있는 상황에 따라 그 해답은 각기 다를 것이다. 한 예로 유럽연합이 재정건전성 기준으로 삼는 GDP 대비 국가부채비율은 60%이다. 그런데 여기서 국가부채는 일반정부 부채(D2)이다.

정부는 우리의 국가채무 비율이 다른 OECD 국가들에 비해 낮아서 아직은 걱정할 필요가 없으며, 코로나19 사태에 대처하기 위해서 그리고 경제에 마중물을 제공하기 위해서 재정적자 확대가 불가피하다고 주장한다. 그런데 정부의 재정적자가 늘어나는 속도가 너무 빨라 장기적으로 정부의 부채 감당 능력이 훼손되어서는 곤란할 것이다.

코로나19 사태 이후 재정이 큰 폭의 적자를 보이고 2020년과 2021년의 경제성장률이 각각 -1%와 3.5%로 예상되는 상황에서 GDP 대비 국가채무 비율은 빠른 속도로 늘어날 것으로 예상된다. 특히 올해와 같은 수준의 재정적자가 지속되고 우리 경제가 침체 상태를 빨리 벗어나지 못한다면 GDP 대비 국가채무는 빠른 속도로 늘어날 것이 예상된다.

적정 국가채무와 관련하여 무엇보다도 중요한 것은 재정 여력fiscal space과 지속가능성sustainability of national debt이다. 국가채무의 증가요인을 분해해 분석해 보면 GDP 대비 국가채무 비율 증가는 성장률과 이자율의 격차, GDP 대비 기초재정수지 비율[3] 등에 의해서 결정된다.[4] 기초재정수지가 적자를 계속 보이거나 이자율이 경제 성장 속도보다 크다면 GDP 대비 국가채무의 비율은 빠른 속도로 증가할 것이다.

그런데 우리는 재정의 지속가능성을 산정할 때 우리의 빠른 저출산·고령화 현상 또한 염두에 두어야 할 것이다. 한국은 고령화와 저출산 현상이 어느 나라보다도 빨리 진행되고 있는 사회다. 한국은 2017년에 이미 고령 사회에 진입하였다. 앞으로 노인들의 평균 수명이 늘어나면서 의료비를 포함해 복지지출이 빠른 속도로 늘어날 것이다. 반면에 저출산으로 미래에 노인을 부양해야 할 젊은이는 계속 줄어 미래의 복지 수요를 부담하는 데 어려움이 커질 것이다. 2020년에는 처음으로 사망자보다 출생자가 적어서 인구 자체가 줄어들기 시작하였다.

적정 국가채무 비율은 비교기준과 대상 국가들에 따라 각기 다를 수 있다.

비교 대상 국가들이 기축통화 국가라면 이들과 우리의 국가부채를 동일 잣대로 비교할 수 없다. 우리는 1997~1998년 외환·금융위기 당시 금융위기가 외환위기로 연결되면서 어려움을 겪었다. 우리 화폐가 기축통화가 아니라 해외부채를 우리나라 화폐로 갚을 수 없었으며, 외환이 빠른 속도로 빠져나갔기 때문이다.

경제위기 시 미국, 유럽연합 회원국, 일본 같은 기축통화국은 자국 통화로 외채를 갚을 수 있으므로 재정위기가 외환위기로 발전하지 않

---

3. 기초재정수지는 재정수지에서 기존채무에 대한 이자 지급분을 제외한 경상 세출입에 의한 재정수지를 의미한다.

는다. 일본, 미국, 유럽연합 국가들이 상대적으로 높은 국가채무 비율을 유지할 수 있는 이유이다. 그렇지만 일본과 같이 국가부채비율이 매우 높다면 기축통화국이라도 금융과 재정정책 등이 제대로 작동하지 못하고 부채의 늪에 빠져 경제가 장기적으로 활력을 잃게 될 것이다.

우리와 같이 경제의 대외의존도가 높은 중견국은 글로벌 외부 충격에 그만큼 경제가 취약할 수 있다. 다행히 우리는 수출 호조로 국제수지 흑자를 계속 기록하고 있다. 그렇지만 재정적자가 확대되어 국제수지까지 적자로 이어지면 우리나라가 재정적자와 국제수지 적자라는 쌍둥이 적자에 빠져 어려움을 겪을 수도 있을 것이다. 2000년대 들어와 글로벌 금융위기와 코로나19와 같은 글로벌 차원의 경제위기가 10년 단위로 발생하고 있다. 또한 세계 경제 미래가 과거보다 불확실한 현 상황에서 우리의 국가신인도 유지를 위한 재정건전성 확보는 무엇보다 필요할 것이다.

적정 국가채무 비율은 한 나라의 전반적인 부채 총량에도 영향을 받을 것이다. 한 나라의 부채는 국가, 가계, 기업의 부채 합이다. 앞에서 우리는 우리 경제의 현황을 살펴보면서 우리의 정부, 가계, 기업의 부채 현황도 살펴보았다. 우리의 경우 국가채무 못지않게 가계부채의 문제점도 안고 있다. 그런데 가계부채가 부실해져 금융 부실로 연결되고 금융안정을 위해 재정이 투입되면 가계부채는 정부채무로 전이되고 정부부채가 그만큼 증가할 것이다.

---

4. 한국은행의 금융안정보고서(2012. 4.) 27쪽, '주요국 국가채무의 증가요인 분해 및 전망'을 참조하라.

기업의 부채도 마찬가지다. 코로나19로 인해 기업이 부실해져 금융안정이 흔들려 정부 재정이 투입되면 기업채무도 국가채무로 전환될 것이다. BIS에 따르면 정부 · 가계 · 기업 부문을 합친 한국의 총부채는 2019년 말 현재 4,540조 원으로 GDP의 237%에 달하며 그 증가 속도 또한 매우 빠르다고 한다. 국가채무 못지않게 한 나라의 부채 총량도 유의하면서 국가부채를 관리해야 할 것이다.

앞으로 금리 움직임도 국가채무 관리에 지대한 영향을 줄 것이다. 각국이 돈을 풀고 재정지출을 확대하면서 글로벌 인플레이션에 대한 우려가 커지고 있다. 인플레이션은 금리 상승으로 이어질 것이며 금리 상승은 국가채무 관리 비용과 국가채무 비율 또한 높일 것이다.

2020년 코로나19 사태로 인해 대규모 실업이 발생하고 마이너스 경제 성장을 기록하는 상황에서 재정지출이 큰 폭으로 늘어나는 것은 불가피한 측면이 있다. 그렇지만 전 국민에게 재난지원금을 나누어 주는 것과 같은 일회성 지출은 공공부조도 미래 성장을 위한 재정지출 방향도 아니다. 재난지원금은 코로나19 사태로 경제적으로 어려움을 겪고 있는 저소득층 중심으로 지급되어야 하며 이들에 대한 사회보장제도 틀과 함께 적정 규모를 정해 지불할 필요가 있다.

재난지원금은 먼저 최저생활 유지 지원에 초점을 맞추어 취약 계층에게 일정 금액을 지출하는 것이 바람직하다. 최저생활 유지는 사회보장제도의 일환이므로 정부 재정이 담당하여야 할 것이다. 코로나19 사태로 저소득층 자영업자와 일용근로자들의 실업자 수가 크게 늘고 이들의 소득 또한 크게 줄었다. 정부 재정으로 이들에 대한 취업 지원과 생계 지원은 필요하다. 그런데 정부 통계를 보면 상대적으로 소득이 높은 상용근로자들은 코로나19 사태로 고용이나 소득 면에서 거의 피해를 보지 않은 것으로 나타난다. 이들에게까지 재난지원금을 지급하는 것은 형평에 어긋난다.

한편 정부의 방역 관련 영업금지 혹은 제한 조치로 인해 손해를 본 자영업자들에 대한 손실 보전 정책도 필요하다. 손실 규모가 다양하므로 일정 금액을 똑같이 지원하는 것은 공정하지 않다. 손실 파악이 가능하다면 비례식 지원이 바람직하나 현실적으로 어려움이 있다. 현실적으로 업종의 특성과 영업금지와 제한에 따른 피해를 분석한 뒤 차등 정액제로 지원하는 것이 현실적일 것이다.

대규모 재난지원금이 지급되고 저금리와 풍부한 유동성으로 인해 부동산과 주식시장의 거품이 우려되는 상황에서 경기 부양을 위한 재정 지출은 바람직하지 않다. 그렇지만 경기 부양이나 일회성 지출이 아닌 미래 성장을 도모하기 위한 교육과 R&D 투자는 계속되어야 할 것이다.

우리나라의 경우 고령화와 저출산이 급속히 진행되면서 현 수준의 복지정책을 그대로 유지하더라도 국가채무 비율이 급속히 상승할 것으로 예상된다. 우리는 또한 기축통화국도 아니며, 대외개방도가 높고 가계부채와 기업부채도 높은 수준이라는 점을 명심해서 재정 준칙을 정해 정부채무를 관리할 필요가 있다.

그런데 경제위기 상황 속에서는 재정 제약이 없는 것처럼 정치권의 선심성 정책이 남발되기 쉽다. 최근 정치권에서 재원과 형평성을 고려하지 않은 손실 보상 방안, 선별과 보편 동시 재난지원금 방안, 기업 간 이익공유제 방안 등 포퓰리즘 정책이 난무하고 있다. 그런데 문제는 여와 야 어느 한쪽이 선심성 정책을 들고나오면 다른 한쪽은 더욱더 선심성 정책을 남발한다는 데 포퓰리즘 정책의 문제가 있다. 포퓰리즘 정책의 또 다른 문제는 단기성 인기 정책으로 장기적으로 커다란 부작용을 낳는다는 것이다. 이러한 부작용을 해결하려면 고통이 뒤따르는데 아무도 이를 인정하지 않는다.

투표를 통해 집권 기간이 일정하게 정해지는 경우 정권을 쥐고 있는 세력들은 집권 기간 중 성과를 내지만 비용은 다음 정권이 지게 되는 정책들을 선호하게 되는 시스템적 결함이 있다. 특히 경제위기 상황이라 정책적 재량권이 크게 주어진 상황에서 이러한 문제가 더욱 두드러질 수 있다. 재정 준칙을 통해 국가채무 상한선을 정하고자 하는 것은 이러한 재정정책의 근시 편향적 성격을 막기 위해서다. 재정 당국의 역량이 크게 위축되고 정치권력에 의해 휘둘린다면 특히 그렇다. 특히 표를 얻기 위해서 경쟁적으로 여야가 포퓰리즘 정책을 남발한다면 문제의 심각성은 더욱 커질 것이다. 앞으로 이를 막기 위해 국민의 합의를 바탕으로 법률 또는 그에 준하는 법적 지위를 부여받은 재정 준칙의 제정이 필요하다.

이와 함께 한국은행의 금융통화위원회와 같이 독립성이 보장된 재정준칙위원회를 둘 필요가 있다. 일반적인 정부 위원회처럼 운영되어서는 곤란하며 권한을 갖고 구속력과 책임 의식을 지닌 금융통화위원회 수준이 되어야 한다. 금통위처럼 자율성을 주면 재정의 유연성도 함께 확보할 수 있을 것이다.

재정건전성 유지와 재정 준칙 준수 필요성

중규모 개방경제인 우리나라의 경우 재정건전성 유지는 외환보유고의 충분한 확보와 함께 경제위기를 사전에 방지하기 위해서 절대적으로 필요하다.

쌓이는 국가부채는 미래 세대의 부담이다. 선심성 지출 확대는 득보다 실이 크며, 생산적인 재정지출과 조세개혁을 통해 경제의 활력과 성장 잠재력을 높여야 할 것이다. 성장 잠재력을 높이기 위해서는 인력 양성, 사회간접자본, 구조 개혁과 기술 혁신에 재정을 투자할 필요가 있다.

재정정책은 경기 조절 기능을 담당하므로 재정은 단기적으로는 적자를 볼 수 있다. 그렇지만 정부 재정은 지속 가능sustainable해서 장기적으로 균형을 이루는 것이 바람직하다.

사려 깊고 절제된 재정정책 집행을 위해서 재정 준칙fiscal rule을 지켜야 할 것이다. 재정 준칙은 간결하고simple, 유연하고flexible, 집행 가능해야enforceable 하며 이들 간 균형을 이루는 것도 필요하다.

이러한 원칙에 비추어 볼 때 현시점에서 우리의 재량적 재정정책은 교육과 인적 자본 개발, R&D 투자, 등 미래에 대한 투자와 사회 안전망 구축에 집중되어야 할 것이다.

그런데 정부는 일자리 확대 정책의 일환으로 2018~2022년에 공무원 17만 4천 명을 증원할 예정이다. 공공부문의 고용 확대 정책은 장기적으로 유연성과 집행 가능성 확보에 어려움이 있으므로 신중해야 한다. 공무원 증원은 일반적으로 30년간 일자리 보장과 함께 30년간 연금 보장에 따른 비용을 수반한다. 공무원 고용 확대 정책은 지금 세대와 미래 세대에 각각 임금 부담과 연금 부담을 지게 만든다. 경제위기를 겪는 나라들의 잘못된 정책 중 하나가 포퓰리즘에 입각한 과도한 공무원 고용 확대와 복지혜택 제공이다.

앞으로 인공지능AI과 블록체인 기술의 발전으로 구조조정과 혁신이 가장 크게 일어나야 할 부문이 정부 행정이며 행정과 관련하여 필요한 공무원의 수요는 크게 줄어들 것이 예상된다. 그렇다면 정부의 직접적 고용 확대 정책은 신중해야 할 것이다.

고용은 민간부문에서 주도적으로 이루어지는 것이 바람직하다. 그렇지만 저출산 · 고령화 같은 구조적 문제 해결을 위한 정부의 고용 확대 정책은 필요하다. 저출산 문제 해결을 위해서는 정부가 영 · 유아 보육을 3살부터 책임을 지는 것과 같은 과감한 정책 채택은 필요하며 이를 위한 영 · 유아 보육교사 고용을 확대하는 정책은 바람직하다.

기본소득제와 전 국민 보험제도

최근 복지제도 구축과 관련 기본소득제에 대한 논의가 뜨겁다. 기본소득제 논의는 먼저 기존 복지제도를 대체하는 것인지 아니면 기존 복지제도를 유지하는 가운데 새로운 기본소득제를 도입하려는지를 명확히 해야 할 것이다.

그런데 기존 복지제도를 유지하고 기본소득제를 도입하려고 한다면 증세 없이 기본소득제 도입은 불가능하다. 우리 인구를 5천만 명으로 잡고 1인당 연간 100만 원(월 8만 3천 원)을 지급해도 소요 예산이 50

조 원이다. 우리나라 국방 예산에 버금가는 규모이다. 3대 세원인 소득세, 부가가치세, 법인세 가운데 하나는 대폭 인상해야 할 것인데 증세에 따른 부작용을 감당하기 힘들 것이다.

소득 양극화를 줄이고 실업자와 저소득층의 기본소득 보장을 위해서는 실업급여제도를 개선하고 저소득층에 대해 직접 보조금을 지급하는 근로소득장려세제Earned Income Tax Credit를 도입하는 것이 바람직할 것이다. 근로소득장려세제는 밀턴 프리드먼이 주장한 부의 소득세Negative Income Tax 개념과 유사하다.[5]

사회보장제도와 관련해 최근 논의되고 있는 주제 중 하나가 전 국민 고용보험제도이다. 먼저 고용보험은 사회보험으로 실업급여(구직급여), 고용안정, 직업능력 개발 사업 등에 쓰인다. 실업급여 재원은 노사가 절반씩(급여의 0.8%) 분담하며 고용안정 및 직업능력 개발비용은 사업주가 전액 부담한다.

전 국민 고용보험제도를 주장하려면 코로나19 위기 상황에서 고용보험제도가 당면한 문제점에 대한 면밀한 분석이 선행되고 보완책이 마련되어야 할 것이다. 그런데 실직자에게 주어지는 실업급여(구직급여) 재원인 고용보험기금이 곧 고갈될 것으로 보인다. 고용보험제도가 노동시장의 위기 대응을 맡고 있기 때문이다. 사회 안전망 강화를 이유로 정부는 2019년 10월 실업급여 지급액을 퇴직 전 3개월 평균 임금의 50%에서 60%로 높이고 기간도 240일에서 270일로 늘렸다. 이와 함께

---

5. 부의 소득세는 어느 개인의 소득이 최저생계비 또는 소득공제액에 미치지 못할 때 최저생계비와 실제 소득 간의 차액을 정부가 보조하는 세제이다.

정부가 고용보험 가입자를 대폭 늘린 데다 코로나19발 실업대란까지 겹친 결과이다.

한편 전 국민이 고용보험제도에 가입한다면 현행 보험료 노사 분담 기본 원칙은 무너지고 보험기금만으로는 실업급여를 감당할 수 없을 것이다. 그렇다면 고용보험과 별도로 고용유지와 실업 지원 등을 위한 특별 재원을 편성해 중소 영세 사업장 근로자나 일용직 근로자 등 고용보험 사각지대에 놓여 있는 사람들을 지원해야 할 것이다. 일자리 성격이 다른 종사자들이 적절히 보호받도록 현실적인 고용 안전망 확충 방안을 제시하고 재원을 고려한 고용보험제도를 재설계할 필요가 있다.

정부 재정과 공적 연기금 관리

국민연금, 공무원연금, 군인연금, 공적연금과 같은 취급을 받는 사학연금 등의 효율적 관리 또한 장기적인 재정 균형 확보를 위해서 필요하다.

정부가 국민연금의 수탁자로서 책임을 충실히 하는 것은 수익률을 극대화해서 장기적인 정부의 재정 부담을 줄이는 것이다. 다른 목적으로 국민연금이 운영된다면 재정 고갈을 앞당겨 미래 세대의 부담을 그만큼 늘리게 될 것이다. 사회복지사업 등을 위한 자금 확보는 연금이 아니라 정부 재정이 담당해야 할 것이다.

기금 규모 세계 3위권인 국민연금의 수익률 극대화를 위해서는 국민연금 지배구조 개혁을 통해 전문성과 독립성을 확보하고 자율성을 보장해야 할 것이다. 이를 위해서는 무엇보다도 국민연금의 탈정치화가 필요하며 국민연금 기금운영위원회의 독립성을 보장하고 수익률 제고를 위한 경영진에 대한 인센티브 시스템 도입도 검토할 필요가 있다.

그런데 2020년 12월 기준으로 833.7조 원에 이르는 국민연금의 기금운영본부장을 제때 뽑지 못해 장기간 공석인 경우가 있었으며 국민연금 이사장도 그동안 연금 관련 전문성이 전혀 없는 정치인 출신이 맡아 왔었다.

국민연금은 1988년 설립 이후 지금까지 연평균 5.78%의 수익률을 기록하고 있다. 지금은 국민연금 1%의 운영수익률 격차가 8.3조 원이나 된다. 국민연금 수익률 극대화야말로 장기적으로 정부 재정의 지속성과 건전성 유지에 크게 공헌할 것이다. 물론 국민연금 수익률은 유사한 연금이나 국부펀드와 비교하여 같은 시점 혹은 의미 있는 일정 기간을 통해 평가받아야 할 것이다.

투자 대상과 투자 목적이 다르기는 하지만 국민연금과 한국투자공사KIC의 국부펀드 투자 수익률을 비교·평가할 필요가 있다. 그런데 KIC의 운용자산은 2020년 200조 원을 돌파하였으며 수익률 13.7%로 운용 수익은 23.7조 원이었다. 최근 5년간 연 환산 수익률은 8.96%였다. 지금까지 투자 수익률은 국민연금보다 한국투자공사가 운영하는 국부펀드가 훨씬 높았다.

국민연금 833.7조 원에 더해 퇴직연금과 개인연금을 합하면 그 규모가 1천 5조 원에 이르리라 예상된다. 그만큼 우리의 금융 규모가 커진 것이다. 그런데 퇴직연금과 개인연금은 관리 소홀과 각종 규제로 인해 그 수익률이 1~2%에 불과하다고 한다. 퇴직연금과 개인연금도 책임지는 전문가 집단에 맡겨서 국민연금 수준의 수익률을 기대하도록 만들어야 할 것이다.

3. 코로나19와 가계 · 기업 부채 급등[6]

코로나19 사태를 겪으면서 부채가 급등하고 있다. 가계부채가 급등하고 기업부채도 급등하면서 민간부채가 전례 없이 빠른 속도로 늘어날 뿐만 아니라 정부부채도 재정적자가 커지면서 가파른 속도로 늘고 있다. 1997~1998년 외환 · 금융위기나 2008년 글로벌 금융위기 당시 기업이나 금융부문이 부채로 인해 어려움을 겪었으나 가계나 정부부문은 건전성을 유지하였다.

그런데 지금은 가계, 기업, 정부부문 모두가 부채로 인해 어려움을 겪고 있다. 국제결제은행BIS에 따르면 2020년 3분기 말 우리나라 가계, 기업, 정부의 부채 총합은 4,900조 원에 이른다. 2008년 글로벌 금융위기 이후 2020년 6월 말까지 12년간 145% 증가해서 세계 평균 증가 속도 31%에 비해 4배 이상 빨리 늘어났다.

가계부채 급증

자금순환표 기준 2020년 3분기 말 가계부채 규모는 1,941조 원으로 2019년 GDP 1,919조 원을 넘어서 가계부채/GDP 비율이 101.1%에 이르고 있다. 우리나라 가계부채 증가율은 소득 증가율을 계속 상회

---

6. 한국은행의 금융안정보고서(2020. 12.)와 금융안정 상황(2020. 9.)을 참조하라.

하면서 가계부채 대 GDP 비율은 계속 상승하고 있다. 우리나라의 가계부채 증가 속도는 글로벌 금융위기 이후 OECD 국가 평균 수준을 크게 상회하고 있다.

가계부채가 급등한 원인은 최근 자산가격이 급등하면서 빚을 내서 집을 사고 주식을 사려는 수요가 크게 늘었기 때문이다. 정부의 주택 정책의 실패로 주택가격이 급등함에 따라 주택을 사려는 사람들의 주택담보대출 수요가 급등하였다. 또한 개인들이 빚을 내서 주식을 사는 과열 현상도 나타나고 있다.

단기적으로 가계부채의 증가는 경기 부양 효과를 가져오기도 한다. 가계대출이 주택 관련 경기를 살리거나 소비를 늘리면서 단기적으로 경기 부양 효과가 있기 때문이다. 그렇지만 가계부채가 보통 GDP의 80%를 넘게 되면 원리금 상환 부담 등으로 오히려 소비와 투자를 둔화시킨다. 가계부채 급등은 중장기적으로 성장과 고용을 저해할 뿐만 아니라 금융 시스템의 잠재 리스크를 증대시킨다.

정부가 경기 부양을 위해 저금리 정책을 계속 택해 시중에 자금이 남거나 부동산 가격이 계속 오를 것이라고 가계가 믿는다면 주택담보대출의 수요는 계속 늘어나고 가계의 과도한 차입은 부동산 시장의 거품으로 이어질 것이다.

이런 가운데 정부가 물가안정을 위해 금리를 인상하거나 국제 경제 악화 등 예상치 못한 외부 충격이 발생한다면 부동산 시장의 거품이 꺼지고 금융시장 안정도 깨지면서 경제위기가 발생할 수 있다.

부동산 시장 거품 붕괴가 어떻게 금융위기와 경제위기를 가져오는지를 다음 예를 들어 살펴보자. 소득이 연평균 1억 원인 사람이 10억 원짜리 아파트를 5억 원 자기자본과 년 금리 2.5%, 25년 분할 상환 조건 5억 원 주택담보대출을 받아 매입한다고 가정하자. 그런데 부동산 시장 거품 붕괴로 아파트 가격이 7억 원으로 떨어지고 국제금리 인상 등의 여파로 주택담보대출 금리가 5%로 상승한다고 하자. 이 경우 이 사람은 3억 원 자기 자본 손실과 함께 소득 대비 원리금상환비율DSR이 32.5%에서 45%로 급상승하게 될 것이다.

부동산 시장의 거품 붕괴에 따라 자산가격이 폭락한 상황에서 원리금 상환 압박을 받은 가계는 첫 단계로 소비와 투자를 줄일 것이며 이는 부채 디플레이션debt-deflation으로 이어질 것이다. 다음 단계로 원리금 상환을 제대로 하지 못해 시장에 부동산을 내놓거나 금융기관 대출을 제때제때 갚지 못한다면 부동산 시장의 가격 하락을 부채질하거나 가계 부실로 이어질 것이다.

금융기관의 자기자본이 가계와 기업의 부실로 인해 잠식당하기 시작하면 이는 금융위기로 이어질 것이다. 금융 부실 우려로 예금과 투자가 빠져나간다면 유동성 위기로 발전할 것이다.

물론 가계 전체로는 금융자산이 금융부채보다 크다. 그렇지만 자산과 부채의 주체는 각기 다르다. 가계자산은 기업을 소유하거나 부유한 소득 상위층에 집중되어 있다. 부채를 짊어진 가계가 이를 제대로 갚지 못한다면 금융기관이 부실해지고 금융안정이 무너질 수 있다. 우리는 2008년 글로벌 금융위기 당시 부동산 시장의 거품 붕괴 과정에서 일부 가계와 금융기관의 부실이 금융 전체의 안정을 해칠 수 있다는 점을 알았다. 코로나19 사태로 경기 회복이 지연되거나 경제 성장 속도가 저조하다면 취약 가구의 가계대출이 부실해질 수 있다.

한편 주택담보대출의 경우 주택담보 설정으로 인해 안전자산으로 간주되어 위험 가중 자기자본을 계산할 때 위험가중치가 낮다. 그 결과 금융기관 주택담보대출에 요구되는 자기자본 비율은 상대적으로 낮다. 대손충당금도 같은 기준으로 쌓으므로 다른 신용대출이나 기업 대출에 비해서 상대적으로 낮게 쌓고 있다. 부동산 시장 거품 붕괴로 금융 부실이 발생한다면 상대적으로 낮게 쌓은 자기자본으로 인해 금융기관이 입을 타격은 더욱 크다.

기업부채 급등과 산업별 격차 확대

코로나19 사태로 우리 기업들도 큰 타격을 받았다. 2020년 경제성장이 마이너스를 기록한 것이 이를 웅변적으로 이야기해준다. 그런데 산업별로 피해 정도는 큰 차이를 보인다. 제조업보다 서비스업은 큰 타격을 받았다. 특히 여행, 관광, 요식업 등 대면 서비스산업은 가장 큰 충격을 받았다. 2020년 우리의 경제성장률이 다른 OECD 국가들에 비해서 상대적으로 높은 이유 중 하나가 우리나라는 제조업의 비중이 상대적으로 높기 때문이다. 우리나라의 GDP 대비 제조업의 비율은 27.8%로 미국 11.6%, 일본의 20.8%에 비해 높다.

2020년 3/4 분기 말 기준 기업부채(자금순환표 기준)는 2,112.7조 원으로 GDP 대비 110.1%에 이른다. 우리나라의 경우 신용이 좋은 대기업들은 유보 자금을 활용하거나 자본시장에서 필요한 자본을 주로 조달한다. 대기업의 금융기관으로부터 자금조달 비중은 중소기업에 비해 현저히 낮다.

금융기관의 기업 대출은 2020년 3/4 분기 말 현재 1,332.2조 원으로 전년 동기 대비 15.5% 늘어나 높은 증가세를 보였다. 기업 규모별로 보면 대기업 대출 211.3조 원 그리고 중소기업 대출은 1,118조 원(중소법인 610.6조 원, 개인사업자 507.5조 원)이다.[7] 대기업 대출은 경기 불확실성에 대비한 유동성 확보 등으로, 중소기업 대출은 운전자금 수요 등으로 높은 증가세를 보인다. 업종별로 보면 코로나19 사태 장기화로 매출 충격을 크게 받은 항공, 해운, 숙박 · 음식 등에서 높은 증가세를 보인다.

기업의 성장성과 수익성은 코로나19 장기화 등의 영향으로 크게 나빠졌다. 매출액과 매출액영업이익률 모두 전년 동기 대비 큰 폭으로 하락하였다. 기업의 이자지급능력을 나타내는 이자보상배율(영업이익/이자비용)도 2019년 상반기 4.4배에서 20년 상반기 3.5배로 하락하였다. 이자지급능력이 취약한 이자보상배율 1 미만 기업 비중은 2020년 상반기 42.4%에 이른다. 중소기업의 경우 절반 이상인 52.8%가 영업이익으로 이자 비용을 부담하지 못하고 있다. 한편 이자보상배율 1 미만 기업의 여신 비중은 2020년 상반기 말 36.1%로 전년 말 대비 7.8% 상승하였다. 이것은 2020년 들어 코로나19로 인해 기업의 재무건전성이 나빠진 것을 보여준다. 그런데 은행들은 정부의 코로나 대책에 따라 2020년 9월 말까지 중소기업과 소상공인 대출 원금 만기와 이자상환을 연장, 유예해주었고 이 기한을 2021년 3월 말까지로 한 번 더 연장해준 상태다. 원금 만기 연장과 이자상환 유예가 끝날 때 취약 업종을 중심

7. 자료 제약으로 비은행업권의 일부 대출은 제외되었다.

으로 유동성 위험 및 신용 위험이 현재화할 가능성이 크다.

4. 국제수지와 환율

국제수지와 국제투자

2020년 코로나19 사태가 발생하면서 국제수지에 대한 우려가 커졌었다. 세계 경제 악화가 우려되면서 수출에 어려움을 겪을 것이 예상되었기 때문이다.

그런데 실제로는 해외부문이 우리 경제에 효자 노릇을 하였다. [표 4-19]에서 보듯이 2020년 경상수지 흑자가 752.8억 달러로 2019년 596.8억 달러보다 156억 달러 늘었다. 가장 큰 이유는 서비스수지 적자가 가장 큰 폭으로 줄었기 때문이다.

먼저 상품수지를 보면 2020년 흑자가 819.5억 달러로 2019년 798.1억 달러보다 21.4억 달러 늘었다. 세계 경기침체로 2020년 수출이 2019년에 비해 줄었으나 원유 가격 하락 등으로 수입 감소 폭이 더 커서 상품수지 흑자는 오히려 늘어났다. 2019년에는 원유 수입에 702.5억 달러를 지출하였으나 2020년에는 444.6억 달러를 지출하였다.

서비스수지는 2020년에 크게 개선되었다. 2020년 서비스수지 적자가 161.9억 달러로 2019년 268.5억 달러 적자보다 106.6억 달러 줄었다. 코로나19 관계로 국제 여행 등이 자유롭지 못해 여행 · 운송 부문의 적자가 큰 폭으로 개선되었기 때문이다.

2020년 본원소득수지 흑자는 120.5억 달러로 2019년에 비해 8.1

억 달러 줄었는데 투자소득 중 이자소득은 늘어났으나 배당소득이 크게 줄었기 때문이다.

[표 4-20]은 주요 지역별 수출 현황을 보여준다. 2020년도 2019년과 같이 동남아, 중국이 가장 큰 비중을 차지하고 있다. 미국을 제외한 모든 지역에서 수출이 감소하였으며 특히 중동이 -16.9%, 중남미가 -25.9% 등 신흥국들의 전년 대비 감소 비율이 상대적으로 높았다. 이것은 코로나19가 신흥경제에 미친 충격이 더욱 크다는 것을 의미한다.

[표 4-21]은 금융계정으로 금융계정 증가분이 경상수지 흑자와 비슷한 771.2억 달러이다. 2020년에 직접투자가 232.6억 달러, 증권투자가 414.9억 달러, 파생금융상품도 42.2억 달러 순자산이 늘어난 반면, 기타투자의 경우 차입이 대폭 늘어나며 순자산이 92.4억 달러 줄어들었다. 증권투자를 보면 주식은 자산이 부채보다 큰 폭으로 늘어난 반면 채권은 자산보다 오히려 부채가 크게 늘었다. 2020년 파생상품 거래에서 42.2억 달러 이익이 발생했으며 외화 준비자산도 173.9억 달러 증가하였다.

[표 4-22]는 2019년과 2020년 대외금융자산과 대외금융부채 현황을 보여준다. 2020년 순대외금융자산은 4,414억 달러로 2019년 5,009억 달러보다 595억 달러 줄었다. 2020년 우리의 대외금융부채가 대외금융자산보다 더 크게 늘었기 때문이다. 2020년 대외금융자산은 19,361억 달러로 2019년보다 2,363억 달러 증가하였다. 이 중 증권투자가 미국 주가 상승 및 지분증권 투자 확대 등으로 1,234억 달러 증가하였다. 한편 2020년 대외금융부채는 14,946억 달러로 2019년보다 2,958억 달러 늘었다. 이 중 외국인 국내 증권투자액은 국내 주가 상승

및 달러 가치 하락 등의 영향으로 2,350억 달러 증가하였다.

[표 4-23]은 2019년과 2020년 대외채권 채무를 보여준다. 2020년 대외채권은 10,207억 달러로 전년보다 731억 달러 늘었으며 대외채무는 5,424억 달러로 전년보다 755억 달러 늘었다. 그 결과 순대외채권은 2020년 4,782억 달러로 2019년보다 24억 달러 줄었다. 2020년의 단기외채/준비자산 비율과 단기외채/대외채무 비율은 각각 35.5%와 29.0%로 전년보다 각각 2.6%, 0.2% 늘었다.

미국의 저금리, 양적 완화 정책과 달러 약세

코로나19 사태 초기 폭락한 주식시장에 한국은행의 저금리 정책과 유동성 확대로 풀린 돈이 몰려오면서 주가가 큰 폭으로 오르기 시작하였다. 주가가 빠른 속도로 상승함에 따라 해외 자금도 국내로 몰리면서 원화가 강세로 돌아섰다. 2020년 경상수지 흑자를 기록하고 다른 선진국에 비해 코로나19 피해가 상대적으로 적은 것으로 인식된 점도 원화가 강세로 돌아선 원인 중 하나이다. 2020년 후반 들어 위안화가 강세를 띠면서 원/달러 환율이 위안화/달러 환율과 동조화 현상을 보이는 점도 원화 강세의 한 요인이다.

위안화는 〈그림 5-1〉에서 보듯이 2018년 미국과 중국 간의 무역전쟁이 본격화되면서 약세를 보이기 시작해서 2020년 5월 달러당 위안화가 7.16까지 올랐었다. 그런데 코로나19 발생국인 중국이 먼저 코로나 충격에서 빠져나오고 미국과 유럽 선진국들의 경제활동이 마비되면서 위안화는 강세로 돌아섰다.

〈그림 5-1〉 원/달러, 위안/달러 환율

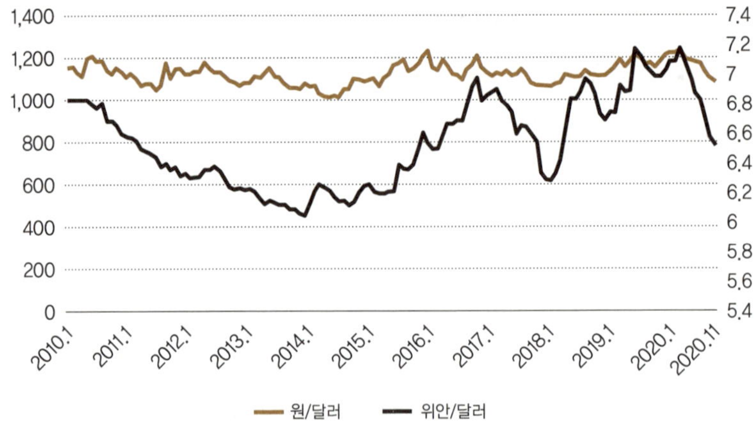

자료 : 한국은행

위안화가 강세를 보인 것은 두 가지 요인 때문이다.

하나는 2020년 중국만이 플러스 경제 성장을 기록하고 미국과 유럽 선진국들의 경제는 큰 폭의 마이너스 경제 성장을 기록한 것이다. 코로나19 사태를 비교적 잘 극복하고 있는 중국의 통화인 위안화가 강세를 보인 것이다.

다른 중요 요인은 중국의 금리 수준이 미국과 유럽 선진국들에 비해서 높다는 것이다. 중국은 개인당 소득이 만 달러 수준이라 코로나19 사태와 같은 경제위기가 없다면 아직도 5% 내외의 경제 성장이 가능한 국가이다. 그 결과 중국의 금리 수준도 이를 반영해서 상대적으로 높다. 10년 만기 국채를 비교해보면 중국 금리는 연 3.2%이지만 미국은 연 0.9% 수준이다. 이러한 가운데 중국은 위안화 국제화를 위한 정지작업으로 자본시장 문을 단계적으로 개방하고 있다. 그 결과 외국자본이 중국 시장으로 몰리고 위안화 수요도 함께 늘어나면서 위안화 강세

현상이 나타나고 있다.

중국은 우리나라 1990년대와 같은 시장평균환율제도를 운영하고 있다. 중국의 중앙은행인 인민은행이 매일 기준환율을 공시하고 기준점을 중심으로 2% 한도 내에서 환율 변동만 허용된다. 최근의 위안화 움직임은 중국 정부가 강한 위안화를 용인한다는 것을 의미하기도 한다.

코로나19 사태 초반 각국이 달러 유동성 확보에 노력하면서 달러는 일시적으로 강세를 기록하였다. 그러나 코로나19 사태가 미국에 끼친 충격이 크고 미국 연준이 0%대의 저금리 정책과 양적 완화 정책을 쓰고 미국 정부가 확대재정정책을 쓰면서 달러는 약세로 반전하였다. 중국이 코로나19 사태를 다른 나라보다 빨리 진압하고 2020년 유일하게 플러스 경제 성장을 기록하면서 위안화가 달러에 대해 강세를 보였다. 2021년 1월 초에는 심리적 저지선이라 여겨진 6.5선 아래까지 내려 위안화 강세가 지속되고 있다.

그런데 미국 경기가 회복되고 인플레이션 우려로 미국 금리가 오르기 시작하면 자금이 해외로 빠져나가면서 원화가 약세로 반전할 가능성이 크다. 앞으로 원/달러 환율은 미국과 국내 금리 정책에 직접적인 영향을 받을 것이며 2021년 원화가 약세로 돌아설 가능성이 크다.

5. 자산시장과 실물경제 간의 괴리

주식시장 과열

한국의 주식시장은 〈그림 5-2〉에서 보듯이 글로벌 금융위기 이후 2010년부터 10년 가까이 2,000대에서 크게 벗어나지 않은 채 정체 현상을 보였다.

〈그림 5-2〉 KOSPI 추이(2010~2020)

자료 : Google Finance

그런데 코로나19 사태가 발생하면서 2020년 초기에 주가는 무서운 속도로 떨어졌다. 2019년 말 종가 기준 주가지수가 2,197이었던 것이 2020년 3월 들어 1,439까지 떨어졌다. 그렇지만 2020년 후반 들어 미국의 주가가 구글, 테슬라, 아마존, 애플, 마이크로소프트 등 하이테크 기업 중심으로 큰 폭으로 오르자 한국의 주가도 같은 양상을 보이면서 큰 폭으로 오르기 시작했다.

산업구조가 비대면 플랫폼 산업, 그린 산업, 생명공학과 바이오 산업 위주로 바뀔 것을 기대하면서 삼성, 하이닉스와 같은 반도체 산업, 네이버, 카카오 같은 플랫폼 산업, LG화학, 현대자동차 같은 배터리 자동차 산업, 삼성바이오로직스, 셀트리온 같은 바이오 산업 위주로 주가가 무섭게 뛰기 시작하였다. 물론 코로나19로 인해 산업구조 변화가 빠를 것으로 예상되고 이들 기업이 그 수혜를 볼 것으로 예상하며 주가가 오른 것은 이해된다. 그렇지만 코로나19 사태로 주가 폭락 후 단기간의 주가 폭등을 설명하는 데는 한계가 있다. 미국의 일부 학자들이 미국의 주가에도 거품이 끼어 있다고 보는 상황에서 우리의 주가 상승 속도와 폭이 정상이라고 보기에는 한계가 있다.

2020년 주가지수는 장중에 2,878까지 올랐으며 12월 말 주가지수는 2,873으로 3월 최저가 1,439의 거의 100%가 오르고 2019년 말 주가지수 2,197보다 31%가 오른 상태에서 마감하였다. 2020년 코스피 시가 총액은 1,980.5조 원으로 2019년 GDP 1,919조 원의 103.2%에 이르렀다. 미국 투자가 버핏은 이 수치가 100% 이상이면 거품이 낀 증시로 여긴다. 코로나19로 인해 경제가 마이너스 성장을 보이는 가운데 2020년 증시 상황을 보면 주식시장과 실물경제의 괴리 현상이 크게 확대되었음을 알 수 있다.

코스피 주가이익비율Price Earning Ratio ; PER은 2019년 18.20에서 29.47로 큰 폭으로 뛰었다. 기업 이익이 떨어진 상황에서 주가가 큰 폭으로 상승한 결과 2020년 PER가 크게 늘었다. 주요국의 PER과 비교할 때 2018년 PER는 주요 선진국 수준이었으며 2020년에는 주요 선진국

보다 오히려 높은 수준이다.[8]

표 5-4 코스피 주가이익비율(PER)

(단위 : 배)

연월말	KOSPI	KOSPI 200	KOSPI 100	KOSPI 50	제조업	시가총액 규모별		
						대형주	중형주	소형주
2016	13.92	13.34	13.10	12.75	14.78	12.99	17.48	117.89
2017	12.99	11.90	11.41	10.91	11.84	11.78	19.24	27.07
2018	9.58	8.53	8.26	8.00	8.87	8.92	12.06	23.67
2019	18.20	16.64	16.45	16.19	20.75	17.37	21.36	34.67
2020	29.47	27.09	26.31	25.85	40.32	28.65	27.02	62.86

주 : 감사의견 거절 · 부적정, 사업보고서 미제출 및 관리종목은 제외함.
자료 : Bloomberg, Thomson Reuters

코스피 주가순자산비율Price Book-value Ratio ; PBR은 [표 5-5]와 같이

표 5-5 코스피 주가순자산비율(PBR)

(단위 : 배)

연월말	KOSPI	KOSPI 200	시가총액 규모별		
			대형주	중형주	소형주
2016	1.00	1.01	1.01	0.95	0.79
2017	1.11	1.15	1.13	1.06	0.76
2018	0.87	0.88	0.88	0.89	0.67
2019	0.89	0.93	0.92	0.80	0.63
2020	1.16	1.24	1.21	0.97	0.72

주 : 감사의견 거절 · 부적정, 사업보고서 미제출 및 관리종목은 제외함.
자료 : Bloomberg, Thomson Reuters

8. 한국은행의 금융안정보고서(2020. 12), 42쪽의 그림 II-11을 참조하라.

2019년 0.89에서 2020년 1.16으로 상승하였다. 이제는 더는 주가가 장부상 순가치(청산가치)에도 못 미친다는 주장은 할 수 없게 되었다.

코스닥 지수도 2019년 말 669.8, 2020년 말 968.4로 44% 상승하였다. 코스닥 시가 총액도 2019년 말 241.4조 원에서 385.6조 원으로 59.7% 늘어났다. 기술이나 바이오 산업에 대한 미래 기대감으로 인해 코스닥 PER는 코스피 PER의 2배가 넘는다. 코스닥 PER는 2019년 말 48.35에서 2020년 62.68로 29.6% 상승하였다. 코스닥 PBR은 2019년 1.73에서 2020년 2.55로 47.3% 증가하였다. 2020년 말 코스닥 주가는 장부상 순가치의 2.55배에 이른다.

2020년 코스닥/코스피 투자자별 순매수 현황을 보면 기관과 외국인이 각각 25.5조 원과 24.5조 원 순매도하고 개인투자자가 47.5조 원 순매입하는 과거와는 다른 투자자별 형태를 보였다.

2020년 들어 주식시장에 개인투자자 수가 크게 늘었다. 2020년 말 개인투자자의 수는 919만 명으로 2019년 말보다 48.5%가 증가하였다. 그 결과 2021년 초에도 개인투자자들이 통 큰 매수로 시장을 흔들고 있다. 2021년 1월 15일까지 보름 동안 개인투자자들의 순매수가 14조 원에 이르는데 이는 2019년 동 기간 2.5조 원의 5.6배에 이른다. 해외주식 순매수 금액도 25억 달러(2.8조 원)에 이른다.

그런데 문제는 단기간에 개인투자자의 수가 너무 급속히 늘었다는 것이다. 주식 투자에 대한 충분한 지식 없이 주식시장에 뛰어든다면 조정 장세에서 개인투자자들이 손해를 볼 수 있다. 이와 함께 개인투자자 주식 매입의 상당 부분이 가계대출, 즉 빚으로 충당된다는 점이 문제다. 주가 하락 시 가계의 손실 부담이 그만큼 커질 것이며 더 나아가 금융기관 부실로 이어질 우려도 있다.

부동산 시장 과열

우리는 앞에서 부동산이 대부분을 차지하는 국민순자산의 대 GDP 배율이 2017년 말 7.8배에서 2018년 말 8.2배, 2019년 말 8.7배로 늘어났음을 지적함으로써 코로나19 사태 이전 부동산 사장이 이미 과열되었다는 점을 지적하였다.

그런데 국민생산과 관련된 고정자산은 GDP의 3.3배 수준에서 안정적으로 유지되었는데 이는 선진국 3.1 수준과 큰 차이를 보이지 않고 있다.

국민순자산 상승의 가장 큰 원인은 토지자산 가치의 상승이다. 그런데 부동산 시장 과열 현상은 2020년, 2021년 들어서도 줄어들지 않고 더욱 과열되었다.

부동산 시장 과열 현상은 무엇보다도 서울 아파트 가격의 급등이 제대로 보여주고 있다. 〈그림 5-3〉은 2017년 1월 이후 2021년 4월까지 서울 아파트 실거래가 지수이고 〈그림 5-4〉는 2010년 1월 이후 2021년 4월까지 상대적으로 장기간 서울 아파트 실거래가 지수를 보여준다.

서울의 아파트 실거래가 지수를 보면 2008년 글로벌 금융위기 이후 계속해서 안정세를 보이다가 2017년 들어와서 본격적으로 상승하기 시작하였다. 2017년 11월 아파트 실거래가 지수를 100으로 볼 때 2010년 1월은 85.5이었으며 2016년까지 실거래가 지수가 안정적으로 유지되었다. 2008년 글로벌 금융위기로 인해 서울 아파트 가격은 한동안

〈그림 5-3〉 2017년 1월 이후 2020년 11월까지 서울의 아파트 실거래가 지수

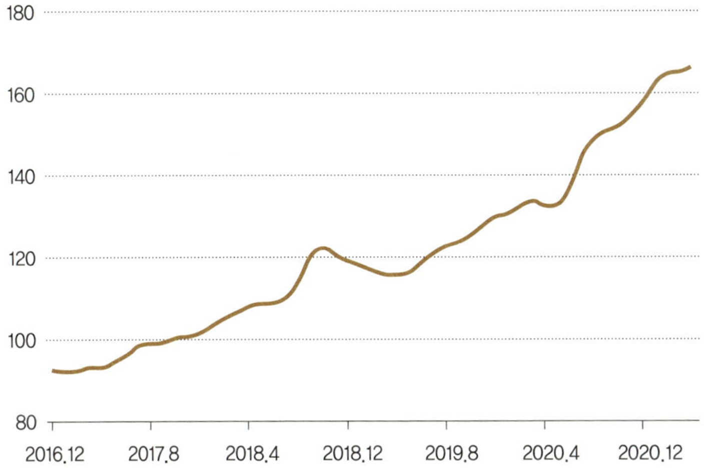

자료 : 한국부동산원

〈그림 5-4〉 2010년 1월 이후 2020년 11월까지 서울의 아파트 실거래가 지수

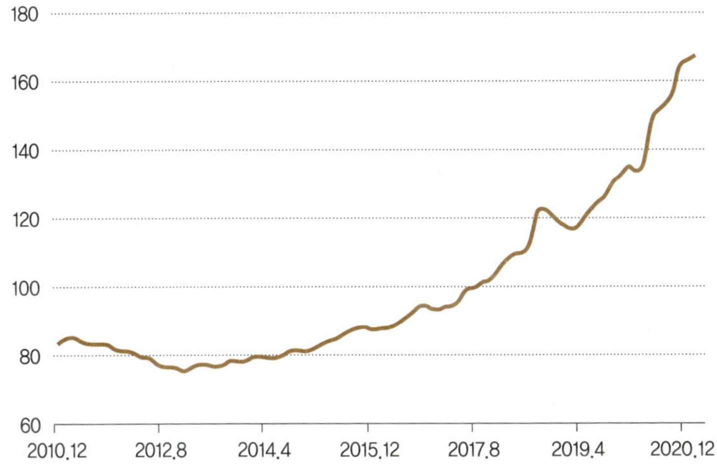

자료 : 한국부동산원

정체되었으며 2012년, 2013년, 2014년에는 2010년 가격 수준보다 오히려 낮았다.

서울 아파트 가격은 2017년 들어와서 본격적으로 오르기 시작하였고 2019년부터 더욱 가파르게 오르기 시작하였다. 2019년 12월 말 실거래가 지수가 129.5를 기록하였으며, 2020년 12월 말 155.9 그리고 2021년 4월 164.9를 기록하였다. 2020년 들어와 코로나19 사태 속에서도 서울 아파트 가격이 더욱 가파르게 올랐다는 데 문제의 심각성이 크다.

〈그림 5-5〉는 전국 아파트 실거래가 지수를 보여준다. 2017년 11월을 100으로 볼 때 2019년 12월은 103.5, 2020년 12월은 120.4 그리고 2021년 4월 130이다. 2019년에는 서울 아파트 가격의 상승세가 지방으로 파급되지는 않았다. 그렇지만 2020년 서울 아파트 가격 오름세

〈그림 5-5〉 전국 아파트 실거래가 지수

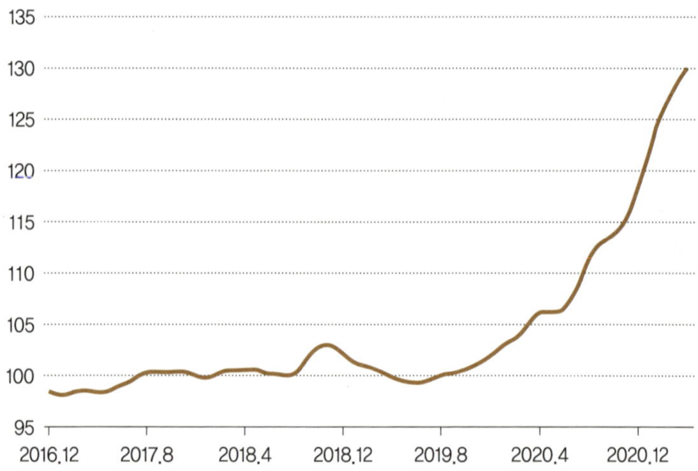

자료 : 한국부동산원

가 전국적으로 파급되면서 2020년과 2021년 초 전국적으로 부동산 시장의 과열 현상을 낳았다.

코로나19 사태 속에서 돈이 풀려 여러 나라에서 주식시장이 과열 현상을 빚고 있지만 부동산 시장이 우리와 같이 과열 현상을 보이는 나라는 드물다. 우리나라 부동산 시장의 과열은 정부의 부동산 정책 실패가 가장 큰 원인이다.

마이너스 경제 성장과 실물과 자산시장 간 K자형 회복

최근 우리나라나 세계적으로 경제가 마이너스 성장을 기록하는 가운데 자산시장이 회복 단계를 넘어 과열 현상을 보이는 것을 K자형 회복K Recovery이라고 한다. 그런데 이는 결코 장기간 지속될 수 없다.

코로나19로 어려움을 겪은 2020년 한국 경제는 -1% 성장률을 기록하였다. 한국 경제가 마이너스 경제 성장을 기록한 것은 2020년이 세 번째이다. 1980년 제2차 석유파동과 정치적 혼란을 겪으면서 -1.6% 경제 성장을 기록하였으며 1998년 외환·금융위기 당시 -5.1% 경제 성장을 기록하였다. 그러나 2020년 수치는 다른 OECD 국가들에 비해서는 그래도 높은 수치이다. 우리의 경우 제조업의 비중이 높고 우리 국민들이 마스크와 거리두기 등 방역지침을 잘 따르고 의료진의 헌신이 코로나19의 피해를 줄인 측면이 크다.

부동산 시장의 과열은 먼저 소득의 양극화를 뛰어넘는 자산의 양극화를 가져온다는 점에서 문제의 심각성이 크다. 서울에 아파트를 소유하는 사람들은 3년 후에 평균적으로 자산이 64.9%가 늘어났는데 그렇지 않은 사람은 자산에 전연 변동이 없다는 것이다. 이와 같은 현상은 사회적인 불안을 일으키는 씨앗이 될 수 있다. 정치권이 가진 자와 버려진 자로 나누어 대립 구도를 만들고 선전과 선동을 통해 지지를 얻으려 할 수 있다. 여야가 자기들만이 양극화를 해결할 수 있다고 주장하면서 포퓰리즘 정책을 남발할 수 있다. 여야가 집권을 위해 번갈아 더욱 강도 높은 포퓰리즘 정책을 들고나온다면 재정은 파탄 나고 경제는 엉망이 되고 사회불안은 더욱 고조될 것이다.

1년간 생산된 GDP는 시장에서 모두 거래되면서 가격이 결정된다. 그렇지만 아파트 가격은 시장에 나오는 매물과 수요에 따라 결정된다. 아파트 공급 확대는 수년이 걸리고 정부 정책에 영향을 받으므로 정부 정책의 신뢰성 확보가 가격안정에 필수 요인이다. 아파트 가격은 공급이 부족하면 단기간에 급등하기도 한다. 일단 오른 뒤 장기간 안정적으로 유지되기도 하지만 거품이 꼈다고 생각된다면 급락하기도 한다. 일본의 경우 1990년대 부동산 시장의 거품 붕괴가 대표적인 예이다.

부동산 매입은 보통 매입 부동산을 담보로 일정 부분 금융기관 대출을 받아 이루어지므로 부동산 시장의 거품 붕괴는 금융시장의 불안정으로 이어지기 쉽다.

부동산 관련 금융기관과 보증기관의 대출 및 금융투자 상품 합계를 부동산금융 익스포저라고 한다. 2020년 9월 말 현재 부동산금융 익스포저는 2,214.9조 원으로 주택가격 상승으로 전년 동기 대비 10.5% 증가하였다.[9] 형태별로 보면 〈그림 5-6〉에서 보듯이 가계 여신이

9. 한국은행의 금융안정보고서(2020. 12)의 46쪽을 참조하라.

〈그림 5-6〉 부동산금융 익스포저[1)] 규모[2]

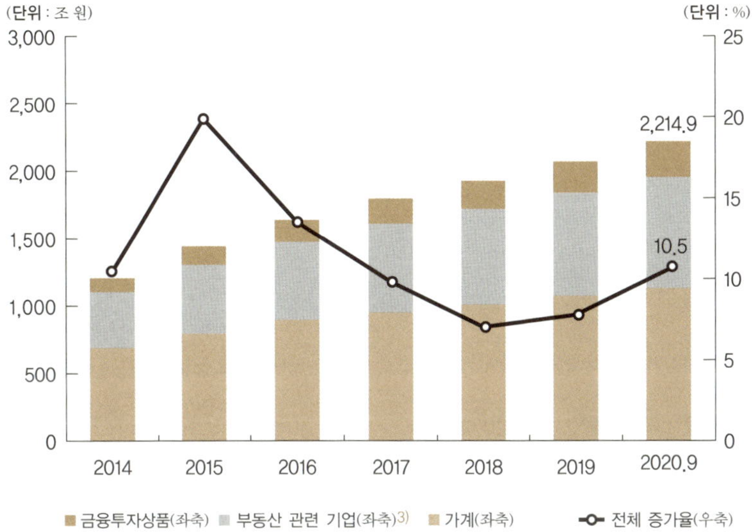

주 : 1) 금융기관 및 보증기관의 가계 및 부동산 관련 기업에 대한 여신과 부동산 관련 금융투자상품의 합계
2) 기말 기준
3) 부동산 경기와 직접적으로 연관된 부동산업(부동산 임대 및 공급업, 관련 서비스업) 및 건설업종 기업으로 정의

자료 : 금융안정보고서(2020.12.), 한국은행

1,133.7조 원, 부동산 관련 기업 여신이 816.4조 원, 금융투자상품이 264.8조 원이다. 부동산금융 익스포저는 우리 GDP를 능가하는 수준이며 이들 상품의 건전성은 부동산 시장의 안전성과 직결되어 있다. 서울 아파트 가격은 거품이 꼈다고 봐야 할 것이며, 부동산 시장의 연착륙이 우리 경제가 풀어야 할 가장 큰 숙제 중 하나이다.

산업 간 K자형 경기 회복

2020년 산업별 성장률을 보면 [표 4-13]과 같이 제조업, 건설업, 서비스업이 각각 -1.0%, -0.8%, -1.2%이다. 그렇지만 대면 서비스업에 타격이 집중되어 도소매, 숙박 · 음식, 운수업, 문화 및 기타 성장률이 각각 -5.8%, -15.9%, -16.5%이다.

지출항목별로 보면 민간소비와 수출이 각각 -5.0%, -2.5% 감소세를 보였다. 반면에 정부소비는 5.0% 증가해서 민간소비 감소를 일정 부분 상쇄하였다. 투자를 보면 건설투자는 -0.1%를 기록하였지만 2018년과 2019년보다 마이너스 폭을 줄였다. 설비투자는 2019년 -7.5%에서 2020년에는 6.8%로 흑자로 전환하였다. 수출이 마이너스를 기록하였으나 수입의 마이너스 폭이 더 커서 무역수지는 흑자 폭이 전년에 비해 커졌다.

실질 국내총소득GDI는 전년 대비 -0.3%를 기록하였다. 유가 하락 등에 따른 교역조건 개선으로 실질 GDP 성장률 -1%를 상회하였다.

코로나19 사태에도 불구하고 반도체, 배터리, 전자상거래, 바이오 산업 등 비대면 서비스산업과 혁신 산업은 빠른 성장세를 기록하고 있다. 반면에 여행, 관광 항공, 숙박 · 음식점업 등 대면 서비스업 등은 전염병 확산에 따른 경제활동 위축과 정부의 영업시간 제한과 조업 중단 조치 등 어려움을 크게 겪으면서 마이너스 성장을 기록하고 있다. 그 결과 전자상거래 그리고 제조업 중심의 혁신 산업과 오프라인off-line 중심의 서비스업 간 K자형 성장세를 기록하고 있다. 이러한 현상은 과거 1997~1998년 외환 · 금융위기나 2008년 글로벌 금융위기와는 완전히 다른 양상이며 정책적 지원도 피해 업종 위주로 핀셋 지원이 필요함을 의미한다.

앞으로 경제 성장은 빠른 백신 접종을 통한 집단 면역 달성과 치료제 확보를 통해서 얼마나 빨리 코로나19를 극복하느냐에 달렸다. 또한 2020년에 피해를 크게 입은 국가들의 회복 속도가 상대적으로 빠를 것으로 예상되므로 각국의 코로나19 경제적 충격과 극복에 대한 평가는 앞으로 2~3년 동안의 수치를 함께 보고 내리는 것이 타당할 것이다.

고용에 미친 충격

코로나19는 경제 성장과 함께 고용에도 큰 충격을 주었다. 고용률이 급격히 줄고 실업률도 급격히 상승하였다. [표 5-6]에서 보듯이 15~64세 고용률은 2021년 1월 64.3%로 전년 동월 대비 2.4% 하락하였다. 실업률은 5.7%로 전년 동월 대비 1.6% 상승하였다. 한편 취업자는 2,581만 8천 명으로 전년 동월 대비 98만 2천 명 감소하였다.

표 5-6 **고용률 및 실업률 추이**

(단위 : %)

	2020. 1.	2020. 10.	2020. 11.	2020. 12.	2021. 1.
고용률	60.0	60.4	60.7	59.1	57.4
15~64세	66.7	65.9	66.3	65.3	64.3
15~29세	44.0	42.3	42.4	41.3	41.1
실업률	4.1	3.7	3.4	4.1	5.7
15~29세	7.7	8.3	8.1	8.1	9.5

자료 : 통계청

여행, 관광, 숙박 · 음식점업, 도소매업, 교육 등 대면 서비스업에 종사하는 취업자 수가 큰 폭으로 감소하였다. [표 5-7]와 [표 5-8]은

표 5-7 **산업별 취업자**

(단위 : 천 명, %, 전년 대비)

	2018	2019	2020	증감률
전체	26,822	27,123	26,904	-0.8
농림어업	1,340	1,395	1,445	3.6
제조업	4,510	4,429	4,376	-1.2
건설업	2,034	2,020	2,016	-0.2
도매 및 소매업	3,723	3,663	3,503	-4.4
운수 및 창고업	1,407	1,431	1,482	3.6
숙박 및 음식점업	2,243	2,303	2,144	-6.9
정보통신업	837	861	847	-1.6
금융 및 보험업	840	800	778	-2.7
부동산업	528	556	517	-7.0
전문 · 과학 및 기술서비스업	1,096	1,157	1,164	0.6
사업시설 관리, 사업지원 및 임대 서비스업	1,311	1,312	1,347	2.7
공공행정 · 국방 및 사회보장 행정	1,110	1,076	1,112	3.3
교육 서비스업	1,847	1,883	1,798	-4.6
보건업 및 사회복지 서비스업	2,046	2,206	2,336	5.9
예술 · 스포츠 및 여가 관련 서비스업	445	495	496	0.3
협회 및 단체 · 수리 및 기타 개인 서비스업	1,236	1,233	1,189	-3.5
기타	271	304	354	16.5

주 : 기타는 광업, 전기 · 가스 · 증기 및 공기 조절 공급업, 수도 · 하수 및 폐기물 처리 원료 재생업, 가구 내 고용활동 및 달리 분류되지 않은 자가소비 생산활동, 국제 및 외국기관의 합계임.

자료 : 통계청

주요 고용 관련 지표로 취업자 수가 산업별로는 서비스업에서, 종사상 지위별로는 임시일용직과 비임금근로자(자영업자) 중심으로 큰 폭으로 감소하였음을 보여준다.

표 5-8 종사상 지위별 취업자

(단위 : 천 명, %, 전년 대비)

	2018	2019	2020	증감률
전체	26,822	27,123	26,904	-0.8
임금근로자	20,084	20,440	20,332	-0.5
상용근로자	13,772	14,216	14,521	2.1
임시근로자	4,851	4,795	4,483	-6.5
일용근로자	1,460	1,429	1,328	-7.1
비임금근로자	6,739	6,683	6,573	-1.6
고용원 있는 자영업자	1,651	1,538	1,372	-10.8
고용원 없는 자영업자	3,987	4,068	4,159	2.2
무급 가족종사자	1,101	1,077	1,042	-3.3

자료 : 통계청

그런데 〈그림 5-7〉에서 보듯이 이번 코로나19에 따른 고용 충격은 과거 1997~1998년 외환·금융위기나 2008년 글로벌 금융위기 당시와는 차이를 보인다.[10] 코로나19는 상근직, 임시일용직, 자영업자들에게 각기 다른 고용 충격을 주었다. 코로나19 감염병 확산에 따른 조업 중단, 사회적 거리두기로 경기가 위축되면서 임시일용직 고용이 가장 큰 폭으로 줄어들었다. 이와 함께 여행, 관광, 숙박·음식업, 도소매

10. 한국은행의 통화신용정책보고서(2020. 12.), '코로나19 고용 충격의 특징'을 참조하라.

〈그림 5-7〉 종사상 지위별 · 위기별 고용경로

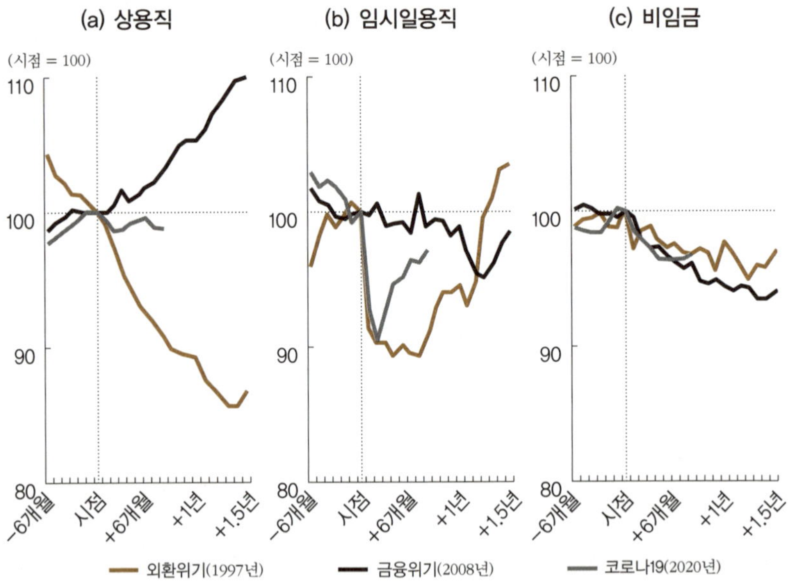

주 : 계절조정
자료 : 통계청

업, 교육 등 대면 서비스업에 종사하는 자영업자의 고용이 크게 줄어들었다. 상용직의 경우 고용은 비교적 안정적으로 유지되었다. 이런 결과는 정부가 고용대책을 수립할 때 종사상 지위별로 각기 다른 대책이 필요함을 의미한다.

이러한 양상은 과거 외환 · 금융위기나 글로벌 금융위기 당시와는 다르다. 1997~1998년 외환 · 금융위기 당시에는 기업 도산이 대량 해고로 이어지면서 상용직과 임시일용직 모두에서 실업자가 양산되었다. 2008년 글로벌 금융위기가 고용에 미친 충격은 외환 · 금융위기 때보다는 적었지만 자금난을 겪은 자영업자들 중심으로 고용이 나빠졌다.

혹자는 이번 코로나19 사태를 눈보라에 비유하기도 한다. 눈보라가 그치면 빨리 정상으로 돌아갈 것으로 본다. 그런데 코로나19는 전염병 사태이다. 코로나19가 얼마나 빨리 사라질 것인가는 백신의 효능과 면역력 확보 그리고 치료제 개발에 달려 있다. 대규모 백신 접종으로 집단면역이 이루어지고 치료제가 개발되면 경제가 확실히 회복되고 고용도 종전 수준으로 돌아갈 것이다. 다시 말해 고용회복 속도는 앞으로 코로나19 전개 양상에 달려 있다고 할 것이다. 그렇지만 눈보라가 장기간 지속된다면 고용 부진도 장기간 지속되고 노동시장의 이력 현상hysteresis이 발생하면서 노동시장이 구조적으로 약화될 수 있다.

6. 코로나19와 산업구조와 노동시장 변화

산업구조 변화

지난 10년간 한국 산업은 커다란 구조 변화를 겪었다. 한국 증시를 이끄는 대표 기업들의 세대 교차가 이루어져서 코스피 시가 총액 상위 10대 기업의 명단이 크게 바뀌었다. [표 5-9]와 [표 5-10]은 각각 2010년 말과 2020년 말 시총 상위 10대 기업과 시가 총액을 보여준다. 2010년 상위 10대 기업 중 삼성전자와 현대자동차, LG화학만이 2020년 상위 10대 명단에 자리 잡고 있으며 나머지 기업들은 사라졌다. 삼성전자는 2010년과 2020년 1위를 굳건히 지키고 있다.

2010년 시가 총액 상위 10대 기업은 전자 산업, 자동차 산업, 제철

표 5-9　2010년 말 코스피 시가총액 상위 10대 기업(2010. 12. 31.)

(단위 : 원)

기업명	주가	발행주식수	시가총액
삼성전자	949,000	147,299,337	139,787,070,813,000
포스코	487,000	87,186,835	42,459,988,645,000
현대자동차	173,500	220,276,479	38,217,969,106,500
한국조선해양	443,000	76,000,000	33,668,000,000,000
현대모비스	284,500	97,343,863	27,694,329,023,500
LG화학	391,000	66,270,308	25,911,690,428,000
신한금융그룹	52,900	474,199,587	25,085,158,152,300
KB금융그룹	60,000	386,351,693	23,181,101,580,000
삼성생명	102,500	200,000,000	20,500,000,000,000
기아자동차	50,600	397,575,200	20,117,305,120,000

자료 : Wharton Research Data Services

산업, 에너지 산업 그리고 금융업이 주류를 이루었다. 다시 말해 제조업, 공기업 그리고 금융업이 대종을 차지하였다.

그런데 2020년 시총 상위 10대 기업의 경우 반도체(삼성전자, 삼성전자우, SK하이닉스), 바이오(삼성바이오, 셀트리온), 전기차 배터리(LG화학, 삼성SDI), 인터넷(네이버, 카카오) 기업들이 장악하고 있다. 2010년과 비교하면 1위인 삼성전자, 현대자동차, LG화학만 살아남고 나머지 기업들은 사라져버렸다. 그렇지만 2020년 LG화학은 배터리 중심 기업으로 2010년 LG화학과는 성격이 다르다. 네이버와 카카오 등 인터넷 기업들이 포함된 것은 코로나19 사태가 가져온 비대면 디지털 기업의 수직 상승 현상이라 볼 수도 있을 것이다. 앞으로 산업구조 개혁 과정에

표 5-10 2020년 말 코스피 시가총액 상위 10대 기업(2010. 12. 31.)

(단위 : 원)

기업명	주가	발행주식수	시가총액
삼성전자	81,000	5,969,782,550	483,552,386,550,000
SK하이닉스	118,500	728,002,365	86,268,280,252,500
삼성전자(우)	73,600	822,886,700	60,564,461,120,000
LG화학	824,000	70,592,343	58,168,090,632,000
삼성바이오로직스	826,000	66,165,000	54,652,290,000,000
셀트리온	359,000	137,697,761	49,433,496,199,000
네이버	292,500	164,263,395	48,047,043,037,500
삼성SDI	628,000	68,764,530	43,184,124,840,000
현대자동차	192,000	213,668,187	41,024,291,904,000
카카오	389,500	88,436,556	34,446,038,562,000

자료 : Wharton Research Data Services

서 이들과 기존의 경제적 전후방 효과가 큰 산업과 어떻게 융합할 것인가가 중요 과제가 될 것이다.

미국의 경우도 시총 1조 달러 이상 규모의 애플, 마이크로소프트, 아마존, 구글, 페이스북 등 5대 첨단 산업이 미국 증시를 지배하고 있다. 과거 수십 년간 미국 증시를 지배해 온 금융 · 유통 · 자동차 · 석유 기업들과 격차를 더욱 벌리고 있다. 한국도 미국의 추세를 따라가고 있다. 그렇지만 이들 미국 5대 기업은 글로벌 지배력을 가지지만 한국은 현재 반도체 정도만 글로벌 지배력을 가지고 있다.

코로나19 방역을 통해 한국은 의료 선진국으로 인식되고 있다. 그리고 가장 우수한 재원들이 의과 대학으로 진학하여 의료 수준을 세계

정상으로 끌어 올리고 있다. 우리가 우수한 의료 인력을 활용하면 생명공학과 바이오 산업뿐만 아니라 제조업과 결합하여 의료기기 산업 분야에서도 국제적 경쟁력을 충분히 확보할 수 있을 것이다. 이와 함께 우리의 의료 수월성이 인터넷과 결합하면 원격진료부문에서 세계 정상 수준에 도달할 수 있으며 중국이나 동남아시아 의료시장 인프라 구축에도 크게 공헌할 수 있을 것이다.

노동시장의 구조 변화

2010년 상위 10대 기업들의 특징은 많은 고용을 창출하고 산업의 전 · 후방 효과가 크다는 점이다. 그리고 또 하나의 특징은 노조가 강하다는 것이다. 그동안 한국의 노동운동과 노동조합은 조선, 자동차, 전자 산업 중심의 대기업, 금융 산업 그리고 공공부문을 중심으로 세를 이루고 힘을 키워 왔다. 그렇지만 2020년 시총 10대 기업들의 경우 반도체와 자동차를 제외하고는 고도의 전문 인력 중심으로 고용 규모가 작으며 산업의 전 · 후방 효과 또한 크지 않다.

10년 사이 한국 증시를 이끌던 대표 기업들의 세대교체는 노동운동과 노동조합도 과거와는 궤를 달리해야 한다는 것을 의미한다. 새로운 시총 10대 기업에서 필요로 하는 노동 인력은 고도의 전문 인력이며 과거 조선, 자동차, 전자, 제철 등 대기업을 이끌던 노동 인력과는 근본적인 차이를 보인다. 물론 기존의 전통 산업과 새로운 유망 산업을 융합함으로써 고용 확대와 함께 경제의 전 · 후방 효과도 넓힐 수 있을 것이다. 이러한 새로운 산업 분야 개척을 위해서는 정부는 불필요한 규제를 과감히 풀어야 할 필요가 있다.

앞으로 우리는 코로나19 사태를 계기로 노동정책의 초점을 변화된 산업구조와 노동시장 간의 미스매칭mismatching을 줄이는 데 맞추어야 할 것이다. 코로나19 사태는 물리적 상호접근이 필요한 생산과 유통 과정의 산업부문에 종사하는 인력의 대량 실직을 가져왔다. 반면에 상호접근이 필요하지 않은 산업부문의 인력 부족 현상을 가져왔다. 그렇다면 과거 전통적인 수요 확대에 초점을 맞춘 경기 부양 방식으로는 실물경제와 노동시장의 미스매칭 현상을 해소할 수 없을 것이다. 고용 문제 해결을 위해서는 경제활동을 물리적 상호접근이 요구되는 활동과 요구되지 않는 활동으로 분류하고 각각에 대한 장단기 고용대책을 세워야 할 것이다. 장기적으로는 일자리를 비대면 활동 분야로 재배치하고 이를 위한 교육과 훈련도 강화할 필요가 있을 것이다.

◎ 코로나19 팬데믹과 미국의 정책 대응

미국의 금융정책

여기서는 미국의 중앙은행인 연방준비제도(연준)와 미국 정부가 코로나19 위기를 극복하기 위해서 채택한 경제정책의 성격과 규모를 살펴보자.

미국 연방준비제도(연준)는 코로나19 경제위기를 맞아서 예상을 뛰어넘는 과감한 조치를 단행하였다. 미국 정부가 코로나19의 경제적 충격을 우려할 때 주식시장이 먼저 패닉 상태를 보이기 시작하였다. 미국 연준은 여기에 대한 선제적 대응책으로 2020년 3월 3일 기준금리를 1.75%에서 1.25%로 0.5% 낮추었으나 주가 폭락을 막지 못하였다. 이에 연준은 3월 15일 긴급 연방공개시장위원회(FOMC)를 열고 금리를 다시 1% 인하하는 '빅 컷(big cut)'을 단행하였다.

한편 국채 5천억 달러와 주택담보증권 2천억 달러를 매입한다는 양적 완화(QE) 정책을 천명하였다. 국채시장에 개입하는 양적 완화 정책은 단기뿐만 아니라 중장기 금리에도 영향을 끼치고자 하는 것이다. 그런데도 16일 개장하자마자 서킷 브레이커가 발동하면서 다우지수가 12.9% 폭락하였다. 이것은 1987년 10월 블랙 먼데이 이후 최대 낙폭이었다. 투자 심리가 냉각된 상태에서 '빅 컷'과 양적 완화 정책이 시장의 공포심을 오히려 유발한 측면이 있었다.

기준금리를 제로 수준으로 낮추고 양적 완화 정책을 사용했음에도 불구하고 주식시장이 폭락하였다는 것은 초기 코로나19 경제위기에서는 금리 인하와 양적 완화 정책만으로는 금융안정을 달성할 수 없다는 것을 의미한다.

연준은 국채 및 MBS를 무제한 매입하겠다는 양적 완화(Monetary Easing) 정책을 발표하고 환매조건부 채권매입(repurchase agreement)을 통해서 유동성을 과감히 공급하였다. 그런데 연준은 전통적인 금리 정책, 양적 완화, 포워드 가이던스(Foward Guidance) 정책만으로는 미흡하다고 보았다. 이러한 조치에도 불구하고 시장의 불안이 해소되지 않았기 때문이다. 연준은 글로벌 금융위기 당시와 같은 비상 유동성 프로그램을 재가동할 필요가 있다고 보았다.

연준은 직접적으로 타격을 입은 기업들과 자영업자들에 대한 충분한 유동성 공급과 함께 자본시장이 제대로 작동하도록 하는 조치가 필요하다고 보았다. 연준은 이를 위해 긴급대출제도를 재빨리 도입하였다. 긴급대출제도는 긴급사태 대책으로 연준이 보통 때는 운영하지 않는 대출제도이며 보통 운영 기간과 상한 규모를 명시한다. 긴급사태가 호전되면 긴급대출제도 중 일부는 운영되지 않고 끝나기도 한다.

버냉키와 옐런 전 연준 의장은 이번 코로나 위기는 2008년 글로벌 금융위기와 달라서 코로나로 인한 영구적인 피해를 막으려면 일시적으로 이익 감소와 매출 축소로 어려움을 겪는 건전한 기업들에 신용을 제공하는 것이 중요하며 이를 위해 연준의 회사채 시장 직접적인 개입도 필요하다고 보았다.

그런데 연준은 법상 상환위험이 있는 민간기업을 골라 직접 자금을 대출할 수 없다. 그 이유는 국민이 선출하지 않은 연준이 지원 대상을 골라 발권력을 선택적으로 행사할 수 없기 때문이다.

연준은 기업 대출과 회사채 시장 개입을 위해 재무성이 출자해 세운 특수목적기구(Special Purpose Company ; SPC)에 정부 보증을 받아 대출하는 방법을 택하였다. SPC는 이 자금을 가지고 기업 대출이나 회사채 시장 개입을 통해서 특정 분야에 유동성 및 신용지원을 하는 방안을 택하였다.

연준은 이 경우도 손실위험을 최소화하기 위해서 담보 확보는 물론 재무성의 지급보증을 요구하였다. 미국 재무성은 연준이 요구하는 지급보증 손실에 대한 재원을 정부 재정 학대를 통해 확보하였다.

미국 연준은 2020년 3월 17일 자금시장의 경색을 막기 위해 [표 5-11]과 같은 긴급대출제도를 재가동하였다. 연준은 2008년 글로벌 금융위기 당시 시행했던 긴급유동성 프로그램인 CP 및 ABCP 매입(Commercial Paper Funding Facility ; CPFF), 프라이머리딜러 대상 적격 담보대출(Primary Dealer Credit Facility ; PDCF), 예금취급기관 대상 MMMF 매입자금 대출(Money Market Mutural Fund Liquidity Facility ; MMMLF)제도를 실행하였다. CPFF는 기업어음 시장의 압박을 해소하기 위해서 기업어음(CP)을 직접 매입하는 대출제도이다. 매입 대상은 달러 표시 CP로 자산 유동화 기업어음(ABCP)도 포함하고 있다. PDCF는 주요 투자은행과 금융기관 등 프라이머리 딜러 대상 대출기구로서 연준이 직접 매입하기 어려운 회사채, 주식 등을 담보로 활용, 대출을 확대하는 제도이다. MMMLF는 투자자 현금 수요 증가로 상환 압력에 직면한 머니 마켓 뮤추얼펀드의 유동성 여건을 개선하기 위한 대출제도이다.

표 5-11　　연준의 긴급대출제도 도입현황

대출제도	주요 내용	대출금리 (수수료)	만기 (종료일)	손실보전 (소구/Haircut)	최대 대출한도
Primary Dealer Credit Facility(PDCF)	PD의 재할인창구 참여 허용(3.17일)	재할인 대출 금리	90일 (최소 6개월)	재무부 승인 (Yes/Yes)	-
CP Funding Facility (CPFF2020)	SPV 통한 CP, ABCP 매입 (3.17일)	OIS + 110~200bp (10bp)	3월 차환 가능 (2021.3.17)	ESF 100억 달러 신용보증 (Yes/No)	-
MMMF Liquidity Facility(MMLF)	MMMF 보유자산 매입자금 대출(3.18일)	담보증권별 차등	잔존만기 1년 이하[2] (2020.9.30)	ESF 100억 달러 신용보증 (No/No)	-
Primary Market Corporation Credit Facility (PMCCF)	SPV 통해 발행시장 회사채 또는 대출 매입 (3.23일)	시장금리 (100bp)	4년 이하[2] (2020.9.30)	ESF 500억 달러 자본투자 (Yes/..)	7,500 억 달러
Secondary Market Corporation Credit Facility (SMCCF)	SPV 통해 유통시장 회사채 또는 관련 ETF 매입(3.23일)	공정 시장가격	잔존만기 5년 이하[2] (2020.9.30)	ESF 250억 달러 자본투자 (Yes/..)	
Term ABS Loan Facility(TALF)	SPV 통해 ABS 담보대출 실시 (3.23일)	SOFR + 150bp[3] (10bp)	3년 (2020.9.30)	ESF 100억 달러 자본투자 (Yes[4]/Yes)	1,000 억 달러
SBA의 PPP 대출 지원	SBA의 PPP 대출 인수(4.9일)	35bp (-)	PPP대출과 동일 (2020.9.30)	SBA 보증대출로 별도 손실보전 불필요	6,590 억 달러

Main Street New Loan Facility (MSNLF)	중소기업 신규 대출 프로그램 (금융기관 대출 참여 5%)(4.9일)	Libor + 3% (100bp[5])	4년 (2020.9.30)	ESF 750억 달러 자본투자 (Yes/..)	6,000 억 달러
Main Street Priority Loan Facility (MSPLF)	고부채 중소기업을 위한 신규대출 프로그램(금융기관 대출 참여 15%)(4.30일)				
Main Street Expanded Loan Facility (MSELF)	중소기업에 대한 추가 대출 프로그램(금융기관 대출 참여 5%)(4.9일)	Libor + 3% (75bp[6])			
Municipal Liquidity Facility	지방정부 지원 대출 프로그램 (4.9일)	매입시점 신용등급 기초로 산정(10bp)	36개월 이하 (2020.12.31)	ESF 350억 달러 자본투자 (Yes/..)	5,000 억 달러

주 : 1) ( )는 등록 또는 약정 등을 위한 수수료

2) 담보증권의 만기

3) CLO의 경우

4) 뉴욕 연준의 SPV에 대한 대출 기준. SPV의 ABS 보유자에 대한 대출은 비소구.

5) 이와 별개로 대출취급 시 대여자에 대해 차입자는 100bp, SPV는 25bp(연율)를 지불.

6) 이와 별개로 대출증액 시 대여자에 대해 차입자는 75bp, SPV는 25bp(연율)를 지불.

자료 : 한국은행

연준은 중소 · 중견기업 지원 프로그램(Main Street Lending Program ; MSLP), 회사채 시장 유동성 공급을 위한 발행시장 회사채 매입 기구(Primary Market Corporate Credit Facility ; PMCCF), 유통시장 회사채 매입 기구(Secondary Market Corporate Credit Facility ; SMCCF), 소규모 대출채권 ABS 매입 기구(Term Asset-Backed Securities Loan Facility ; TALF), 주 정부 신용 여건 개선을 위한 지방정부 지원 기구(Municipal Liquidity Facility ; MLF) 등 긴급대출제도를 도입하였다.

연준은 또한 은행의 손실흡수 규제를 완화하는 조치를 하였다. 연준은 기업과 가계에 적극적인 대출이 이루어지도록 잠정적으로 은행의 유동성과 자본 규제를 완화하였다. 연준은 레버리지 비율 규제 등을 완화하여 기업 및 가계로의 대출을 유도하고 엄격한 회계 기준 도입도 일부 연기하였다.

연준이 시행하고 있는 긴급대출제도는 미국 국회의 동의와 재무성 장관의 승인하의 긴급대출 권한에 기반을 두고 있다. 그런데 연준은 손실위험을 최소화하기 위해 담보 확보는 물론 손실 보전에 대한 정부의 지급보증을 받는다.

연준은 2020년 4월 9일 긴급대출제도를 통해서 2.3조 달러에 이르는 유동성 확대 지원 방안을 발표하였다. 그 내용을 보면 먼저 재무성이 750억 달러 규모의 손실보증을 해줌으로써 MSLP를 6,000억 달러 규모로 확대 운영하는 것이다. 그것은 과거 중소기업 대출 부실 비율이 통계적으로 12.5%보다 낮아서 재무성의 손실보증 750억 달러를 가지고 연준은 대출에 따른 손실을 걱정하지 않고 6,000억 달러 규모의 대출을 해줄 수 있다는 것이다. 둘째로 재무성의 850억 달러 신용 보증으로 발행시장과 유통시장에서 회사채 매입과 자산담보부증권 발행을 위한 8,500억 달러를 지원하는 방안이다. 셋째로 재무성의 350억 달러 보증으로 5,000억 달러 규모의 지방정부 단기채권 매입을 지원하는 방안이다. 나머지 금액은 중소기업 대출 지원 프로그램(Paycheck Protection Program Liquidity Facility ; PPPLF)으로 PPP 참여

금융기관에 유동성을 제공하는 것이다. 위의 예를 보면 재무성이 손실보증 1,950억 달러를 해줌으로써 연준이 2조 1,450억 달러의 유동성을 공급하도록 해준다는 것이었다.

그런데 연준의 2.3조 달러 유동성 지원 확대 과정에서 발생한 정부 보증 손실은 정부 재정으로 충당되며 그 당시 미국 의회가 통과한 코로나 대책 경기 부양 예산 2.2조 달러에 포함되어 있었다. 그런데 이러한 긴급대출제도는 긴급사태에 대비한 백업프로그램으로 실제 운영된 규모는 수천억 달러에 불과하였다.

미 연준의 긴급대출제도는 2021년 들어와 대부분 종료되었으나 PPPLF는 종료일이 2021년 6월 30일로 연장되었고 PDCF, MMLF, CPFF는 만기일이 2021년 3월 31일이다.

연준의 대규모 팽창 통화신용정책으로 연준 대차대조표의 자산 규모가 2020년 3월 중순 4.3조 달러에서 6월 초 7.2조 달러로 큰 폭으로 늘어났다.* 이는 연준 자산이 짧은 기간 동안 67% 급증한 것을 의미하며 7.2조 달러는 미국 GDP의 33%에 해당한다. 2021년 들어 연준의 자산 규모는 7.5조 달러에 이르고 있다. 연준의 자산 급증은 코로나19의 충격을 완화하기 위해 택한 확장 통화정책의 결과라고 평가할 수 있다.

그런데 코로나19로 경기침체가 지속되는 상황에서 늘어난 통화는 경기 회복에 쓰이기보다 자산시장으로 몰리면서 주가가 급등하고 부동산 가격도 함께 상승하는 이상기류를 낳고 있다. 경기 활성화를 위한 양적 완화(QE) 정책의 실효성에 의문이 제기되며 기업들의 부채 확대와 도덕적 해이 등으로 인한 구조 개혁 지연이 우려되기도 하였다.

연준은 향후 통화정책 방향으로 평균 2% 물가상승률을 목표로 하는 평균물가목표제 도입을 발표하였다. 연준은 또한 완전고용과 평균 2% 인플레

---

* Report on the Federal Reserve's Balance Sheet(2020. 8.)를 참조하라.

이션을 달성할 때까지 현재의 완화적 정책 기조를 유지할 것을 시사하였다. 이와 함께 [표 5-11]의 스케줄과 같이 연준의 긴급대출제도는 종료될 예정이다.

미국의 재정정책

코로나19 경제위기를 극복하기 위해서 미국 정부는 획기적인 대규모 재정정책을 채택하고 있다. 재정정책 내용을 보면 경제적인 어려움을 겪는 가계에 대한 재난보조금 형태의 직접 현금 지원, 금융안정과 유동성 확대를 위한 재무성 예산 지원 그리고 경기 부양과 생산성 향상을 위한 사회간접자본 투자 등이다.

트럼프 행정부는 2020년 3월 25일 코로나19 경제위기를 극복하기 위해서 기존 틀을 깨고 2조 2천억 달러 규모의 경기부양책을 마련하였다. 경기부양자금 2조 2천억 달러는 2019년 미국 GDP 21.4조 달러의 10%에 해당하는 금액으로 규모 측면에서는 글로벌 금융위기 당시 지원 규모 1조 5천억 달러를 뛰어넘는다. 그러나 GDP 대비 지원 비율은 비슷한 수준이다. 글로벌 금융위기 당시에는 미국 여야가 합의에 도달하는 데 4개월 정도 걸렸으나 이번에는 일주일 만에 속전속결로 합의가 이루어졌다.

2.2조 달러 규모 재정정책의 핵심은 '코로나19' 사태로 소득이 사라진 개인과 어려움을 겪고 있는 기업을 직접 구제하겠다는 것이다. 2조 2천억 달러 부양책 패키지에는 고소득층을 제외한 어려움을 겪는 개인들 현금지원금 1조 달러, 기업과 지방정부 구제 금융 5천억 달러, 3천 6백 7십억 달러 소상공인 대출, 1천 5백억 달러 실업급여 등이 포함되었다. 이와 함께 국방부, 보건부 등 미국 국가기관을 지원하기 위한 1천 3백억 달러 추가 긴급 예산도 책정하였다.

미국 정부와 의회는 앞선 부양책에 더하여 4월 24일 4,840억 달러의 경기부양책을 추가로 채택하였다. 이중 중소기업 대출 지원 프로그램(PPPLF)

재원으로 3,210억 달러, 중소기업과 지역 대출로 600억 달러 그리고 추가 검사 지원 비용으로 100억 달러를 책정하였다. 중소기업 대출 지원 프로그램은 고용유지를 위한 정책이다. 금융기관이 중소기업에 대출해주고 대출을 받은 기업이 그 자금을 급여 지급에 쓴다면 그 기업은 그만큼 대출을 갚지 않아도 된다. 그 결과 중소기업 대출 프로그램에 투입된 공적 자금은 회수가 어렵다.

투입된 공적자금은 그 성격에 따라 회수가 가능한 부문과 그렇지 않은 부문으로 나누어 볼 수 있다. 기업 등의 구조조정 자금으로 투입된 공적자금은 구조 개혁이 성공한다면 투입된 금액 이상으로 회수도 가능하다.

한편 12월 27일에도 9,000억 달러 규모의 코로나19 극복을 위한 경기부양책을 추가로 채택하였다. 재정 지원 자금은 실업수당 및 재난지원금 확충, 백신 개발 및 배포 등 보건 지원 그리고 긴급 산업 및 중소기업 지원에 사용되었다.

과거 글로벌 금융위기 때에는 위기의 진원지가 금융회사였고 금융 시스템의 붕괴를 막는 것이 급선무였으므로 지원 대상이 주로 금융회사였다. 이와 함께 기간산업의 도산을 막기 위해 부분적으로 GM 등 대기업들에게도 지원이 이루어졌다. 그렇지만 그 당시 정부 정책은 주택담보대출로 빚을 지고 어려움을 겪었던 가계에 대한 지원대책이 제대로 없어서 월스트리트만 신경 쓰고 메인스트리트는 배려하지 않는다는 비난도 받았다.

코로나19 극복을 위한 대규모 재정지출로 2020년 미국의 GDP 대비 재정적자의 규모가 -18.7%로 주요 선진국(유로 지역 -10.1%, 일본 -14.2%)보다 훨씬 컸다. 이 수치는 글로벌 금융위기 당시 재정적자 규모 -9.8%를 훨씬 상회하였다. 그런데 이러한 대규모 재정적자는 경상수지를 악화시키고 정부부채를 급등시키면서 달러 약세 현상을 가져오게 하였다.

한편 새로 들어선 바이든 행정부는 2021년 1월 코로나19로 어려움을 겪는 가계와 기업을 추가로 지원하고 조기 경기 회복을 위해 1.9조 달러 규모의 경기부양책을 내놓았다. 이번 부양책은 미국 국민소득의 8.5%에 해당하는 최대 규모 부양책으로 3월 의회를 통과하였다. 그 내용을 보면 성인 1인당 최대 1천 4백 달러를 소득 기준에 따라 차등 지급한다. 미국 가정의 90%가 혜택을 볼 것으로 예상한다. 또한 실업수당 3백 달러를 2021년 9월까지 연장 지급하기로 하였다. 한편 주 정부와 지방정부에 3천 5백억 달러, 학교 대면 수업 재개 지원에 1천 3백억 달러, 코로나19 검사와 연구에 4백 9십억 달러, 백신 배포에 1백 4십억 달러가 책정되었다.

미국이 국가부채 문제를 두려워하지 않고 과감한 재정정책을 실행할 수 있는 것은 달러가 기축통화이기 때문일 것이다. 미국 정부의 과감한 재정 부양책은 미국과 세계 경기 회복에 도움을 줄 것이다. 그렇지만 동시에 자산시장을 계속 과열시키고 인플레이션과 금리 인상을 초래할 우려가 크다.

부양책 혜택을 받는 4인 가정의 경우 5천 6백 달러가 지급되는데 이 돈의 상당 부분이 자산시장으로 흘러 들어갈 것이 예상된다, 부양책 통과 후 미국 다우지수가 연속 상승하면서 3만 2천 선을 넘었다.

경기부양책으로 인한 수요 증가와 그동안 풀린 돈으로 인해 인플레이션 유발 가능성이 커지고 있다. 인플레이션에 대한 우려로 연준이 금리를 인상할 가능성이 커지며 이는 전 세계적인 금리 인상으로 이어질 수 있다. 금리 인상은 경기부양책의 효율성을 일부 떨어뜨리며 달러의 강세를 유발할 것이다. 이 경우 달러로 자금을 빌린 개발도상국들의 어려움이 가중될 것이다.

미국과 유럽 선진국들도 과도한 경기부양책으로 인한 재정 부담 증가는 미래 경제의 짐으로 작용할 것이다.

◎ 코로나19 팬데믹과 유럽연합의 정책 대응**

유럽연합(European Union ; EU)은 금융통합은 이루었으나 재정통합은 이루어지지 않고 있다. 그 결과 유럽연합 차원의 정책 대응은 재정정책이 빠진 금융정책에 국한되어 정책적인 한계가 있다. 유럽의 코로나19 금융정책 처방은 유럽중앙은행(European Central Bank ; ECB)과 유럽연합 차원에서 이루어지고 있다.

코로나19 사태 발생 이후 라가드 ECB 총재는 2020년 유로존 경제가 코로나19 봉쇄 조치 성공 여부와 지속 기간에 따라 5～12%까지 위축될 가능성을 경고하고 우선 기준금리를 0% 수준에서 동결하고 인플레이션 전망치가 목표에 접근할 때까지 정책금리를 현재 수준 또는 더 낮은 수준으로 유지한다는 종전의 포워드 가이던스(forward guidance)를 유지하였다.

ECB는 이와 함께 자산 매입, 금융시장 지원, 민간대출 지원 정책을 발표하였다. ECB는 기존 자산매입 프로그램(APP)의 규모를 월 2백억 유로에서 3백억 유로로 늘리고 그 대상도 확대하였다. APP는 일종의 양적 완화 조치로 납입 자본금 규모에 비례해 각국에 배정하며 투기 등급 국채 매입 금지 조항으로 인해 ECB가 이 프로그램을 이용해서 남유럽 국가들을 지원하는 데는 한계가 있다. ECB는 코로나19 경제위기 극복을 위해 1.35조 유로 규모의 팬데믹 긴급자산매입 프로그램(Pandemic Emergency Purchasing Program ; PEPP)을 도입하였다. 여기에는 APP와 같은 제약 요인도 없으며 위험도가 높은 그리스 국채와 CP도 자산 매입 대상에 포함하였다.

적격담보기준을 완화하고 전액 할당하는 방식으로 금융기관에 대한 유동성 공급을 늘렸다. 이와 함께 새로운 비선별적 장기대출 프로그램(PELTRO)을 5월부터 가동하여 자금시장 유동성 공급을 확대하고자 하였다.

** 한국은행 통화신용정책보고서 각호 '주요국 통화정책 현황' 을 참조하라.

ECB는 민간대출을 지원하기 위해 은행의 민간대출 일정 부분을 저금리로 지원하는 기업 가계대출지원 프로그램(TLTRO-III)의 지원 규모를 늘리고 동 프로그램에 적용되는 금리도 50bp 인하하였다.

ECB는 2021년 들어와서도 정책금리와 포워드 가이던스는 그대로 유지하고 있다. 한편 기존 자산매입 프로그램(APP)는 월 2백억 유로를 유지하며 팬데믹 긴급자산매입 프로그램(PEPP)은 2020년 12월 규모를 0.5조 유로 확대해서 규모를 1.85조 유로로 늘렸으며 매입 기간도 2022년 3월까지 9개월 연장하였다. 또한 ECB는 TLTRO-III 프로그램의 한도를 확대하고 저금리 적용 기간을 2022년 6월까지 연장하였다.

한편 유럽연합 차원에서 0.54조 유로 규모의 코로나19 경기대응책을 마련하였다. 그 내용을 보면 유럽안정화기구(ESM) 대출 0.24조 유로, 실업 기금 0.1조 유로 그리고 유럽투자은행(EIB) 중소기업 지원 프로그램 0.2조 유로이다. 그런데 ESM 0.24조 유로는 구제금융의 성격을 갖고 있고 실업 기금도 수혜국의 요청이 있는 경우에만 지원되며, EIB 프로그램도 재정적 지원이 아닌 대출 보증의 형태이다. 0.54조 유로 유럽연합 대응책은 유럽연합 27개 회원국 GDP의 4%에 달하는 수준이나 구제금융이나 보증 성격을 갖고 있으며 낙인효과를 감안할 때 실제 이용 가능성은 제한적이다.

코로나19 이후 예상되는 글로벌 주요 이슈

chapter 6

이 장에서는 코로나19 사태 이후 예상되는 글로벌 주요 이슈를 살펴본다.

가장 먼저 예상되는 이슈는 세계 경제 지형의 변화이다. 코로나19 사태가 가져올 가장 중요한 경제 지형 변화는 탈세계화와 자국 우선주의 심화이다. 코로나19 사태는 세계화의 취약성을 여지없이 보여주었다. 한편 세계 각국이 경기침체를 벗어나기 위해 독자적인 경제정책을 추구하는 가운데 국가 간 경제적 격차가 더욱 커지고 있다. 제조업과 비대면 산업의 비중이 높고 백신 접종을 빨리 끝내는 국가일수록 성장 속도가 빠를 것이다. 또한 기축통화국일수록 경제 회복 속도가 빠를 것으로 예상된다. 기축통화국들은 제약 요인 없이 원하는 금융·재정 정책을 쓸 수 있으나 신흥국들은 정책 선택에 한계가 있기 때문이다. 세계 각국에서는 실물경제와 자산시장 간의 괴리가 심화되고 디지털 경제로의 전환이 가속화될 것이다. 그런데 이러한 변화는 사회적 갈등을 확산하는 요인이 될 수 있다. 코로나19 사태로 인한 국제사회 연대의 취약성이 표면화되면서 코로나19 사태의 장기화 가능성도 제기되고 있다.

두 번째 이슈는 글로벌 부채 증가 문제이다. 세계 각국이 코로나19 사태를 극복하기 위해 재정지출을 늘리고 돈을 과감하게 푼 결과 2020년 글로벌 부채의 증가 속도가 빠를 뿐만 아니라 규모도 급격히 상승하였다. 가계, 기업, 정부의 부채 모두 빠른 속도로 늘었다. 선진국 중심의 성숙mature시장이나 개도국 중심의 신흥시장 모두 빠른 속도로 부채가 증가하였다. 개도국들의 부채 규모는 선진국들보다 적었으나 외채를 짊어진 개도국들이 부채 관리의 어려움을 더 겪으면서 미래의 글로벌 불안 요인으로 남아 있다.

글로벌 부채를 줄이는 가장 이상적인 방법은 백신과 치료제 개발로 코로나19 사태가 빨리 종식되어 물가가 안정되고 경기를 회복하는 것이다. 그런데 글로벌 부채의 증가 이면에는 자산시장의 거품 문제가 있다.

세 번째 이슈는 4차 산업혁명의 가속화이다. 코로나19 사태로 인해 비대면 산업의 혁신이 빨라지고 있다. 주요국들은 빅데이터와 AI를 중심에 둔 디지털 산업 육성, 기후 온난화를 막기 위한 그린 산업 육성, 글로벌 전염병을 막기 위한 생명공학과 바이오 산업 육성 등에 전력을 기울이고 있다.

특히 미국은 반도체, 의료 장비와 의약품, 전기차 배터리 등에서 중국 의존도를 줄이고 자체 공급망을 확보하며 동맹국들과 협력을 강화하고 있다. 이러한 미국의 정책은 단기적으로 우리에게 유리한 측면이 있으나 미국 정부가 이들 산업의 경쟁력을 높이기 위해 산업 정책을 추구한다면 우리에게 반드시 유리하다고 할 수 없다.

마지막으로 네 번째 이슈는 미국과 중국 간의 패권 경쟁이 더욱 격화될 것이라는 점이다. 미국과 중국 간의 패권 경쟁은 과거 미국과 소련과의 냉전과는 다른 양상을 보일 것이다. 그 이유는 먼저 중국의 경제 규모가 이미 미국 GDP의 2/3 수준을 넘었으며 미국과 중국 간의 경제가 떼기 힘들 정도로 얽혀 있기 때문이다. 또한 미국과 중국은 기후 붕괴, 핵무기 비확산, 코로나19와 같은 팬데믹에 공동 대응해야 하는 과제를 안고 있다.

앞으로 자유시장 자본주의와 국가자본주의가 충돌하면서 무역 전쟁, 기술 전쟁, 화폐 경쟁은 더욱 격화될 것이다. 그런데 미국과 중국 모두 내부 갈등을 겪고 있으므로 이를 어떻게 슬기롭게 극복하는가가 패권 전쟁의 승패를 결정하는 주요 요인이 될 것이다.

미국과 중국 간의 갈등이 커질수록 우리 선택의 어려움도 커진다. 우리는 자유민주주의와 자본주의를 지향한다는 우리의 가치와 정체성을 명확히 할 필요가 있다. 적어도 앞으로 20년간은 우리의 미래를 결정하는 변수인 첨단기술과 금융자본을 미국에 의존하고 있음을 인식해야 할 것이다.

1. 코로나19와 세계 경제 지형의 변화

탈세계화와 자국 우선주의 심화

코로나19가 무섭게 확산하면서 세계 경제를 위협하였다. 중국 우한에서 시작된 바이러스 위기는 원산지 중국에서 초기 10만 명이 넘는 확진자와 수천 명의 사망자를 내면서 세계 각지로 번졌다. 초기 단계 중국의 입국자를 제한하지 않은 우리나라도 10만 명이 넘는 확진자와 1천 8백 명이 넘는 사망자를 내었다.[1]

코로나19는 아시아와 중동의 이란을 넘어 유럽과 미국으로 빠른 속도로 번졌다. 초기 이탈리아에 타격이 커서 2020년 3월 이탈리아의 사망자 수는 중국을 초과하였으며 창궐하는 코로나 바이러스 기세에 유럽 각국은 국경을 닫아걸었다.

1. 우리나라의 수치는 2021년 4월 말 기준이다.

그런데 코로나19 사태가 터지기 이전 이미 글로벌 경제침체가 우려되었었다. 각국의 기업들이 과도한 빚을 지고 있었으며 주식시장은 과열되었다. 또한 미-중 간 무역 전쟁으로 자유무역주의와 글로벌 공급체인이 무너지고 글로벌 경제침체가 우려되고 경제의 불확실성도 높았었다.

우리는 위기를 맞으면 보통 지난번 위기와 비교하고 거기서 해답을 얻으려고 한다. 그런데 이번 코로나19 경제위기는 2008년 글로벌 금융위기와 다르며 거기서 정책적인 함의를 얻으려 한다면 한계가 있다. 지난번 글로벌 금융위기는 진원지가 금융이고 금융 시스템의 위기였다.

따라서 2008년 글로벌 금융위기보다 1997~1998년 외환 · 금융위기 극복 사례가 더욱 도움이 될 것이다. 그 당시 경기 부양을 위한 확대 금융 · 재정 정책뿐만 아니라 산업 경쟁력 강화를 위한 구조 개혁 정책과 부실 금융기관 정리 조치가 함께 이루어졌다.

그런데 이번 코로나19 위기는 전염병 감염에서 촉발된 위기이다. 경제위기 극복에 앞서 코로나19 사태, 즉 팬데믹을 먼저 극복해야 하는 공중보건public health 위기이다. 코로나19 사태 초기 대응 능력은 코로나 진단 테스트test, 확진자 추적trace, 확진자 치료treatment에 따라 결정되었다. 그렇지만 무엇보다도 백신과 치료제 개발과 백신 접종이 제때 이루어져야 코로나19 사태가 종식될 수 있다.

코로나19는 세계화의 취약성을 여지없이 보여주었다. 코로나19 사태로 글로벌 생산 공급망이 붕괴하고 자유무역의 취약성이 노출되었다. 코로나19는 그 강한 전파력을 볼 때 국가 간 협력 없이는 해결하기 힘들다. 그런데도 세계화를 강조하던 국가들이 먼저 국경을 봉쇄하고 외국인 출입을 금지하면서 국가 이익을 우선하는 모습을 보여주고 있다.

한편 가장 개방되고 인적·물적·국제적 교류가 빈번한 미국과 유럽 국가들이 가장 큰 피해를 보았다. 이들 국가가 코로나19 사태로 어려움을 겪으면서 글로벌 리더 미국 그리고 선진국 유럽이라는 고정 관념이 무너지게 되었다. 그동안 미국은 경제위기 상황에서 리더십을 발휘하곤 하였다. 2008년 글로벌 금융위기 상황에서도 미국은 G20를 중심으로 리더십을 발휘하여 위기 해결에 공헌하였다.

그러나 이번 코로나19 사태 초반 트럼프 대통령은 코로나19 사태의 심각성을 오판하고 자만에 빠져 초기 대응에 실패하면서 미국을 코로나19 사태의 가장 큰 피해국으로 만들었다. 또한 트럼프 대통령의 미국 우선주의는 사태 해결을 위한 공조와 협력을 기대하였던 우방을 크게 실망하게 하였다.

이와 함께 유럽 대표국가들인 독일, 영국, 프랑스, 이탈리아의 코로나 사태 대응도 이들이 과연 세계가 동경하는 선진국인가 하는 의문도 제기되었다. 남유럽과 북유럽 국가들의 불협화음을 보면 유로존의 존속 가능성에 대한 의문을 가지게도 만든다. 이번 코로나19 사태는 브렉시트 사태와 함께 유로존의 분열을 더욱 가속화할 가능성이 있다. 유로존 국가들이 코로나19 사태를 맞아 국경을 닫고 외국인 출입을 금지하는 국가주의로 나아가면서 유럽연합 회원국 간 자유로운 인적·물적 이동을 보장하는 생겐 조약이 20년 만에 무력화되기도 하였다. 코로나19 사태는 정치·경제의 기본 단위가 국민국가nation state인 사실을 깨우쳐주는 계기가 되었다.

중국의 부상으로 제2차 세계대전 이후 진행된 미국과 유럽 중심의 세계 경제 지배구조가 급격히 위축될 가능성과 함께 미국과 중국 간의 라이벌 구도가 형성되면서 신냉전 구도가 형성될 가능성이 커지고 있다.

코로나 발생 원인과 책임 관련 미국과 중국의 충돌은 기후 온난화, 핵 확산, 팬데믹 등 국제 위기 해결을 위해 국제간 협력이 무엇보다 필요한 상황에서 인류가 분열되는 양상을 보여주고 있다.

국가 간 경제 격차 확대와 경제정책 차별화

코로나19 사태로 인해 각국이 경기침체를 벗어나기 위해 독자적인 경제정책을 추구하는 가운데 각국 간의 경제적 격차가 더욱 커지고 있다. 코로나19 사태가 서비스산업에 큰 충격을 주면서 서비스산업 비중이 높은 국가와 제조업 비중이 높은 국가 간의 격차가 커졌다. 백신과 치료제가 개발되면서 조기 백신 접종에 성공한 국가와 실패한 국가 간 격차도 커지고 있다.

세계 경제가 구조적 침체secular stagnation에 직면한 가운데 국가 간 빈부격차가 확대되고 경제 민족주의가 대두되는 형상을 보인다. 맥킨지 보고서 등에 의하면 아시아가 역동성과 민첩성을 바탕으로 코로나19 사태 이후 빠른 회복력을 보이며 중장기적으로 글로벌 성장을 견인할 것이다.

코로나19 사태의 발원지인 중국은 우한 봉쇄 조치 등 강압적 대응을 통해 공중보건 위기를 선진국보다 빠른 속도로 벗어나고 있다. 중국은 2020년 유일하게 2% 경제 성장을 기록한 나라이다.

한편 코로나19 사태는 제조업보다 서비스산업 비중이 높은 국가에 보다 큰 충격을 주었다. 서비스업 비중이 높은 미국과 유럽 등은 이동 제한, 사회적 거리 두기 등 코로나 확산 억제 조치로 서비스산업 중심으로 경제활동이 크게 위축되었다. 서비스업 부진은 고용 악화, 소득 감소, 소비 부진, 고용 악화의 악순환으로 이어졌다.

각국 정부가 국내 정치 경제를 우선하고 자국 중심의 보호주의를 택하면서 국가 간의 차별화decoupling도 확대되고 있다. 글로벌 가치 사슬global value chain의 위험을 인식한 각국의 기업들은 다단계 · 다국적 공급망을 재편하려 할 것이다.

과거 기업들이 공급망을 건설할 때 비용이 가장 우선시되었으나 코로나19 사태를 겪으면서 위험 요인과 복원력을 보다 중요시하게 될 것이다. 생산기지의 본국 회귀를 통해 천재지변, 지정학 불안, 통상정책 변화 등에 따른 리스크를 줄이려고 노력할 것이다.

한편 크루그만Krugman 등 일부 경제학자들은 경기 부양을 위한 과감한 확대재정정책을 주문하면서 미국은 재정적자와 부채 문제를 걱정할 필요가 없다고 주장한다. 달러가 기축통화이고 부채가 달러 표시이므로 달러 부채를 걱정할 필요가 없다는 것이다. 저금리가 지속되는 상황에서는 확대재정정책을 써도 원리금 상환debt service 비용이 낮다. 확대재정정책을 통해 경제가 정상화되어 경제성장률이 재정적자 비율보다 높아지면 정부부채의 비율도 높아지지 않는다. 또한 일본처럼 GDP 대비 정부부채비율이 높더라도 중앙은행이 국채를 대규모 매입할 수 있다. 제2차 세계대전 전비 조달에 따른 미국의 막대한 정부부채도 인플레로 해결되었다.

기축통화국이며 패권 국가인 미국은 과감한 통화 · 재정 정책을 채택하는 것이 가능하다. 물론 달러의 과잉 공급은 트리핀 딜레마를 굳이 들지 않더라도 장기적으로 달러의 신뢰도를 떨어뜨리고 정책 선택의 제약 요인으로 작용할 것이다.

정도의 차이는 있으나 기축통화국인 유럽연합도 어느 정도 독자적인 경제정책 채택이 가능하다. 그런데 유럽연합 출범 초기부터 남유럽과 북유럽이 경제 상황, 생활방식, 시민 의식 등 차이가 커서 Two-track 유럽을 구축할 필요성이 거론되었다. 코로나19 사태로 남부 유럽 국가들이 가장 큰 타격을 입었는데 이들 국가는 코로나19 사태 이전부터 국제수지와 재정수지 악화로 경제적 어려움을 겪고 있었다.

독일은 유럽연합의 중심국으로 단일 통화 유로를 사용함에 따른 혜택을 가장 크게 누리면서 유럽 통합에 가장 적극적인 나라이다. 그런데 코로나19 사태를 맞아 코로나 본드 발행이나 재정정책 등 공동 대응이 필요한 상황에서 자국 이익 수호에 집중하면서 초기에 소극적인 자세를 보였다.

코로나19 사태가 조속히 극복되지 않은 가운데 국제수지 악화, 재정수지 악화와 국가채무 급증에 직면한 스페인, 포르투갈, 이탈리아 등 남유럽 국가들에 대한 유로존 차원의 공동 지원이 이루어지지 않는다면 코로나19 사태가 유로존 분열의 방아쇠trigger가 될 수도 있을 것이다.

한편 경제 규모가 세계 2위이고 자본 이동을 통제하고 있는 중국도 독자적인 재정 · 금융 정책을 채택하는 데 우리보다 제약 요인이 적다. 중국 또한 코로나19 사태 초기 난관에 직면하였으나 미국과 유럽보다 공중보건 위기를 잘 극복하고 있다는 인식 아래 자본시장이 비교적 잘 버텨주고 있다. 특히 미국의 금융 패권에 도전하고 있는 중국은 이번 기회를 이용해서 위안화를 달러에 필적할 만한 기축통화로 만들려는 노력을 배가할 것이다. 이러한 시도는 국제간 위안화 직거래 확대, 전자 지갑을 이용한 위안화 전자 상거래 확대, 인민은행의 전자화폐 발행 등으로 나타나고 있다.

실물경제와 자산시장 괴리와 디지털화

코로나19 위기를 맞아 정부는 일단 피해를 크게 겪고 있는 기업과 가계를 구제relief하고 경기를 회복recovery하고 구조 개혁reform을 해야 할 것이다. 정책을 펼 때 구제, 회복, 구조 개혁을 함께 고려해야 하지만 현실적으로는 경기 회복과 구제를 위해 돈을 풀고 확대재정을 펴게 될 것이다.

그런데 각국이 확대 금융 · 재정 정책을 펴고 있는 가운데 금융과 실물 부문의 괴리 현상이 확대되고 있다. 이러한 괴리 현상은 정부가 코로나19 위기를 막기 위해 모든 응급조치를 취할 것이라는 일반 투자가들의 믿음 속에서 단기에 경기 부양을 위해 막대하게 풀린 자금이 경기침체 속에서도 자산시장으로 몰려갔기 때문이다.

한편 경기 부양을 목적으로 풀린 돈도 앞으로 미래 산업을 주도할 것이라고 믿어지는 구글Google, 아마존Amazon, 페이스북Facebook, 애플Apple, 마이크로소프트Microsoft 등에 몰리면서 미국을 비롯한 각국의 첨단 IT산업의 주가를 떠받치고 있다. 코로나19 위기가 끝나더라도 비대면untact 활동이 증가하고 소비 · 투자의 형태가 변화하며 디지털화digitalization가 진행될 것이다. 그리고 디지털화에 성공한 국가와 실패한 국가, 디지털화에 성공한 산업과 실패한 산업 간의 구조적 불평등이 심해질 것이다. 비대면 근무가 어려운 저임금 서비스직과 취약계층은 소득 · 고용 충격과 함께 의료비 부담으로 더 큰 위험에 노출될 것이며 이는 사회 내부 갈등으로 확산할 가능성이 크다.

온라인화가 기존의 전자상거래를 넘어 재택근무, 교육, 원격진료 등으로 확대되어 디지털 경제로 전환이 가속화되고 있다. 모바일 기기 보급 확대와 서비스업의 디지털화 촉진으로 주요국들 사이 디지털 결제와 디지털 통상 주도권 다툼이 치열해지고 있다. 주요국들은 코로나19 사태 이후 디지털 관련 인프라 투자를 확대하고 인공지능, 바이오, 로봇 등 4차 산업혁명에 선제적으로 대응하려고 노력하고 있다.

새로운 시대 출현과 실업의 장기화 우려

코로나19 위기가 해소되더라도 세계는 정치, 경제, 사회, 문화 모든 분야에서 과거와는 다른 시대를 열어나갈 것이다. 코로나19 사태는 국제사회 연대의 취약성을 표면화하고 있다. 잠재된 구조적 불평등이 표출되고 특정 인종, 종교 혐오 증가로 국제사회 불안이 증폭되고 있다.

코로나19 위기는 젊은 세대의 소비와 투자에 대한 가치관의 변화를 가져올 것이다. 소비 시 가격 대비 소비 만족감과 건강 · 위생의 가치가 보다 중요해질 것이다. 세계가 생각보다 불안하다는 현실 인식 속에서 젊은이는 취업 등 고용 불안을 느끼면서 자산과 소득의 양극화에 따른 절망감을 느낄 가능성이 커졌다.

그런데 코로나 팬데믹이 재확산하거나 장기화하면 실물경제와 금융부문에 끼치는 충격의 크기는 상상 이상으로 클 것이다. 이미 1년 이상 계속된 확대 재정정책과 금융정책으로 인해 앞으로 정책 채택에 한계가 있을 뿐만 아니라 그 부작용도 매우 클 것이다.

특히 실업률의 경우 과거 경제위기 상황에서는 선진국과 신흥국 간에 비동조화 현상을 보였다. 1997년 동아시아 외환위기 당시에는 신흥국의 실업률은 치솟았으나 선진국은 안정적으로 유지되었다. 2008년 글로벌 금융위기 당시에는 선진국의 실업률은 치솟았으나 신흥국의 실업률은 안정적이었다. 그런데 이번 위기 상황에서는 선진국과 신흥국의 실업률이 동조화 현상을 보이면서 급등하였고 외환위기와 글로벌 금융위기보다 기간 대비 증가 폭도 훨씬 높았다. 특히 코로나19 위기 발생 초기 3달을 보면 전년 대비 상승 폭이나 월간 상승 폭에서 과거의 예가 없을 정도이다.

이와 함께 이번 실업 상태는 구조적 장기화 소지가 있다. 이번 위기를 통해 기업들이 재택근무의 효율성을 확인하였으며 디지털 업무 확대와 대면 거래 축소 필요성을 인식하면서 서비스업 등에서 노동력 축소가 구조적으로 나타날 가능성이 커지고 있다.

코로나19 확산에 따른 실물부문의 충격이 장기화할 경우, 재정·금융·외환 건전성이 취약한 국가들의 경우 금융 및 외환위기 발생 가능성이 커지면서 국제금융시장이 불안해지고 충격이 증폭될 가능성이 크다. 아울러 신흥국의 외화부채가 급증한 상황에서 실물 부진의 장기화는 채무 상환능력 악화, 신용 리스크 확대, 신용경색으로 이어지면서 금융부문을 통한 충격이 더욱 증폭될 소지가 있다.

코로나19 사태가 각국에 끼친 충격과 극복 과정은 각국이 처한 경제 상황에 따라 각기 다를 것이다. 코로나19 퇴치와 글로벌 차원의 경기 회복을 위해서는 글로벌 차원의 협력이 무엇보다도 필요하다. 그런데 현실은 이를 기대하기 힘들다.

2. 글로벌 부채 관리 문제

코로나19로 인한 경기침체를 막기 위해 각국이 재정지출을 늘리고 돈을 푼 결과 [표 6-1]에서 보듯이 2020년 말 글로벌 부채의 총액은 281.5조 달러로 2019년 말 257.4조보다 24조 달러 늘었다.

표 6-1 부문별 글로벌 부채 현황

(단위 : 조 달러)

	가계부문		비금융부문		정부부문		금융부문		합계	
	2019	2020	2019	2020	2019	2020	2019	2020	2019	2020
선진국	34.9	37.3	43.2	47.3	52.8	63.5	52.0	55.6	182.8	203.7
신흥국	13.6	13.7	32.0	33.3	17.3	18.8	11.7	11.9	74.6	77.7
글로벌	48.5	51.1	75.2	80.6	70.1	82.3	63.6	67.5	257.4	281.5

자료 : Global Debt Monitor, Institute of International Finance

〈그림 6-1〉에서 보듯이 2020년 들어 부채의 증가 속도가 빠를 뿐만 아니라 글로벌 부채/글로벌 GDP 비율도 급격히 상승하였다. 2020년 말 부채 총액은 글로벌 GDP의 355%로 2019년 말보다 35% 더 늘었다.[2] 글로벌 금융위기 당시 2008년과 2009년 증가 속도가 10%와 15%

2. IIF의 Global Debt Monitor(2021. 2.), "COVID Drives Debt Surge—Stabilization Ahead"를

〈그림 6-1〉 글로벌 부채 추이

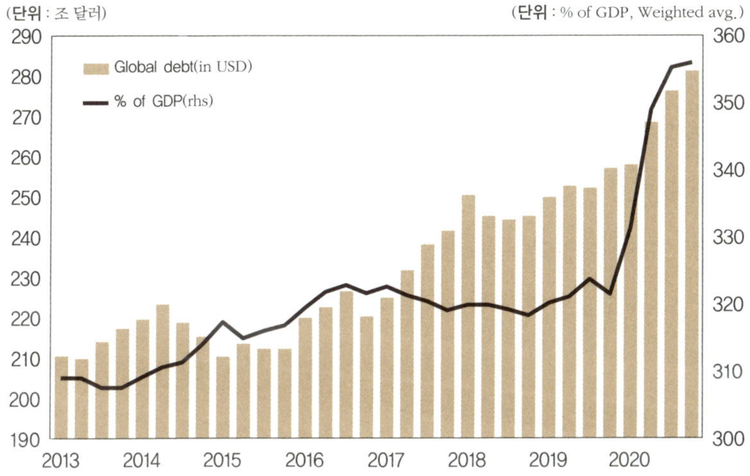

자료 : IIF, BIS, IMF, National sources

인 것에 비해 증가 속도가 매우 가파르다.

2020년 각국 정부가 코로나19로 인한 경제위기를 극복하기 위해서 재정지출을 대폭 늘린 결과 재정적자가 확대되고 정부부채가 대폭 늘어났다. 2020년 글로벌 정부부채 증가는 12.2조 달러로 2019년 4.3조 달러보다 증가 폭이 매우 크다. 그 결과 정부부채/GDP 비율이 2019년 88%에서 2020년 105%로 큰 폭으로 늘어났다.

이번 코로나19로 피해를 크게 본 서비스산업 중심의 선진국들이 재정지출을 크게 늘린 결과 선진국의 경우 정부부채가 10.7조 달러 늘었다. 반면에 신흥국들은 1.5조 달러 늘었다.

글로벌 가계와 기업부채의 합은 글로벌 GDP의 165%에 달한다.

참조하라.

2019년 124%에서 큰 폭으로 상승하였다. 선진국의 경우 0%대의 금리 수준에서 가계는 저리로 돈을 빌려 상대적으로 높은 수익이 예상되는 부동산이나 주식에 투자하였다. 기업은 경제위기가 진행되고 금리가 낮은 상황에서 유동성을 확보하고자 하였다. 미래가 불확실한 관계로 확보된 유동성은 투자로 이어지지는 않았다.

부채 수준을 논할 때 부채가 국내부채인지 해외부채인지도 문제가 된다. 일반적으로 선진국의 경우 GDP 대비 부채비율이 높아도 문제가 되지 않는 것은 부채 대부분이 국내부채이거나 자국 화폐가 기축통화라서 자국 화폐로 해외부채를 갚을 수 있기 때문이다.

선진국 중심의 성숙시장mature market에서의 부채 증가 속도가 가파르다. 성숙시장의 부채는 2019년 182.8조 달러에서 2020년 203.7조 달러로 20.9조 달러 늘어났다. 마이너스 성장을 기록하는 가운데 정부 부채가 크게 늘어 프랑스, 이탈리아, 그리스 같은 국가들의 GDP 대비 비금융부문 부채비율은 2019년 말보다 50% 증가하였다.

개도국 중심의 신흥시장emerging 부채도 2019년 220%에서 2020년 250%로 상승하였다. 신흥시장 부채는 2019년 말 74.6조 달러에서 2020년 말 77.7조 달러로 증가하였다. 중국의 비금융 부채/GDP 비율이 가장 큰 폭으로 늘었으며 그 뒤를 말레이시아와 터키가 따른다.

신흥시장 부채 증가는 중국 비금융 기업의 부채 증가가 이끌었다. 중국을 제외한 신흥시장의 부채는 2019년 4분기 31조 달러에서 2020년 3분기 29.3조 달러로 줄어들었다.[3] 그 이유는 코로나19 팬데믹 상황

3. IIF의 Global Debt Monitor(2020. 11.), "Attack of the Debt Tsunami"를 참조하라.

에서 나머지 신흥시장에 속한 국가들의 화폐가 큰 폭으로 평가절하하면서 국내부채의 달러 표시 금액이 줄어들었기 때문이다. 신흥시장의 일부 국가들은 자국 화폐의 대폭적인 평가절하로 앞으로 외화표시 부채를 갚는 데 어려움이 예상된다.

금융부문을 제외한 글로벌 총부채도 2019년 194조 달러에서 2020년 214조 달러로 크게 늘었다. 증가액 중 정부부채가 10.7조 달러, 비금융 기업부채가 5.4조 달러, 가계부채가 2.6조 달러 늘었다. 금융부문도 3.9조 달러 늘었다.

IIF에 의하면 2016년 이후 글로벌 부채가 늘어나는 속도가 과거보다 너무 빠르다. 글로벌 부채가 2016년 이후 60조 달러 정도 늘어났는데 그 이전 4년 동안에는 6조 달러 증가에 그쳤다는 것이다.[4] 현재 부채의 늪에 빠진 세계 경제가 큰 충격 없이 어떻게 부채를 줄여나갈 수 있는지가 앞으로 큰 과제이다.

IIF는 글로벌 부채가 지난 15년과 같은 속도로 쌓인다면 2030년 부채 규모는 지금보다 85조 달러가 늘어나 360조 달러에 이를 수 있다고 본다.

글로벌 부채의 이면에는 자산시장의 거품이 껴 있고 인플레이션을 가져올 요인들이 깔려 있다. 글로벌 부채를 해결하는 가장 이상적인 방법은 물가가 안정된 가운데 경기가 회복되는 것이다. 글로벌 부채 관리에 실패한다면 글로벌 자산시장 붕괴나 글로벌 인플레이션이 일어나

---

4. 60조 달러는 IIF가 제시한 2020년 3/4분기 말 52조 달러에 4/4 분기 늘어난 부채의 크기 8조 달러를 더한 값이다.

면서 세계 경제가 어려워질 수 있다. 특히 신흥시장에서 채무불이행default이나 지불유예moratorium 선언과 같은 문제가 발생할 수 있다.

3. 4차 산업혁명의 가속화

원래 4차 산업혁명이라는 말은 유럽에서 유행하는 말이다. 제조업 중심인 유럽에서 모든 하드웨어hard ware에 소프트웨어soft ware를 디지털화를 통해 입힌다는 의미에서 4차 산업혁명이라는 말을 쓰기 시작하였다. 1차 산업혁명이 농경 산업으로 이행을 의미한다면 2차 산업혁명은 증기와 전기 산업 출현을 의미하며, 3차 산업혁명은 컴퓨터와 인터넷 시대로 진입했음을 의미한다.

4차 산업혁명이 일어나는 2020년대는 2010년대와는 다른 진정한 혁신 시대가 될 것이다. 4차 산업혁명의 디지털화는 5G 시대를 열면서 6G 시대로 나아갈 것이며 빅데이터, AI, 클라우드cloud의 중요성이 커질 것이다.

5G라는 디지털 고속도로를 깔고 스마트폰과 사물 인터넷을 통해 빅데이터를 수집하고 이동하면서 필요한 데이터를 클라우드에 저장하고 이를 인공지능AI으로 분석할 것이다. 필요한 데이터를 클라우드에서 꺼내 AI로 분석하기 위해서는 유튜브나 넷플릭스 같은 스트리밍 기술의 한 단계 업그레이드가 필요할 것이다. 그런데 AI의 문제는 AI 분석에서 결국은 개발자의 윤리와 철학이 반영된다는 것이다.

데이터 안전 확보를 위한 블록체인blockchain 기술이 빠른 속도로 발전하고 있다. 그렇지만 해킹 기술도 나날이 발전하고 있어서 이를 막기 위한 기술 개발은 4차 산업혁명 시대의 지속되는 과제이다.

한편 빅데이터를 앞으로 어느 수준에서 어떻게 관리할 것인가가 국가의 중요 과제가 될 것이다. 빅데이터 수집과 저장을 외국에 계속 맡긴다면 기술 종속과 정보 종속 가능성이 커진다. 미국의 구글, 애플, 아마존 같은 글로벌 빅테크Big Tech 기업들의 독과점 남용을 막는 것도 중요 과제가 될 것이다.

중국의 경우 미국 빅테크 기업들의 진입을 막고 독자적으로 빅데이터를 수집하고 클라우드에 저장하면서 AI 산업을 발전시키고 있다.

기후 온난화를 막기 위해 2016년 발효한 파리 협정에서 전 세계는 2050년까지 탄소 중립화 목표를 세우고 있다. 탄소 의존형 경제를 저탄소 친환경 경제로 전환하기 위해서 각국은 에너지원으로 화석연료 의존도를 줄이고 신재생에너지와 원전 의존도를 높이고 있다.

한편 각국은 탄소 의존도를 줄이기 위해 전기 자율자동차, 수소차 등 그린 모빌리티mobility 산업 육성에 박차를 가하고 있다. 내연기관차를 전기차, 수소차로 바꾸는 자동차 산업의 혁신이 빠른 속도로 진행되고 있다.

전기차 개발에 가장 앞선 기업은 테슬라로 2021년 초 테슬라의 주가 총액이 세계 4대 자동차 기업의 주가 총액을 앞서는 기현상을 보여주었다. 이러한 현상은 자율주행 전기차를 스마트폰을 이을 하나의 전자기기로 보고 표준화, 집중화, 플랫폼화를 통해 테슬라가 스마트폰 시장에서 애플과 같은 독과점적 지위를 누릴 수 있다고 믿기 때문에 나타났다. 그렇지만 한 기업이 그 기업이 속한 시장보다 더 큰 기현상을 낳고 있다.

한편 자동차를 전자기기라고 보고 글로벌 IT 기업인 애플과 구글도 전기 자율자동차 개발에 뛰어들고 있다. 이와 함께 기존의 폭스바겐, BMW, 토요타, 현대 같은 자동차 기업들도 전기 자율자동차 개발과 전환을 서두르고 있다. 앞으로 글로벌 IT 기업과 기존의 자동차 기업 간의 합종연횡과 격렬한 경쟁이 예상된다.

전기 자율자동차의 원활한 운행은 5G 시대를 전제로 한다. 실시간으로 사물 데이터가 연결된 상태에서 센서가 제대로 작동해야 사고 없이 자율 운행이 가능하기 때문이다. 앞으로 이를 위한 스마트 시티 건설과 사회간접자본SOC의 디지털화 논의도 활발히 진행될 것이다.

또한 전기 자율자동차용 반도체와 배터리 수요가 폭발적으로 늘어나면서 이들 산업의 경쟁력이 자동차 산업의 미래를 결정할 가능성이 크다.

한편 코로나19 사태를 겪으면서 세계는 생명공학과 바이오 산업의 중요성을 다시 한번 깨닫게 되었다. 코로나19와 같은 팬데믹은 백신과 치료제의 개발 없이는 해결되지 않기 때문이다. 그리고 인류가 공동으로 팬데믹에 대처해야 해결할 수 있다는 것도 알게 되었다. 백신을 개발하는 데 막대한 자금이 투여되는데 이를 감당할 수 있는 국가가 몇 국가 안된다는 사실도 드러났다.

그런데 코로나19 백신은 공공재의 성격이 강하다. 코로나19 퇴치를 위해서는 집단 면역이 필요하며 이것이 형성되려면 적어도 인구의 60% 이상이 백신을 맞아야 하기 때문이다. 국가 차원에서는 국가가 세금으로 백신 개발비용을 부담하고 무상으로 백신을 공급해야 할 것이다. 그렇지만 글로벌 차원에서는 백신 개발비용과 공급 가격을 어떻게 결정하고 누가 얼마나 부담하느냐가 중요 과제가 될 것이다. 세계 코로나 백신의 대량 생산을 위해 지적재산권 보호를 유예해야 한다는 주장도 설득력을 얻고 있다.

이번 코로나19를 시작으로 앞으로 다른 형태의 전염병이 창궐하지 않는다는 보장이 없다. 앞으로 팬데믹 현상이 나타날 때마다 글로벌 차원에서 백신과 치료제 개발에 총력을 다해야 할 것이다. 앞으로 각국 간 생명공학과 바이오 산업, 의료 분야의 혁신과 경쟁이 격화될 것으로 예상되며 국가 간의 경쟁과 협력도 중요 과제로 떠오를 것이다.

바이든 미국 대통령은 반도체, 희토류, 의료 장비와 의약품, 전기차 배터리 등 4개 분야 공급망을 확보하라는 행정명령을 내렸다.[5] 그 이유는 미국의 이익과 가치를 공유하지 않는 나라에 공급망을 의존해선 안 된다는 것이다. 희토류는 천연자원이라 논외이지만 반도체, 의료 장비와 의약품, 배터리 등의 중국 의존도를 줄이고 자체 생산을 늘리며 동시에 동맹국들과 협력도 강화하겠다는 것이다.

그런데 바이든이 행정명령을 내린 산업들은 우리가 미래를 걸고 전력투구하는 디지털 산업, 그린 산업 그리고 바이오 산업이다. 단기적으로는 미국이 이들 제품의 중국 의존도를 줄이는 과정에서 이들 제품에 대한 수요가 우리에게 쏠리면서 우리가 부차적인 이득을 볼 수 있을 것이다. 그러나 장기적으로 미국 정부를 중심으로 이들 산업의 경쟁력을 높이기 위한 산업 정책들이 마련된다면 이들 산업에서의 국제적인 경쟁은 더욱 격화될 것이다. 미국과 중국 간의 패권 전쟁이 우리 미래 산

---

5. 동아일보의 기사, '바이든, 반중 연대 강조'를 참조하라.(2021. 2. 26.)

업에 본격적으로 영향을 줄 것이다.

4. 미국과 중국 간의 패권 경쟁 격화

미국과 중국 간 패권 경쟁의 성격

앞으로 미국과 중국은 패권을 다투는 경쟁자 관계임과 동시에 핵 확산, 기후 온난화, 팬데믹 등 일정 글로벌 문제를 함께 푸는 파트너 관계를 유지할 것이다. 미국과 중국의 관계가 과거 제2차 세계대전 후 미국과 소련과 같은 냉전 시대로 돌아가지는 않으리라 본다. 중국이 WTO 체제로 편입된 뒤 양국 경제가 서로 엮여 있으며 중국의 경제 규모가 과거 소련과는 달리 미국을 위협할 정도로 커졌기 때문이다. 또한 미국과 중국이 함께 풀어야 할 글로벌 난제들이 많다. 그렇다면 누가 기술 우위를 확보할지 어느 나라가 자국 내 문제를 슬기롭게 해결할지가 궁극적으로 패권의 방향을 결정하는 열쇠가 될 것이다.

미국의 중국에 대한 오산은 먼저 중국이 지금과 같이 빠른 속도로 성장과 부를 축적하리라 예상치 못한 것이다. 또한 미국은 중국이 잘살게 되면 중국에서도 자유민주주의가 꽃필 것이라고 보았다. 그런데 중국은 예상과 달리 권위주의 국가자본주의 체제를 강화하면서 패권 국가로 나아가고 있다.

2008년 글로벌 금융위기, 2020년 코로나19 위기를 겪으면서 미국 경제는 큰 충격을 받았다. 글로벌 금융위기 당시 진원지 미국보다 유럽이 오히려 더 큰 충격을 받았다. 그러나 중국 경제는 강력한 내수 부양

정책에 힘입어 견실한 성장세를 이어갔다.

한편 코로나19 사태의 진원지는 중국이었지만 중국은 강력한 봉쇄정책으로 2020년 2%에 가까운 경제 성장을 기록하였으나 미국은 −3.5% 성장을 기록하면서 어려움을 크게 겪었다. 코로나19가 중국에서 발생하였음에도 불구하고 경제적 타격은 미국이 더욱 크게 입었다.

중국의 일인당 소득은 코로나19 사태 발생 전 이미 일만 달러를 넘어서 인구가 14억 명이라고 보면 GDP가 대략 14조 달러에 이른다. 미국 GDP의 2/3 수준을 이미 넘어섰으며 구매력 평가로 계산한다면 이미 미국의 GDP 수준을 넘었다는 시각도 있다. 또한 중국이 WTO에 가입하고 세계 경제에 편입되면서 미국과 중국의 경제가 쉽게 떼놓을 수 없을 정도로 얽혀 있다. 과거 미국과 소련의 경제 관계와 다른 점이다.

미국과 중국의 관계가 과거 미국과 소련의 관계와 다른 또 하나의 이유는 미국과 중국이 실존적 위기에 공동으로 직면해 있다는 것이다. 미국과 중국은 기후 붕괴, 핵무기로부터 생존, 코로나19와 같은, 한 지구 위에 사는 한 독자적으로는 해결할 수 없으며 함께 풀어야 할 공통의 도전과제를 안고 있다.

하버드대 앨리슨 교수는 중국을 소련과 같은 전통적인 강대국 경쟁자가 아니라 군사력과 경제력을 함께 갖추고 떠오르는 투키디데스 라이벌Thucydides rival이라고 보았다.[6] 바이든 행정부도 중국을 냉전 시대의 소련과는 다르다고 생각하고 있다. 앨리슨 교수는 비상하는 세력이

6. 중앙일보에 실린 하버드대 석좌교수 Graham Allison의 기고문 "Clues on President Biden's Foreign Policy"를 참조하라.(2021. 1. 21.)

기존 세력을 대체할 정도로 위협적일 경우 무력 충돌 가능성이 크다는 점을 사례를 통해 보여 준다.

중국은 제1 · 2차 세계대전 후 글로벌 번영을 가져온 미국의 실체와 미국 주도의 세계질서를 위협하고 있다. 바이든 대통령은 전임 트럼프 대통령과 같이 공공연히 미국 우선 정책을 펴지 않더라도 무역, 금융, 기술 측면에서 강경정책의 기조를 이어가려고 하고 있다. 앞으로 미국과 중국 간의 갈등은 무역 전쟁, 기술 전쟁, 금융 전쟁을 넘어서 패권 경쟁으로 계속 발전해 나갈 것이다.

중국은 공산주의와 시장경제를 결합하면서 패권 국가화하고 있다. 중국의 시진핑은 중국이 100년의 굴욕 시대를 지나 다시 돌아왔다고 본다. 중국 내부에서 민족주의와 애국주의를 자극해 시진핑 주석과 공산주의의 권위를 높이려 하고 있다. 중국의 지도층은 미국과의 패권 경쟁에서 물러설 수 없다고 보고 있다. 시진핑 주석은 권위주의 통치를 넘어 마오쩌둥 시절의 전체주의 시대로 회귀하려는 시도를 하고 있는 것 같다.

중국의 일대일로 정책은 경제적 블록화를 통해 패권을 강화하려는 시도라고 볼 수 있다. 중국의 남중국해에서 영유권 분쟁, 인도와의 국경 충돌, 대만에 대한 군사적 압박, 호주와의 갈등 등은 중국의 패권 강화 정책 일환이라고 볼 수 있다.

미국의 트럼프 대통령은 미국 우선주의를 외치면서 그동안 쌓아 올린 국제질서와 동맹국들과의 관계를 무시하고 기후 온난화와 팬데믹 등을 막기 위해 노력하는 패권국으로서의 역할을 제대로 하지 않았다. 중국은 그 틈새를 파고들어 패권 국가로 뻗어 나아가려 하고 있다.

물론 아무도 패권국의 역할을 하지 않는다면 킨들버그 함정에 빠질 수 있다. 국가들이 자국의 이익만을 추구하는 가운데 고립주의와 무임승차가 횡횡하면서 국제질서와 평화가 깨진다는 것이 킨들버그 함정이다. 그런데 트럼프 시대와 같이 미국이 자유시장 경제와 민주주의 가치 추구라는 자기 역할을 포기하고 미국 우선주의로 나아가며 권위주의 국가인 중국이 그 역할을 대체하려 한다면 우리도 양국 간 선택에서 어려운 처지에 놓이게 될 것이다.

물론 앞으로 미국의 대통령은 바뀌어도 미국 중심주의 정책은 계속될 것이다. 바이든 정부의 통상정책도 경제 활성화와 일자리 창출 등 시급한 국내 문제와 연결될 수밖에 없다. 바이든 정부는 자국 산업과 노동자를 보호하기 위한 통상정책을 우선으로 구사하고 있다.

그러나 동시에 바이든 행정부는 미국의 국제적 리더십을 강조하고 동맹 및 우방국가들과 국제적 이슈에 대한 공동대처를 주문하며 동맹관계를 강화하고 있다.

앞으로 바이든 정부도 중국 견제 정책을 계속할 것이다. 바이든 정부는 중국의 불공정 무역관행을 용인하지 않으려 할 것이다. 첨단기술 육성에 중국 정부가 직접 개입하는 것에 대해서도 강력히 대응할 것이다.

그런데 미국과 중국 양국 간의 패권 전쟁의 승부는 군사, 안보, 동맹 관계 등 국제적 갈등 요인 못지않게 양국이 국내적 갈등을 얼마나 잘 풀어나갈 수 있느냐에 달렸다. 미국과 중국 모두 하나로의 미국이나 하나로의 중국을 달성하는 데 국내 정치·경제적으로 취약하다. 냉전시대 소련도 패권 전쟁에서 졌다기보다 소련 경제가 자체적으로 무너지고 소련 연방이 해체되어 러시아로 회귀하면서 몰락의 길을 걸었다.

미국과 중국은 코로나19 사태가 발생하기 전부터 무역 분쟁에 휩싸여 있었으며 무역 분쟁이 환율전쟁으로 그리고 패권 경쟁으로 발전할 조짐을 보였었다. 이러한 가운데 미국은 중국의 코로나19 사태 책임론을 들고나오고 있으며 미국과 중국 간 충돌이 기술 · 군사 · 이념 등 전방위로 확대되고 있다. 코로나19 사태 이후 경제 · 금융 부문을 넘어 대만 · 홍콩 관련 충돌, 국제기구 지배구조 다툼 등 정치 · 외교 부문에서 양국 간 갈등이 더욱 격화될 가능성이 크다. 양국 수뇌부의 변동 없이 이러한 충돌이 계속 진행된다면 신냉전 시대가 대두되고 시장자본주의 대 국가자본주의로 경제적 블록화가 이루어질 가능성이 있다.

중국은 미국과의 관계를 신형대국관계로 규정하면서 그동안 미국과는 경제, 시장 등으로 엮이면서 발전하였으나 이제는 패권이 우선이라는 인식을 감추지 않고 있다. 코로나19 사태를 겪으면서 시진핑은 21세기에는 사회주의가 자유민주주의보다 우월하며 시간은 중국 편이라는 인식을 하고 있다. 이러한 인식 뒤에는 새로운 첨단기술로 국가를 효율적으로 통제하고 미래를 지배할 수 있다는 인식이 깔려 있다.

한편 미국의 대중 강경론자들은 중국과의 관계를 화해할 수 없는 가치의 대립으로 보고 있다. 중국은 개혁과 개방 대신 화웨이와 같은 첨단기술 기업들을 활용해 중국을 외부로부터 정보를 차단하고 통제함으로써 신만리장성the great fire wall을 쌓고 있다고 본다. 미국은 중국이 권위주의 사회를 넘어 전체주의 사회로 나아가고 있다고 본다. 탈중국은 미국의 미래 전략이며 현재 중국 중심의 글로벌 공급망을 재편할 필요가 있다고 본다. 미국의 일부 세력은 그동안 중국과의 교역으로 얻은 이익보다 코로나19 사태로 인한 피해가 더 크다고 본다.

그런데 탈세계화는 블록화를 의미하며 미국은 미국 우선주의를 중국은 중국몽을 내세우는 가운데 한반도에서도 양대 세력 간의 충돌과 대립이 격화될 것이다.

미국의 내부 갈등

미국과 중국 모두 국내적으로 난제를 안고 있다. 지난번 대선에서 보여준 미국의 분열상은 미국이 과연 민주주의의 종주국이라 불릴 수 있나 하는 의심을 하게 만든다. 현직 대통령이 선거 결과를 뒤집으라는 선동을 하고 이에 따라 폭도들이 의사당에 난입하고 인명 피해가 발생한 것은 정치·경제적으로 불안한 저개발국가에서나 볼 수 있는 사례일 것이다. 이번 사태는 민주주의 국가에서도 대통령이 민주주의의 법과 규칙을 따르지 않는다면 민주주의 체제 자체의 존립이 어려울 수 있다는 것을 보여준다. 자유민주주의는 결코 안정적인 시스템이 아니며 그 체제의 안전성은 가꾸어 나아가는 것이다.

자본주의와 자유민주주의 시스템은 그 자체가 불안정을 내포하고 있다. 자유민주주의에서는 사람 단위로 모든 일이 결정되므로 공정성과 평등이 중시된다. 자본주의에서는 자본이 단위이며 성장과 능력이 중시된다. 공정과 평등 그리고 성장과 능력은 항상 함께 가는 것이 아니며 부딪치는 측면이 강하므로 자본주의와 자유민주주의 간의 균형이 필요하다.

일찍이 토크빌은 미국 건국 과정을 돌아본 뒤 민주정이 앞으로 대세가 될 것으로 생각하면서도 평등 사회가 초래할 가능성 있는 어두운 면도 예견하였다.[7] 토크빌은 민주주의의 평등화가 잘못하면 다수결을 빙자해서 한편으로 다수자의 전제와 중앙집권화를, 다른 한편으로는 동질화된 개인의 자발적인 예종을 낳을 수 있다고 강조한다.

평등에는 두 종류의 평등이 있다. 하나는 당당하고 정당한 평등이다. 평범한 사람을 위대한 사람의 대열로 이끄는 상향 평준화이다. 다른 하나는 견제와 균형 없이 다수결에 의한 하향 평준화를 의로운 일로 미화하는 것이다. 무조건 다수를 따르게 하고 다수로 법률을 만드는 특권을 장악한 뒤 법의 지배를 표방하면서 민주 독재로 나아가는 것이다. 하향 평준화 아래서는 반 엘리트주의와 포퓰리즘이 성행하게 된다. 포퓰리즘이 성행하면 진영 논리가 판치게 되고 채택된 정책의 부작용으로 인해 하향 평준화가 오히려 강화되는 쪽으로 치닫게 될 것이다.

그동안 포퓰리즘은 남미나 개발도상국에서나 성행하는 것으로 인식되어 왔다. 그러나 지난번 미국의 트럼프 대통령 당선과 이번 미국 공화당 극우세력에 의한 미국 국회의사당 난입 사태는 민주주의의 종주국이라는 미국도 포퓰리즘에서 자유롭지 못하다는 점과 토크빌이 일찍이 간파한 민주정의 취약성을 다시 한번 목도하는 계기가 되었다.

이번 미국의 의사당 난입 사태는 미국이 중국의 부상과 미국 경제가 정체된 것에 대한 초조감이 얼마나 큰지 그리고 미국 내에서 인종 장벽과 이념 장벽이 얼마나 높은지를 보여주고 있다.

제2차 세계대전 이후 미국은 60%에 달하는 백인 중산층을 중심으

---

7. 토크빌은 『민주주의 비판』에서 권력의 집중이 민주주의 고유의 위험성이라고 생각하였다. 다수자의 폭정이나 민주적 전제는 그의 이러한 우려를 나타내는 표현이다.

로 남북전쟁 이후 가장 안정적인 경제 성장을 누렸다. 특히 소련과의 냉전에서 승리하면서 미국은 초강대국ultra superpower 지위를 누렸다. 그렇지만 21세기 들어와 9 · 11 사태, 테러와의 전쟁, 이라크와의 전쟁 그리고 글로벌 금융위기를 겪으면서 미국이 경제적 전성기를 지나고 있다는 인식이 내외적으로 퍼지게 되었다. 이러한 가운데 WTO 체제에 편입한 권위주의 중국의 빠른 경제적 부상은 미국의 불안감과 우려를 증폭시켰다. 인종 구성도 다양해져서 백인들 다수가 무너지기 시작하고 저학력 · 저소득 백인들의 비중이 늘어나면서 그동안 속으로 쌓여 왔던 인종 갈등이 노출되기 시작했다.

한편 경제 세계화 물결로 그동안 미국 중산층이 누렸던 안정적인 직업이 해외로 빠져나가면서 러스트 벨트 등을 중심으로 취업난을 겪게 되었다. 또한 4차 산업혁명으로 특징지어지는 디지털화와 자동화는 미국 일부 백인 중산층들의 안정적인 직업을 빼앗아간 것뿐만 아니라 소득과 부의 양극화 현상도 심화시켰다. 그 결과 미국 백인 중산층들의 일부는 심한 우경화 현상을 보였고 여기에 편승한 트럼프는 미국 우선주의America First를 내세우면서 미국을 지역적으로 갈라치고 이들에게 편승하면서 2016년 총득표수에서는 지고도 대통령에 당선되었다. 트럼프는 전형적인 비즈니스맨으로 표 계산에 철저하면서 본인에게 유리하면 거짓말하는 것도 주저하지 않았다.

과거 미국에서는 거짓말을 한다는 것은 정치인에게는 치명타였으며 여당과 야당 간에도 관용과 절제가 중요 덕목으로 여겨졌다. 정치인들의 소신이 존중되었으며 필요한 경우에 크로스 투표를 하는 것도 당연시되었다. 그런데 지금 미국 공화당과 민주당은 진영 논리 속에 빠져

당론으로 투표하는 경우가 빈번하다.

이번 미국 의사당 난입 사태는 트럼프 대통령이 얼마나 국민 편 가르기, 자기 편을 향한 선전 · 선동, 프레임을 짜서 가공의 사실 세계를 구축하는 데 놀라운 능력이 있는지를 보여주었다. 더욱이 여기에 현혹되어 많은 공화당원이 아직도 트럼프를 지지하고 있는 것도 놀랍다. 의사당 난입 사태에 대한 한 여론 조사에 의하면 미국민 다수가 의사당 난입 사태를 민주주의의 위협으로 보지만 공화당의 다수는 민주주의의 위협이 아니라고 본다.

미국의 분열상과 트럼프 현상의 바탕엔 세계화, 디지털화와 자동화에 따른 경제와 사회 양극화가 존재한다. 양극화는 선전 · 선동 정치가 창궐하기 쉬운 토양을 제공한다. 트럼프의 열렬한 지지자들은 대부분 가난한 저학력 백인 남성이나 사회불만이 많은 인종차별주의자들이라고 한다. 그렇지만 트럼프가 2020년 선거에서 역대로 2번째 많은 7천 1백만 표를 얻고 진 것도 현실이다.

트럼프의 포퓰리즘과 선전 · 선동에도 불구하고 바이든이 새로운 대통령으로 당선된 것은 아직도 미국 민주주의의 복원력이 살아 있다는 것을 의미한다. 동시에 미국과 같은 선진국도 대통령 리스크가 있으며 민주주의가 잘못 관리된다면 유리장같이 취약할 수 있다는 점도 알 수 있다.

바이든의 슬로건은 미국을 다시 존중받게 한다는 것이다. 이것을 현실화하려면 바이든은 미국 민주주의에 대한 국내외 신뢰부터 회복해야 할 것이다. 이번 대통령 선거에서 나타난 분열과 당파주의를 먼저 극복해야 할 것이다. 대화와 타협, 양보와 존중을 통해 극심한 분열을 치유하고 통합을 향해 나아가야 할 것이다.

지금의 미국은 분기점turning point에 있다. 국내 분열을 치유하지 못한다면 쇠락의 길을 가면서 패권도 빼앗길 것이다. 반면 국내 분열을 치유하고 통합한다면 미국 주도의 자유민주주의 국제질서를 회복하고 미국의 위상과 권위를 되찾을 것이다. 앞으로 미국의 패권 유지 여부는 바이든 정부의 국내 문제 해결 여부에 달렸다고 할 것이다.

바이든 정부의 우선 과제는 백신 접종과 치료제 개발로 코로나 팬데믹을 확실히 극복하는 것이다. 이와 함께 경제 부흥을 통해 지속적인 경제 성장을 달성하는 것이다. 의사당 난입 사태와 관련한 트럼프 처리 문제도 넘어야 할 산이다. 의사당 난입 사태에서 트럼프의 행동을 법적 잣대로 다룬다면 한편에서는 언론의 자유를 주장할 것이고 다른 한편에서는 국가내란전복죄에 해당한다고 주장할 수도 있을 것이다. 양당 간 정치적 극단 대립을 막기 위해 트럼프의 행동을 불문에 부치고 정치적으로 해결하려 한다면 트럼프가 다음 대선에서 미국 민주주의에 끼치는 부정적 영향을 우려하지 않을 수 없다. 미국이 이러한 국내 문제를 얼마나 슬기롭게 극복해나갈 것인가는 앞으로 미국과 중국 간의 패권 경쟁에서 결정적 변수가 될 것이다.

중국의 내부 갈등

과거 중국은 권위주의 마오쩌둥 시절을 넘어 개혁과 개방을 표명하고 실용주의 노선을 택한 덩샤오핑 시절을 지나면서 빠른 속도로 발전하였다. 정치적으로도 당서기와 주석 임기의 5년 연임, 즉 일인 10년 집권 체제가 불문율로 받아들여졌다. 비록 공산당 내부에서의 권력 이양이지만 10년 주기의 안정적 정권 이양을 보면서 중국 경제가 선진화되면 서방의 민주주의와 중국의 사회주의가 수렴할 수도 있을 것이라고 믿는 사람들도 생겨났다.

그런데 시진핑 주석이 집권하면서 중국은 과거의 개혁 · 개방 실용주의에서 권위주의 국가로 나아가고 있다. 우선 최고 권력층의 암묵적인 임기 제한을 없애고 시진핑 주석의 장기 집권과 영구 집권의 길을 터주었다. 중국은 시장경제를 활성화하되 공산당 치하에 있다는 점을 확실히 하면서 국가자본주의로 나아가고 있다. 중국은 애국주의와 민족주의를 고양하면서 새로운 디지털 시스템을 활용해서 통제를 강화하는 권위주의 체제로 나아가고 있다.

시진핑은 중화민족의 부흥을 내세우면서 최고로서의 중국을 지향하고 있다. 시진핑은 문명의 교류와 평화로운 공존을 내세우고 있다. 그렇지만 그 속에는 중국 중심의 세계질서라는 전제가 깔려 있다. Pax America에 도전하는 Pax Sinica이다. 중국은 일대일로 정책으로 아시아와 유럽을 육상과 해상에서 연결하고 아시아에서 중국 중심의 단극체제를 도모하고자 한다. 중국 시진핑은 우주에서 2등은 지구에서 1등이 될 수 없다는 신념 아래 우주 개발에도 전력을 쏟고 있다.

중국의 국내 문제는 미국보다 훨씬 심각하다. 중국은 시진핑 체제 하에서 하나로의 중국과 최고로의 중국을 지향하고 있다. 하나로의 중국을 강조하는 것은 중국이 한민족과 55개의 소수민족으로 구성되어 있으며 이들의 통합이 쉽지 않기 때문이다.

과거 중국의 역사는 한민족과 북방 민족과 대결의 역사라고 해도 과언이 아니다. 만리장성을 쌓은 것도 북방 민족의 침입을 막기 위한 것이다. 과거 여진족 국가인 금나라와 송나라의 대결뿐만 아니라 강대한 중국을 이룩한 원나라도 몽골족이 세운 나라이며 국토를 최대로 확장한 청나라도 여진족이 세운 국가이다. 중국이라는 용광로 속에 모든 소수민족이 하나로 녹아 들어갔다고 강조하고 있으나 중국의 소수민족 문제는 아직도 풀어야 할 숙제이다. 중국의 소수민족의 숫자는 중국 인구의 9% 수준 정도이나 이들이 과거 차지하였던 영토 규모는 중국 전 영토의 60%에 이른다. 아직도 신장 위구르, 티베트, 홍콩 등에서 분쟁이 그치지 않고 있다. 중국은 이들 지역에서 당근과 채찍 정책을 함께 구사하고 있으나 이들 지역의 소수민족에 대한 억압은 계속 이슈로 대두되고 있다. 이와 함께 대만 문제는 자본주의와 공산주의가 함께 하는 일국 양제 시스템이 과연 유지될 수 있는지를 보여주는 시금석이 될 것이다.

소수민족 문제는 이들을 만족시킬 만한 경제 성장을 중국이 제공할 수 있으면 수면 아래에서 잠잠할 수 있겠지만 그렇지 않거나 한족과의 불평등 격차가 계속 커진다면 언제든지 터질 수 있는 뇌관이 될 것이다.

중국의 또 다른 문제는 불투명한 경제다. 중국 경제의 거품이 어느 정도인지 언제, 어떻게 터질지 아무도 모른다는 우려의 시각이 많다. 중국이 시장경제를 적극적으로 수용하고 있으나 공산주의 체제하에서 독창적 기술 개발을 통해 미국과의 경쟁에서 앞설 수 있을지 의문이다. 그동안 중국은 선진국에서 개발된 기술에 의존해서 경제 성장을 이룬 것이 현실이다.

미-중 갈등과 한국의 선택

우리는 정치 · 경제적 측면에서 미국과 중국 사이에서 선택을 강요받는 어려운 상황에 직면해 있다. 우리는 먼저 한반도 위에서 군사 · 안보 차원에서 균형을 달성한다는 전제 아래 우리의 가치와 정체성에 일치하는 정책을 펴야 할 것이다.

이번 코로나19 사태를 겪으면서 우리는 중국 체제의 문제점과 실상 또한 명확히 인식하게 되었다. 운명공동체가 되기에는 중국의 가치 체계와 시스템이 우리와 너무나도 다르다는 것을 알게 되었다. 한국은 자유민주주의와 자본주의를 지향하고 있다. 한국의 경쟁력은 자유와 개방에 있다. 그렇다면 한국과 중국은 정체성이 같을 수 없다. 운명공동체가 되기 위해서는 추구하는 가치와 정체성이 일치할 필요가 있다.

그렇다면 우리는 동아시아 다극 체제 속에서 미국과의 확고한 동맹관계 위에 중국과의 우호 관계를 함께 유지하는 것이 필요할 것이다. 미국 주도의 인도 태평양 전략에 동참하고 중국의 일대일로 사업에도 참여해야 할 것이다.

통상분야에서도 미국과 중국 사이에서 어느 한 나라를 선택해야 하는 어려운 상황이 올 수 있다. 이와 관련 우리나라는 기본적으로 시장경제 및 자유무역 원칙과 다자무역 규범을 존중한다는 점을 대외적으로 표명하는 것이 바람직하다. 우리는 안건별로 어느 특정 국가를 선택하기보다 우리가 존중하고 추구하는 가치와 원칙을 선택의 근거로 삼는다는 것을 대외적으로 천명할 필요가 있다. 이러한 접근 방법은 대외적으로 정당성을 확보할 뿐만 아니라 국민 설득에도 도움이 된다.

한국 경제가 당면한 과제

chapter 7

2020년 초에 터진 코로나19 사태는 우리 경제와 세계 경제 판도에 커다란 충격을 주었다. 코로나19를 극복하기 위해 정부가 재정지출을 확대하고 돈을 풀었지만 경기침체는 계속되고 자산시장으로 돈이 몰리면서 부동산과 주식시장이 과열 현상을 보였다. 그 결과로 경기와 자산시장이 반대 방향으로 움직이는 K자형 경제 회복 양상을 보임과 동시에 소득과 부의 양극화 현상이 더욱 심해졌다.

한편 저출산 · 고령화 현상이 심해지면서 인구가 줄어들기 시작하였다. 또한 우리 경제의 경쟁력 확보를 위해 필요한 산업과 노동시장 구조 개혁은 제대로 이루어지지 않고 있다.

코로나19 사태가 장기화하고 확대재정정책을 지금처럼 지속한다면 재정건전성이 우려되며 완화적 통화정책과 맞물려 금융 불안을 야기할 수 있다. 우리가 산업구조를 고도화하지 못한 채 실물부문의 경쟁력을 잃는다면 우리 경제는 코로나19 사태보다 더한 위기 상황으로 빠질 수 있다.

우리가 경제의 구조적 문제 해결과 거시경제 현안에 초점을 맞출 수 있는 것은 기본적으로 정치와 법과 제도의 안정 그리고 국가 안보 문제에 대해서는 안심을 해도 된다는 전제가 아래에 깔려 있기 때문이다.

우리는 국내 외에서 포퓰리즘과 팬덤 정치가 성행하는 현실을 우려한다. 포퓰리즘과 팬덤 정치는 코로나19 사태와 같은 국가 위기 상황에서 더욱 극성을 부리며 정치뿐만 아니라 경제를 망친다.

정치의 사법화와 사법의 정치화는 자유민주주의의 근간인 법과 질서 유지를 통째로 흔들 수 있다. 지속되는 적폐청산은 정치의 사법화이며 반대편에서는 정치보복이라 생각할 수 있다. 한편 사법의 정치화가 계속 진행된다면 제도적으로 법과 질서 유지가 보장받을 수 없다.

코로나19로 인한 탈세계화와 미국과 중국 간의 충돌 등 외교 · 정치 · 안보 지형 변화가 앞으로 한국 경제에 큰 충격을 줄 것이다. 미국과 중국 간의 대결 확산과 함께 한반도 위에서의 남북 간의 정세 변화도 우리 경제의 불확실성을 높이는 변수가 될 것이다.

앞으로 지역, 세대, 이념 간 국내 갈등을 해소하고 한반도에서 남북 간의 외교, 안보, 군사적인 차원에서 균형을 이뤄야 할 것이다. 특히 한반도에서 남북 간 핵의 균형도 이루어져야 할 것이다.

1. 경제 연착륙과 양극화 해소

한국 경제는 2020년에 -1% 경제 성장을 기록하였다. 정부는 OECD 국가 중에서 성장률이 가장 높다고 자랑을 하고 있는데, 자랑을 할 수 있는 것인가?

2021년 경제 성적표는 2020년과는 다른 양상을 보일 수 있다. 먼저 2020년 어려움을 많이 겪은 국가일수록 2021년 경제성장률이 높을 것으로 예상된다. 그것은 기저 효과가 있기 때문이다. 용수철을 깊게 누를수록 더 많이 튀어나오는 것과 같은 논리이다. 다음으로 2020년 경제 성적표는 코로나19에 대한 방역을 얼마나 잘했는지에 의해서 결정되었다. 우리의 경우 국가 차원의 공공의료 시스템이 잘 자리 잡고 있으며 의료진의 헌신과 국민이 잘 따라준 결과 방역에는 좋은 성과를 거둘 수 있었다.

그러나 2021년 경제 성적표는 백신 접종을 얼마나 빨리해서 집단 면역을 달성하였는가에 영향을 받을 것이다. 우리는 백신 확보와 접종 모든 면에서 다른 선진국에 뒤져 있다. 정부 당국이 백신이 게임 체인저game changer라는 인식이 부족했고 백신 확보과정에서 누구도 책임지는 자세를 취하지 않았기 때문이다. 백신 확보를 위해서는 대통령이 나서서 책임지는 자세를 취해야 했었다. 관료들은 잘되면 본전이고 잘못되면 왜 비싼 값에 다량의 백신을 구입하였는가 하고 책임을 묻는 일에 나설 이유가 없다. 더군다나 정부 주위의 전문가라고 자칭하는 사람들이 우리는 방역이 잘되고 있으므로 다른 나라에서의 백신 접종 결과를 보고 싸게 백신을 사자고 주장하는 상황에서 어떻게 서둘러 백신을 확보할 수 있겠는가? 백신이 게임 체인저인 것을 알아도 면책 조항 없이 어떤 관료가 책임을 지고 이러한 결정을 할 수 있겠는가?

미국을 비롯한 선진국들이 인구의 몇 배가 되는 양의 백신을 여러 회사와 서둘러 계약한 것은 백신만이 게임 체인저이지만 어느 제약 회사에서 만든 백신의 효능이 제대로 나타날지 불확실하기 때문이다. 불확실성하에서 위험 분산은 경제학의 기본 상식이다. 한편 백신 접종에 따른 비용-편익 분석을 한다면 비용은 백신 구입에 따른 비용이 될 것이며 편익은 접종을 통한 집단 면역 달성으로 우리 경제가 정상화되어 얻는 이익이 될 것이다. 백신 접종으로 2021년 5월, 11월, 혹은 2022년 봄 등 각각 다른 시기에 집단 면역을 달성할 때 경제적 효과를 따져서 분석해야 할 것이다.

한편 2020년과 2021년의 경제 성적표는 경제구조가 서비스산업 위주인지 제조업 위주인지에도 달렸다. 코로나19가 상대적으로 서비스산업에 더 큰 충격을 주면서 상대적으로 서비스산업 위주인 국가들의

2020년 경제 성적표가 좋지 않았다. 그런데 이런 국가들이 2021년 집단 면역을 빨리 달성해서 코로나19로부터 빨리 빠져나온다면 2021년 이들의 경제 성적표가 더 좋을 수 있다.

이와 함께 2020년 경제성장률을 달성하기 위해 택한 정부 경제정책의 부작용과 그 여파에 대해서도 엄밀히 분석하고 이를 극복하기 위한 대책도 정확히 평가해야 할 것이다.

실물경제의 침체 극복

우리가 마이너스 성장을 기록한 것은 1997~1998년 외환·금융위기 이후 처음이다. 우리나라는 2008년 글로벌 금융위기 당시에도 플러스 성장을 기록하였다. 코로나19가 우리나라 경제에 미친 충격이 그만큼 크다는 이야기이다. 우리나라의 경우 2020년에 -1%, 2021년 3.5% 경제 성장을 예상한다. 그런데 다른 한 나라가 2020년에 -3.5%, 2021년에 7% 경제 성장을 예상한다면 어느 나라가 코로나19를 더 잘 극복하였다고 할 수 있겠는가?

그런데 -1% 성장을 기록하기 위해서 우리 경제가 큰 대가를 치렀다. 더욱이 그 경제적 비용이 코로나19 사태 이전 한국 경제가 가지고 있던 구조적 문제와 뒤엉키면서 더욱 커졌다.

우리 경제는 실물경제가 침체를 면하지 못하는 상황에서 부동산 시장과 주식시장이 어느 나라보다 더 과열되는 양상을 나타내고 있다. 앞서 언급한 실물경제의 침체와 자산시장의 과열, 즉 K자형 경기 진행이 그것이다. 그런데 이러한 실물경제와 자산시장의 괴리가 계속되는 것은 바람직하지 않다. 괴리 자체가 자산의 양극화 현상을 보여줄 뿐만 아니라 실물경제가 뒷받침해주지 않는 자산시장의 호황은 지속될 수 없으며 자산시장 거품이 붕괴하면 금융시장 불안을 일으킬 가능성이 크다.

부동산 시장 과열 해소

부동산 시장 과열 현상은 정부 발표 통계에서도 잘 나타난다. 앞에서 언급한 것과 같이 부동산이 가장 큰 비중을 차지하는 국민순자산과 GDP 비율을 보면 2017년 말 7.8배에서 2019년 말 8.7배로 크게 늘었다. 2020년 국민순자산 통계는 보통 2021년 6월까지 나오는데 올해는 발표가 늦어지고 있다. 그런데 서울 아파트 실거래가 지수가 2020년과 2021년 초반까지 큰 폭으로 상승한 것을 볼 때 국민순자산과 GDP 비율이 9를 넘어설 가능성이 크다.

부동산 시장 과열과 가격 급등은 젊은이들 사이에 부동산을 보유한 '벼락부자'와 보유하지 못한 '벼락거지'라는 신조어를 낳기도 하였다. 아파트를 보유하지 못한 젊은이들이 모든 자산을 집어넣어 아파트 구매에 뛰어들면서 가계부채가 급등하고 '영끌'이라는 신조어를 낳게 되었다.

부동산 시장 과열은 수요와 공급 원리를 무시한 정부의 부동산 정책과 그동안 고삐 없이 풀린 돈이 가장 큰 원인이다. 경기 활성화를 위해 코로나19 사태 이전부터 택한 확장적 통화정책이 코로나19 사태 이후 제로 퍼센트 대의 저금리 정책으로 연결되면서 시중에 돈이 넘쳐났다. 그런데 이렇게 풀린 돈이 생산과 투자로는 연결되지 않고 부동산 시장으로 흘러들어오면서 부동산 시장 과열을 가져왔다.

무엇보다도 공급을 늘리지 않은 채 수요 억제로 일관한 주택 정책이 부동산 시장 과열의 가장 큰 원인이다. 문재인 정부는 서울의 주택 공급률이 100%에 이르러 공급 부족은 없다고 주장하였다. 서울 인구 변화가 없어도 1인 가구, 2인 가구 증가로 서울 주택 공급이 부족하다는 점을 몰랐다. 또한 개인 소득 3만 달러 시대에 1970년대, 1980년대 지은 주택에 만족할 수 없다는 점도 인식하지 못하였다.

반면에 아파트 수요가 주거안정과 동시에 노후를 대비한 투자 수요라는 점도 인식하지 못하였다. 아파트 가격이 폭등한 것이 다주택자와 투기꾼들 때문이라고 믿었다. 투기 규제 지역을 확장하고 대출 규제를 강화하고 세율을 상향 조정해 투기 수요를 막아서 아파트 가격을 안정시킬 수 있다고 믿었다.

아파트 가격 폭등 원인 진단, 정책 목표, 정책 수단, 순서 그리고 타이밍 모두가 잘못되었다. 가격 폭등의 기본적인 원인은 아파트 공급이 부족한 상태에서 수요 증가이며 투기는 부차적인 요소다. 부동산 시장 안정을 위해서는 주택 공급을 확대하고 정부 부동산 정책의 신뢰성을 되찾아야 했었다. 투기는 정부 정책의 신뢰성이 상실되면 더욱 성행하게 된다는 점을 인정하지 않았다.

지금 주택가격 안정을 위한 가장 유효한 정책은 주요 선호지역 공급 확대이다. 정부는 서울과 수도권의 택지 개발을 소홀히 하고 재건축을 억제하고 고도를 제한하는 정책을 폄으로써 공급 측면의 병목 현상을 초래하였다.

부동산 공급 정책은 시장 중심의 개발 정책과 공공 개발 정책을 겸행할 필요가 있다. 공공 개발 주택은 분양 원가를 공시할 필요가 있다. 공공 개발 주택은 적어도 50%를 신혼부부 등 젊은이에게 우선적으로 임대 해주고 자녀를 낳을 때 분양권을 주는 등 젊은이를 위한 획기적인 주택 정책을 제시할 필요가 있다. 이와 함께 공공택지나 주택 개발에 따른 이익금은 무주택자나 서민 등 사회적 약자를 위해 쓸 방안을 마련해야 할 것이다. 2021년 3월에 터진 LH 사건은 반시장적 정부 주도의 부동산 정책의 허구성을 보여주고 있다.

정부는 장기적으로 교육, 의료, 신산업 분야Start-up를 한데 엮어 스마트 시티를 개발하고 과감한 인프라 투자를 통해 서울과 수도권에 대한 접근성을 높이는 정책을 함께 펴는 것도 필요하다.

코로나19 사태로 인한 경기 부진으로 소상공인이나 자영업자들은 임대료 내기가 벅차다는 하소연들을 하고 있으며 실제로 내기가 어렵다. 경기침체를 반영하여 곳곳에 '임대' 사인들이 붙어 있다. 그런데 건물주들은 임대가 나가지 않아도 별로 걱정하지 않는다는 소리도 들린다. 건물 가격이 올라서 단기간 임대 수입이 없어도 큰 걱정이 아니라는 것이다. 코로나19 시대에 부동산 가격 급등이 가져온 소득과 부의 양극화를 보여주는 씁쓸한 현상이다.

주식시장의 과열 진정

자산시장 과열 현상은 주식시장에서도 나타나고 있다. 코스피는 2019년 2,087.9로 마감한 뒤 코로나19 사태가 터지면서 2020년 3월

19일 최저점 1,457을 기록하였다. 그렇지만 2020년은 누구도 예상하지 못한 반전의 한 해로 코스피는 2,873.4로 마감하였다.

2020년 한 해 코로나19 사태로 경제가 -1% 성장을 하였으나 코스피는 2020년 한 해에 785.5 포인트, 37.6%가 상승한 것이다. 3월 19일 최저점에 비하면 코스피는 99.6% 그리고 코스닥 지수는 130.8% 상승하고 마감한 것이다. 2020년은 주가가 유례없는 활황을 보여준 한 해가 되었다. 코스피 상승세는 2021년 6월까지 이어져서 3,300선을 육박하고 있다.

처음에는 코로나19 사태가 가져올 경제위기 상황이 우려되면서 주가가 폭락하였으나 금리가 0%대로 떨어지고 풀린 돈이 주식시장으로 몰리면서 주가가 폭등하기 시작하였다. 한마디로 유동성 장세가 주가 폭등의 가장 큰 원인이라고 볼 수 있다. 한편 코로나19로 비대면 경제의 중요성이 커지고 디지털 경제, 그린 경제로의 빠른 전환이 예상되면서 이들 관련 기업의 주가가 급등하였다.

2020년 한국 증시는 미국 증시와 연동하면서 상승세를 이어 갔다. 미국 증시가 글로벌 금융위기 이후 장기간 활황세를 보였으므로 2019년을 마감하면서 미국 증시가 과열되어 있지 않나 하는 시각이 일부 경제학자들 사이에 있었다. 그런 가운데 코로나19 사태를 맞으면서 미국 주가가 처음에는 큰 폭으로 급락하였으나 연준이 예상을 뛰어넘는 과감한 확대 통화신용정책을 쓰고 풀린 돈이 주식시장에 몰리면서 주가가 뛰기 시작하였다.

그런데 폭락장을 넘어 주가가 뛰기 시작하자 경기가 좋아질 것이라는 뉴스가 돌면 주가가 상승하고, 경기가 어려울 것이라면 정부가 확장재정정책을 쓰고 연준이 돈을 더욱 풀 것이라고 예상하면서 주가가 계속 상승하는 것이다. 그런데 이러한 현상은 결코 장기간 계속될 수 없다.

이와 함께 코로나19 사태를 맞아서 산업구조가 비대면 디지털 산업과 기후 온난화 극복을 위한 그린 산업 위주로 빠르게 바뀔 것이라 예상되면서 이와 관련된 기업들의 주식 투자와 주가가 치솟기 시작하였다. 또한 이러한 낙관적인 견해로 개인투자자들의 주식시장 참여가 대폭 늘어나면서 주가 상승을 뒷받침하였다. 그런데 이러한 투자는 현실보다 너무 낙관적인 미래를 기대하는 측면도 있었다.

한국 증시도 미국 증시와 동조화 현상을 보이면서 빠른 상승세로 돌아섰다.[1] 일반적으로 주가는 금리, 환율, 경기 등 국내 경제 여건에 영향을 받는다. 그런데 금융시장이 국제적으로 연결되어 있는 관계로 국제 금융시장의 주가는 해외 주가의 움직임에도 영향을 받는다. 이번 코로나19 사태에서 국내 증시는 해외 증시, 무엇보다도 미국 증시의 영향을 가장 직접적으로 크게 받았다. 오늘 주가를 예측하려면 전일 미국 주가 움직임을 보는 것이 제일 도움이 되는 경우가 많았다. 그것은 국내 주가와 미국 주가가 동조화 현상을 보였기 때문이다. 특히 2020년 미국

---

1. 공적분 관계는 비정상 시계열 간에 존재하는 장기적인 균형관계를 의미한다. 즉, 시계열 각각은 랜덤 워크(random walk)를 따르지만 잔차항이 단위근을 갖지 않고 시계열 간 선형회귀 관계가 유지되면 두 시계열 간에는 공적분 관계가 존재한다고 말할 수 있다. KOSPI, DJA 지수 간에 공적분 관계가 존재하는 경우, 각 개별 지수의 움직임은 랜덤 워크를 따르지만 두 지수 간 장기적인 균형이 유지되면서 동조화 현상을 보인다고 할 수 있다. 한편 미국의 주가 변화와 한국의 주가 변화 간의 인과 관계는 그랜저(Granger) 인과 관계 검증을 통해서 분석할 수 있다.

의 4차 산업 관련 기업 주가들, 예를 들어 전자 상거래, 전기 자동차, 반도체, 인공지능, 빅데이터, 클라우드 산업 관련 주가가 뜨자 우리의 관련 산업 주가도 활황을 보이면서 동조화 현상이 한층 더 심해졌다.

그런데 미국도 이런 산업 분야 주가에 거품이 꼈다고 보는 상황에서 우리 관련 산업 주가 활황은 우려되는 측면이 있다. 미국의 경우 관련 산업 분야에서 세계적으로 독과점의 혜택을 누리면서 시장을 좌우할 능력이 있지만 우리는 그렇지 않은 상태에서 너무 낙관적으로 미래를 보지 않나 하는 시각도 있다. 이와 함께 우리의 주식시장에도 소위 '동학 개미'라고 불리는 개인투자자들의 참여가 확대되면서 주가가 상승세를 타는 측면이 있다. 이들의 주식시장 진입이 주가를 계속 떠받치면서 단시간 내에 주식시장의 과열을 가져온 원인이 아닌가 하는 걱정도 하게 한다.

가상화폐 광풍 해결

가상화폐 광풍이 불고 있다. 가상화폐 하루 거래량이 코스피를 추월하고 가상화폐 투자자도 500만 명을 넘어섰다고 한다. 2021년 1분기 가상화폐 시장에 250만 명이 새로 뛰어들었는데 그중 160만 명이 2030 세대라고 한다. 가상화폐 광풍 이면에는 부동산 가격 폭등과 주식시장 과열을 접한 젊은이들의 불안과 좌절이 도사리고 있다.

가상화폐는 기본적으로 투기적인 내재 가치가 없는 가상자산이다. 그런데 가상화폐는 화폐가 아니다. 가상화폐는 정부가 발행하는 화폐와 달리 가치의 척도, 교환의 수단이나 가치 저장 수단이라는 화폐의 기능을 충족시킬 수 없다.

그런데 최근 들어 비트코인 가격이 뛰면서 유사 코인 발행이 성행하고 특히 우리나라에서 코인 광풍이 불고 있다. 현재 한국의 가상화폐 시장이 세계에서 가장 위험한 상태로 치닫고 있다. 해외에서는 비트코인이 주로 거래되나 국내에서는 알트코인 비중이 압도적으로 높다.[2]

가상화폐 시장은 제로섬 게임 시장이다. 내재 가치가 없으므로 가격 급등락에 따른 이익을 보는 사람이 생기면 손해를 보는 사람이 발생하기 마련이다. 코인 가격의 급등은 머니money 게임이나 폰지Ponzi 게임 결과이다. 높은 수익률에 현혹된 새로운 투자자들이 계속 코인 시장에 들어옴으로써 가격이 유지되거나 상승할 수 있기 때문이다.

한편 가상화폐를 가상자산이라고 하면서 금융당국이 가상화폐 광풍을 용인한 것은 어떠한 경우라도 변명의 여지가 없다. 현재 가상화폐 거래소는 200여 개에 달하는데 은행과 실명 확인 계좌 계약을 맺은 거래소는 4개이다. 4대 거래소 상장 코인은 미국과 일본에 비해서 압도적으로 많으며 투자자 보호 장치는 제대로 없는 상태이다. 투자자와 거래소가 짜고 치는 탐욕에 완전히 노출되어 있다. 앞으로 금융당국은 가상자산 과세에 앞서 가상화폐 거래의 제도화와 규제를 통해 시장 안전성과 투명성을 높여야 할 것이다.

비트코인에 대해서는 두 가지 견해가 있다. 하나는 화폐적 기능이

---

2. 알트코인(잡코인)은 비트코인을 제외한 다른 모든 가상화폐를 뜻한다. 대체(alternative)와 코인(coin)의 합성어이다. 한국에서는 잡(雜)코인이라고 부르기도 한다. 세계 가상화폐 거래에서 비트코인의 시가총액 비율은 51%이고 거래량의 30%를 차지한다. 한국의 경우 비트코인 비율이 6%에 불과하며 나머지 94%는 알트코인이다.

없으므로 비트코인 가격 급등도 투기적 현상이며 정부의 규제가 들어가면 가격은 곧 꺾일 것이라는 시각이다. 다른 하나는 가치 저장 수단으로서 비트코인의 가치를 인정해야 한다는 것이다. 비트코인이 제일 먼저 만들어진 코인이라는 점 그리고 수량이 2천 1백만 개로 제한되어 있다는 점 등을 볼 때 투자자산으로 가치가 있다는 것이다. 미래에 중앙은행 디지털 화폐Central Bank Digital Currency ; CBDC 발행으로 모든 거래가 투명해질 때 이를 회피하기 위한 지하경제 거래 수단으로 비트코인이 살아남을 수 있지 않을까 하는 시각이 있다. 이미 국제적으로 연결된 비트코인 시장 자체가 존재하며 비트코인을 대체자산으로 인정하는 기관이 늘고 있다. 또 다른 가상화폐인 이더리움은 플랫폼을 제공하고 이를 통해 스마트 계약smart contract이 가능하므로 가치를 인정해야 한다는 시각도 있다.

가상화폐 열풍을 놓치지 않기 위해 비트코인 펀드를 내놓은 글로벌 투자 은행들도 있으며 온라인 결제 업체 페이팔에서는 비트코인 결제가 가능하다. 테슬라 CEO인 일론 머스크는 비트코인을 사들인 후 전기차 거래를 비트코인으로 할 수 있을 것이라고 말한 뒤 비트코인을 팔아서 천억 원 이상의 수익을 올리기도 하였다. 머스크의 행동은 금융과 윤리와의 관계를 보여주는 단적인 예가 될 것이다.

한편 페이스북은 '리브라'라는 가상화폐를 2020년 발행할 계획을 세웠는데 후에 명칭을 디엠Diem으로 바꾸었다. 디엠은 현실자산과 액면 가치가 연동되는 스테이블 코인stable coin이다. 페이스북은 이를 통해 새로운 글로벌 화폐를 마련하고 글로벌 결제서비스를 개발한다는 계획을 세웠다. 그렇지만 디엠은 주요국 정부나 중앙은행의 반대에 직면해 사업 계획이 제대로 추진되지 못하였다.

앞으로 미래에는 중앙은행 디지털화폐CBDC, 디엠과 같이 민간기업이 발행할 가상화폐 그리고 비트코인 등 세 가지 유형의 전자화폐가 있을 수 있다.

그런데 어떤 정부라도 조세권과 마찬가지로 화폐 발행권을 포기할 수 없다. 즉, 화폐 발행의 시뇨리지seigniorage를 어느 특정 민간에 넘길 수 없다.[3] 또한 민간의 유사 화폐 발행으로 금융안정이 저해되고 불법 거래에 악용되는 것을 용인할 수 없다. 민간이 발행한 가상화폐가 성공을 거두면 거둘수록 정부의 규제와 감독이 강화될 것이며, 민간의 가상화폐 가치와 존속 여부는 이에 따라 결정될 것이다.

자산시장과 실물경제의 불균형 심화와 해소

그런데 자산시장과 실물경제의 불균형이 지금 상태와 같이 계속될 수는 없을 것이다. 그렇다면 앞으로 이러한 불균형이 해소되는 세 가지 시나리오를 생각해 볼 수 있다.

먼저 가장 바람직한 방향은 부동산과 증권 가격이 안정된 상태에서 경제가 안정적으로 성장하는 것이다. 한 예로 물가상승률이 2% 수준에서 안정되고 경제가 3%로 성장하면 명목 GDP 성장률이 5%가 되며 이 상태가 지속된다면 GDP 대비 부동산 시장이나 주식시장 가치의 비율

3. 시뇨리지(seigniorage)는 중앙은행이 발행한 화폐의 실질 가치에서 발행비용을 제외한 차익을 의미한다.

이 점진적으로 과거 균형 상태로 돌아갈 수 있을 것이다.

그런데 나머지 두 가지 방향 중 어느 쪽으로 진행되더라도 우리 경제에는 고통이 뒤따를 것이다. 그중 하나는 자산시장의 거품이 터지는 것이다. 부동산 시장/GDP의 분자를 낮추면서 예전 상태로 돌아가는 것이지만 그 과정에서 큰 고통이 따를 것이다. 실물경제가 식어 있는 와중에 부동산과 주식시장만 끓어오르면 조그만 충격에도 크게 흔들릴 수 있다.

우리 주가지수는 2020년 코로나19 사태를 겪으면서 선진국 중 가장 빠른 증가세를 보였다. 우리 경제가 침체를 보이는 가운데 이러한 빠른 증가세를 보이는 주식시장을 보면서 주식시장의 거품을 우려하는 시각이 많다. 앞에서 우리는 코로나19 이후 우리 주식시장의 미국 주식시장 동조화 현상이 더욱 심해졌다고 보았다. 미국 주식시장이 금리 인상 등으로 인해 거품이 빠진다면 우리 주식시장에도 같은 현상이 나타날 것이다.

부동산 시장의 거품 붕괴의 대표적인 예로 일본 경제의 잃어버린 20년을 들 수 있다. 일본은 1990년대 부동산 시장의 거품 붕괴로 경제가 장기간 침체에 빠졌었다. 일본은 한때 부동산 시장의 거품으로 인해 일본 열도를 팔면 미국 땅을 두 번 살 수 있다고 할 정도였다.

그런데 부동산 시장의 거품은 부동산 가격의 고공 행진이 더는 계속될 수 없다는 공감대가 생기거나 거품을 막기 위해 금리가 급격히 인상되면 붕괴한다. 부동산 시장의 거품이 급격히 꺼지면 부동산 관련 경기가 위축되고 경제가 어려움을 겪는다. 한편 부동산을 담보로 대출을 크게 일으킨 금융기관이 부실해지고 금융안정을 저해할 수 있다. 또한 정부가 금융안정과 경기 회복을 위해 대규모 재정을 투입하게 되면 국가부채가 큰 폭으로 늘어나고 정부 재정정책의 운신 폭이 좁아질 것이다. 부동산 시장의 거품 붕괴로 금융 부실과 국가부채가 확대되면 장기간 경기침체가 지속될 우려가 있다.

다른 한 가지 방법은 부동산 시장/GDP의 분자가 커진 상태에서 물가 상승으로 인해 분모인 GDP 또한 커지면서 균형을 회복하는 것이다. 부동산 가격 폭등이 물가 급등으로 이어지는 것이다. 특히 정부가 재정적자를 늘리고 돈을 계속 푸는 인기 영합적인 포퓰리즘 정책을 남발한다면 경기는 회복시키지 못하면서 시차를 두고 인플레이션이 만연해질 것이다. 과거 유럽의 그리스나 남미의 아르헨티나 경제가 포퓰리즘 정책의 폐해를 적나라하게 보여주고 있다.

우리 경제가 경기침체와 양극화를 해결하기 위해서는 먼저 우리 경제를 혁신하고 구조적 문제를 해결해야 할 것이다. 4차 산업혁명 시대를 맞이해서 디지털 경제, 그린 경제, 바이오 경제를 주도하면서 경쟁력을 확보하고 물가안정을 도모해야 할 것이다. 경제 양극화를 해결하기 위해서는 자산시장, 특히 부동산 시장의 안정을 도모하는 가운데 명목성장률을 장기적으로 부동산 가격 상승률보다 계속 높은 수준으로 유지하도록 노력해야 할 것이다. 부동산 시장의 거품 붕괴는 단기에 자산시장 양극화를 해소하는 효과는 있으나 장기 경기침체를 가져올 수 있다는 점을 명심해야 할 것이다. 가장 경계해야 할 상황은 양극화 해소라는 명분 아래 포퓰리즘 정책을 쓴 결과 인플레이션 상황으로 치닫는 것이다.

2. 구조적 문제 해결과 경제 혁신

저출산과 인구 감소

한국 경제가 당면한 가장 구조적인 문제는 저출산 · 고령화 현상이 진행되면서 인구가 감소한다는 것이다. 더 큰 문제는 생산가능인구(15~64세) 감소가 인구 감소보다 빠른 속도로 진행되고 있다는 점이다.

2020년 출생아 수는 27만 2천 4백 명으로 2019년 30만 2천 7백 명보다 3만 3백 명이 감소하였다. 사망자는 30만 5천 1백 명으로 전년 대비 1만 명 증가하였다. 출생아는 줄고 사망자는 늘어 2020년 최초로 3만 3천 명 인구가 자연감소하였다. 2020년 조粗출생률은 5.3명으로 전년보다 0.6명 감소하였으며 조사망률은 5.9명으로 전년보다 0.2명 증가하였다. 그 결과 자연증가율은 −0.6명으로 전년보다 0.7명 감소하였다.[4] 한편 합계 출산율은 0.84명으로 전년 0.92명보다 0.08명 감소하였다.[5]

고령화가 세계에서 가장 빠른 속도로 진행되는 가운데 출생아 수가 감소하면 미래 일정 기간 경과 후 생산가능인구가 그만큼 줄어들어 인구구조의 불균형이 초래된다. 생산가능인구가 줄면 경제의 활력이 떨어지고 고령화에 따른 복지 부담은 계속 늘어날 것이다. 생산가능인구 감소는 인간 자본human capital의 질도 떨어뜨릴 것이다. 새로이 양질의

4. 조출생률, 조사망률, 자연증가율은 인구 천 명당 출생률, 사망률, 증가율을 의미한다.
5. 합계 출산율은 여자 1명이 평생 낳을 것으로 예상되는 평균 출생아 수이다.

교육을 받은 젊은이가 경제활동인구에서 차지하는 비중이 줄어들기 때문이다.

한국은행은 한국의 잠재성장률이 2026~2035년 0.4% 수준까지 떨어질 것으로 전망하고 있다. 한편 통계청 추계에 따르면 2065년 한국인 중위 연령은 62.2세가 되고 총부양비는 117.8이 될 전망이다.[6] 부양비가 이 수준이 되면 정부 재정에 과부하가 걸리고 지속가능성이 의심받는다.

출생률 저하는 한 세대 후 우리나라 존폐가 걸린 문제로 나타날 것이다. 지금 출산력이 회복되어도 그 효과는 한 세대가 지난 뒤 나타날 것이다. 지난 20년 동안 출생아 수를 비교해보면 2000년 출생아 64만 명, 2010년 출생아 수 47만 명, 2020년 27만 명이다. 10년 간격으로 출생아 수가 17만 명과 20만 명이 줄어들었다. 10년 간격으로 학교에 진학하는 숫자가 이렇게 줄어드는 것이다. 인구 문제가 우리나라의 최우선 과제라는 인식 아래 지금 빨리 대책을 세워야 할 것이다.

저출산 해결 방안과 영·유아 보육 혁신

저출산을 극복하기 위한 핵심과제는 일과 가정의 양립, 주거 문제, 아이들의 교육 문제 해결일 것이다. 그런데 정책적 효과는 장기적으로 나타나고 구조적인 문제라 쉽게 해결할 수도 없다. 인내심을 가지고 사

---

6. 총부양비는 인구의 연령구조를 나타내는 지표로 총부양비 = [(유소년인구 + 고령인구)/생산가능인구] × 100으로 정의된다.

회적 합의를 끌어내야 할 것이다.

출산율이 낮아지고 있는 가장 큰 요인은 젊은이들이 육아, 교육, 주거 문제로 결혼과 자녀 낳기를 꺼리는 것이 근본 요인일 것이다. 출산율을 높이기 위해서는 기본적으로 정부가 영 · 유아 보육을 책임지고 필요한 시설을 만들어야 하며 공교육을 충실히 하여 사교육비 부담을 덜고, 신혼부부들을 위한 감당할 수 있는 수준의 주거시설이 확보되어야 할 것이다.

먼저 아이들은 우리 사회의 공공재라는 인식 아래 영 · 유아 보육을 정부가 책임져야 할 것이다. 이를 위해 3~5세 영 · 유아의 의무교육을 실행하는 것이 바람직하다.[7] 여성들이 3~5세 영 · 유아 보육에서 해방되면 출산율이 높아지고 여성의 경력 단절을 막아 노동시장 참여율도 높아지면서 인구 증가율 감소에 따른 경제 성장 잠재력 저하도 막을 수 있을 것이다.

영 · 유아 의무교육은 교육에 대한 투자와 고용 확대를 통해 경제 활성화에도 도움을 줄 것이다. 장기적으로는 저출산 · 고령화 구조 개혁에 공헌할 뿐 아니라 우리 경제의 안정적 성장에도 크게 공헌할 것이다.

어린 자녀를 둔 부모들은 믿을 만한 교육 환경에서 자격을 갖춘 보육 교사들에 의해 자녀가 교육받기를 바란다. 초등학교 의무교육 수준으로 정부가 책임지고 영 · 유아 교육 환경을 개선하고 보육 교사의 질을 높인다면 새벽부터 줄을 서서 유아원 추첨을 기다리고 국공립 유아

7. 조선일보에 실린 저자의 컬럼 '3~5세 영 · 유아도 의무교육 하자' 를 참조하라.(2015. 4. 8.)

원 당첨을 로또 당첨으로 여기는 일은 없어질 것이다.

영 · 유아 의무교육은 사교육비를 크게 줄여 국가 차원에서 보면 오히려 교육 비용 낭비를 줄이고 경제 효율성을 높일 수 있을 것이다. 영 · 유아의 보육 시설은 기존의 초 · 중 · 고등학교 시설을 개량하여 함께 이용하면 되며 교원 확보는 저출산에 따른 초, 중, 고등학교 교원 수요 감소를 영 · 유아의 교육으로 돌리면 추가 비용을 최소화할 수 있을 것이다.

교육은 한 사람의 미래를 결정한다. 한 국가의 미래를 결정하는 인재 양성은 어린 시절 교육 기회의 평등과 양질의 교육 제공으로부터 시작되어야 할 것이다. 양질의 교육이 어려서부터 제공되면 그만큼 진흙에서 진주를 캘 기회가 커질 것이며 그 나라의 성장 잠재력과 국제 경쟁력을 높이는 계기가 될 것이다.

양질의 교육 서비스 제공은 소득과 부의 분배 개선에도 결정적 역할을 할 것이다. 또한 소득과 부의 양극화가 해결될수록 사회적 갈등이 줄어들고 포용적 경제 성장을 달성할 수 있을 것이다. 양질의 영 · 유아 보육 제공은 소득과 부의 양극화 개선과 함께 포용적 미래 사회를 열 것이다.

중 · 고등 교육의 혁신

중 · 고등 교육 강화를 위해서는 다양한 중 · 고등학교 제도를 도입하여 학생들의 다양한 재능을 수용하고 그들의 선택 폭을 넓히도록 해야 한다. 그동안 차별적 기회를 없앤다는 명분으로 자사고, 외고, 특목고 등을 없애면서 하향 평준화 정책을 채택해 왔다. 중 · 고등 교육 강화를 위해서는 다양한 중 · 고등학교를 설립 · 운영해 학생들의 다양한 재능을 수용하고 그들의 선택 폭을 넓히도록 해야 한다. 중 · 고등 교육은 다양화와 함께 상향 평준화를 목표로 두어야 한다.

중 · 고등 교육에 대한 정부와 지자체의 획기적인 투자는 아무리 강조해도 지나치지 않다. 교육 내용도 획기적으로 바꾸어 4차 산업혁명 시대의 기술의 중요성과 기술 트랜드를 이해시키는 교육을 할 필요가 있다.

코로나19 사태로 1년 이상 비대면 교육이 중심이 되면서 교육 양극화에 대한 우려가 커지고 있다. 그렇지만 정부는 이번 코로나19 사태를 계기로 온라인 교육의 중요성과 필요성을 인식하고 온라인 교육과 오프라인 교육을 융합하는 새로운 교육 방법을 개발한다면 위기를 기회로 만들 수 있다. 온라인 교육을 학생 주도 학습 개발과 AI 도움 맞춤형 지도 학습에 활용하는 방안을 찾아야 할 것이다.

고등학교의 문과와 이과의 구분을 없애고 AI 교육을 강화하는 등 과학 교육의 중요성을 학생들이 인식하도록 교과 과정에 반영할 필요가 있을 것이다.

언어 교육은 어릴수록 그 효과가 크므로 초 · 중등 교육 과정에서 영어나 중국어를 자연스럽게 즐기며 배우게 하는 기회를 마련해 주어야 할 것이다. 글로벌 시각에서 인문과 사회 과학을 접하도록 교과목을 개편하고 영어와 중국어 등 외국어 교육과 함께 연계해 프로그램을 개발할 필요가 있다.

대학 교육의 혁신

4차 산업혁명 시대 혁신을 이끄는 미국의 경쟁력은 대학 교육에서 나온다. 스탠포드대학교가 이끄는 미국 서부의 실리콘밸리와 MIT와 하버드대학교가 이끄는 동부의 루트 128은 미국 혁신 산업의 요람이다.

미국 대학 교육의 우수성이 탁월한 과학 기술을 낳고 과학 기술이 애플, 마이크로소프트, 아마존, 구글, 페이스북과 같은 혁신기업을 낳고 있다. 이들 5대 기업의 2020년 말 주식시가 총액이 7.6조 달러로 미국 주식시가 총액의 15%에 달했고 애플의 주식시가 총액은 한 때 우리나라 GDP를 능가하였다.

미국과 중국 간의 분쟁이 격화되는 가운데 우리가 살아남으려면 적어도 몇몇 첨단 과학 분야에서 이들 국가를 앞서 나가야 할 것이다. 우리나라 2020년 말 5대 기업을 보더라도 삼성전자, SK하이닉스, LG화학, 삼성바이오로직스, 셀트리온 등으로 주식 시가 총액이 792조 원에 이르고 주식시가 총액의 33.4%를 차지하고 있다. 4차 산업혁명 시대 산업구조가 급변하고 있으며 경쟁력은 새로운 혁신 산업의 기술력임을 알 수 있다.

혁신 산업의 기술력을 확보하기 위해서는 대학, 정부와 민간 연구기관 그리고 기업 간의 유기적인 협력 체계가 확립되어야 할 것이다. 대학과 연구기관은 필요한 기초연구를 제공할 뿐만 아니라 연구 결과가 기업 혁신에 활용되도록 기업과 협력하여야 할 것이다. 대학과 기업 간의 협력이 필요한 이유는 먼저 대학이 4차 산업 분야의 기초연구를 제공함과 함께 필요한 인재를 양성하며 공급하는 역할을 하기 때문이다. 막대한 비용이 들어가는 기술 개발과 혁신은 대학과 기업이 함께 가야 하며 대학도 기업의 축적된 노하우know how 활용이 필요하다.

한 예를 들면 스마트폰 개발 당시 필요한 기초 기술은 이미 알려진 상태였다. 그렇지만 스티브 잡스가 이를 하나의 폰 안에 집어넣어 스마트폰을 개발한 것은 위대한 혁신이다. 이미 개발한 연구라도 이를 활용하여 새로운 제품을 만들고 기업을 일으킨다면 그것도 혁신이다. 이러한 혁신은 상아탑 내에서만 이루어질 수 없으며 대학, 연구기관, 기업 간의 협력을 통해 계속 확대해 나가야 할 것이다.

우리나라의 국제 경쟁력은 대학의 경쟁력에서 나온다는 자세로 대학을 구조 개혁해야 할 것이다. 교육부에서 대학과 관련된 업무를 분리해 과학 기술 업무와 합쳐서 (가칭) '교육 과학 전략부'를 새로 만들어 교육과 과학의 장기적 전략을 세우고 추진해 나가는 것도 바람직할 것이다.

우리는 KAIST나 홍콩의 과기대 등 성공 사례를 연구하여 앞으로 4차 산업혁명을 주도할 디지털 산업, 그린 산업, 생명공학과 바이오 산업 연구에 주력해야 할 것이다.

지방거점 대학을 선정하여 정부와 민간이 집중적으로 투자하고 지원해 인재를 양성하고 지역 간 격차를 줄여야 할 필요도 있다. 예를 들어 정부의 집중적 투자로 광주과학기술원이나 포항공과대학교가 KAIST와 버금가는 경쟁력을 갖추도록 지원할 필요가 있다. 또한 주요 대학교에 속한 교수 수가 3백인 이상인 의과 대학이나 공과대학에 대해서는 독립적이고 자율적인 운영 체제를 보장하여 국제 경쟁력을 높이도록 해야 할 것이다.

우리나라에서 가장 우수한 학생들이 의과 대학에 진학한다는 것을 아무도 부정하지 못할 것이다. 이번 코로나19 사태를 겪으면서 우수 의료 인재 육성과 함께 백신 개발과 치료제 개발이 얼마나 중요하며 의약품 개발과 의료 산업이 글로벌 산업이라는 점을 절실히 느낄 수 있었다.

이번 코로나19 사태를 겪으면서 전 국민 공공의료보험제도가 꼭 필요하다는 점도 실감하였다. 그런데 전 국민 공공의료보험제도를 운영하는 데에는 비용이 크게 들며 그 비용은 경제가 성장할수록 더 빠른 속도로 증가하는 것이 현실이다. 그렇다면 우리의 우수한 의료 인력을 활용하여 원격진료 시스템과 새로운 의약품 개발에 투자한다면 우리의 비교우위를 살리면서 그만큼 의료 비용을 줄일 수 있을 것이다. 우리나라 옆에 중국과 동남아라는 거대한 의료시장이 있다는 점도 의료 산업의 앞날을 밝게 해주는 요인이 될 것이다.

출생아 수 감소와 대학의 구조 개혁

한편 출생아 수 감소 추세에 따라 대학 입학생이 급격히 줄어드는 상황에서 부실 대학에 대한 전국적 구조조정을 서둘러야 할 것이다.

2021년 대학에 진학하는 2002년 출생아 수는 49만 7천 명이다. 출생아 수는 2000년 64만 명에서 2년 사이에 10.3만 명이 줄었다. 그런데 올해 대입 정원은 4년제 대학이 34.7만 명, 전문대학은 20.3만 명으로 55만 명이다. 올해 추정되는 대입 응시생은 고등학교 재학생 40.4만 명과 재수생 13만 명을 합해서 53.4만 명이다. 그렇다면 올해 대입 정원이 재수생까지 포함한 응시생보다 많다. 출생아 수와 비교하면 정원이 5.3만 명 많은 셈이다.

2020년 출생아 수는 27.2만 명으로 지금과 같은 55만 명 대학 정원이 유지된다면 2040년 모든 재학생이 대학에 진학하더라도 지금 대입 정원의 50%에도 미달할 것이다. 그런데 우리나라의 대학 진학률은 70% 정도로 세계 최고 수준이고 OECD 평균은 40% 수준이다. 2040년 우리나라의 대학 진학률이 지금과 다름없이 출생아 수의 70%라면 대학 진학생은 19만 명으로 지금 정원의 34.5%이다. 만약 50% 수준이라 가정하면 대학 진학생은 13.6만 명으로 지금 정원의 25% 수준이다. 다시 말해 지금 대학의 3/4이 학생 부족으로 사라지게 된다는 것이다.

지방대학의 어려움이 현실로 나타나고 있다. 대학 재정의 상당 부분을 등록금에 의지하는 사립대학들의 경우 재정난을 겪고 있으며 지방대학 몰락 우려가 커지고 있다. 지방대학이 문을 닫으면 지방 경제에도 큰 충격을 줄 것이다.

지금 고등 교육의 새 판을 짜야 한다. 먼저 대학 자체의 혁신이 필요하다. 특화된 교육과정과 품질 높은 강의를 제공함과 동시에 온라인 학습을 포함한 디지털 학습 플랫폼을 개발해 누구나 편한 시간에 어디서든지 학습에 접근할 수 있게 해야 할 것이다. 개방과 혁신을 통해 대학 간 고품질의 강의를 공유하는 공유대학으로 나가야 할 필요도 있다.

다음으로 경쟁력 있는 지방대학 진학을 유인하는 방안도 찾아야 할 것이다. 지방대학 및 지역 균형 인재 육성을 위해 지방대학의 의대, 치의대, 한의대, 약대, 간호대, 법대 등의 지역 인재 선발을 의무화하고 그 비율을 일정 수준 이상으로 유지하는 방안을 찾아야 할 것이다. 또한 이들 대학의 유아원, 초 · 중 · 고등학교 설립을 자유롭게 허용해 한 곳에서 원하는 유아교육부터 고등교육까지 함께 할 수 있도록 제도적으로 뒷받침해서 구성원들의 자녀 교육 문제를 걱정하지 않도록 해야 할 것이다.

한편 정부와 지방자치단체의 역할도 중요하다. 지방대학 혁신에 필요한 재정은 일정 부분 국가와 지방자치단체가 함께 지원해야 할 것이다. 지방대학은 지역 주민의 평생 교육과 직장인 재교육에도 노력해야 할 것이다. 기술 변화와 고령화로 평생학습과 재교육 수요가 빠른 속도로 늘어나고 있다.

대학교 학생 선발은 대학의 자율적 선택에 맡겨야 할 것이다. 문과와 이과 구별을 없애고 학생들이 학과를 자유롭게 선택하도록 해야 할 것이다. 학과 정원도 수요에 부응해서 대학 당국이 자율적으로 조정하도록 허용해야 할 것이다. 수도권 주요 대학교들은 지역별 우수 학생들을 수용하기 위한 자발적 지역 할당제를 채택해서 지방의 우수 인재 선발, 지방 중 · 고등학교 육성 그리고 교육 상향 평준화에 힘을 기울여야 할 것이다. 이렇게 선발된 학생들에게는 전액 장학금 제도를 실시하여 경제적 어려움 없이 학업에 매진하도록 기회를 주어야 할 것이다. 그런데 이러한 정책들은 단기간에 성과를 내기 힘들므로 사회적 합의를 통해 장기적인 안목에서 시행되도록 해야 할 것이다.

한편 부실 사립대의 퇴출과 대학 간의 인수 합병M&A을 제도적으로 뒷받침할 필요가 있다. 현행 사립학교법에는 사립대학의 폐교 시 잔여 자산 국고 귀속을 명시해 재정이 부실한 대학들도 끝까지 버티고 있다. 한계에 이른 대학들의 자발적인 퇴출과 대학들의 자율적인 통폐합을 유인할 방안을 찾아야 할 것이다.

주거, 교육이 함께 가는 시스템

자사고와 외고 등 특목고를 없애려는 정부 정책과 함께 서울에서 교육 여건이 좋은 지역에 수요가 몰린 것이 서울 아파트 가격과 전월세 가격 급등의 한 요인이라는 지적이 있다.

앞으로 삶의 질을 높이기 위해서 교육과 주거 문제를 함께 해결해야 할 것이다. 정부와 민간의 지방에 대한 과감한 교육 투자로 지방 교육의 질을 높이고 서울보다 저렴한 양질의 주택을 공급함으로써 주택과 교육 수요를 지방으로 분산해야 할 것이다.

지방의 경우 민간의 외고, 자사고, 과학기술고 등 설립을 자유롭게 허용해야 할 것이다. 정부는 서울보다 우수한 지방의 영·유아 보육 시설과 초·중·고 교육 시설을 마련하기 위한 과감한 투자를 해야 할 것이다. 영·유아의 경우 아침 8시부터 저녁 8시까지 돌봄 서비스를 제공할 필요가 있으며, 필요할 경우 초·중·고 학생들을 위한 숙식room and boarding 시스템을 마련할 필요도 있다. 경제적으로 어려운데 숙식이 필요한 학생들을 위해서는 정부와 지자체가 숙식 비용을 분담해야 할 것이다. 우수 교직원 확보를 위해 지방 근무 교직원에 대한 지역 근무 특별 수당을 지급하는 방안도 연구해야 할 것이다.

양질의 교육과 저렴한 주거가 보장된다면 지역 분산도 자연스럽게 이루어질 수 있다. 무주택자의 유입을 장려하기 위해서는 장기할부 주택금융제도를 조속히 도입하여 정착시킬 필요가 있다. 일정 금액 이하의 아파트를 10% 증거금deposit을 내고 30년이나 40년에 걸쳐 균등 분할 상환하게 하면 무주택자들이 집을 사는 부담이 크게 줄 것이다. 장기할부 주택 금융제도가 정착되기 위해서는 위험을 감당할 같은 기간에 해당하는 장기국채 시장 육성도 필요할 것이다.

주거와 교육이 함께 하는 지역 근처에 의료 시스템이 함께 하면 삶의 질이 더욱 좋아질 것이다. 근처에 의과 대학 병원이나 대규모 병원이 함께 한다면 양질의 교육, 저렴한 주거, 의료 시스템이 함께 하면서 시너지 효과를 일으킬 것이다.

산업부문과 기업지배구조 개혁

기존의 우리 산업의 구조적 문제는 대기업과 중소기업 간 생산성 격차가 크고 제조업과 서비스산업 간의 생산성 격차 또한 큰 가운데 기업지배구조가 구조적인 문제를 안고 있다는 것이다.

삶의 질이 일자리와 직결된다고 할 때 앞으로 우리는 경제 성장이 고용을 보장해주는 부문에 초점을 맞추어 경제 성장 정책을 추진해야 할 것이다. 경제 성장과 고용을 늘리기 위해서는 먼저 서비스산업의 생산성을 높이고 국제 경쟁력을 갖춘 혁신적 중소기업과 벤처 기업을 육성해야 할 것이다. 이를 위해서는 먼저 대기업과 중소기업 간의 거래에 있어서 공정시장 질서가 확립되어야 할 것이다. 정부는 대기업과 중소기업 간의 관계가 갑과 을의 관계가 되지 않도록 하고 대기업과 중소기업 간의 불공정 · 불평등 관계를 근절하고 이들 간의 공정거래와 동반성장을 유도하는 방향으로 정책을 펴야 할 것이다. 이와 함께 금융, 물류, 의료, 관광, 교육 등 서비스 분야의 온라인·오프라인 규제를 과감히 풀고 R&D를 지원하며 노동시장의 유연성을 높이는 방향으로 정책을 펴야 할 것이다.

우리는 4차 산업혁명이라고 불리는 혁명적인 산업구조 변혁을 맞이해서 기존의 우리 산업부문의 구조적 문제를 해결하고 낙후된 지배구조 또한 개혁해야 할 것이다.

4차 산업혁명은 주요 산업을 디지털 전환하며 인공지능AI을 활용하면서 하드웨어와 소프트웨어를 무한 융합하는 것이다. 그런데 디지털 전환, 인공지능 개발, 소프트 개발 등은 앞으로 경쟁력 있는 서비스산업과 강한 중소기업들이 주축이 되어야 할 것이다.

앞으로 4차 산업혁명 시대에는 5G라고 불리는 IT 고속도로가 깔리고 스마트폰과 사물 간의 연결을 통해 모은 빅데이터를 클라우드cloud에 축적하고 이를 AI로 분석하면서 모든 분야에서 맞춤 서비스가 이루어지고 과거에는 생각지도 못했던 산업 간의 융합이 이루어질 것이다.

미국은 E-commerce 기반의 아마존, 스마트폰의 애플, 검색의 구글, 컴퓨터의 마이크로소프트, SNS 기반의 페이스북 등이 글로벌 10대 기업의 상위권을 차지하면서 디지털화를 통한 소프트웨어 중심 산업을 이끌고 있다.

이들은 각자 분야에서 독보적 위치를 차지한 것을 넘어서 빅데이터와 인공지능을 무기로 기존의 산업과 새로운 분야를 접목하면서 경쟁을 해나가고 있다. 과거 같으면 이들은 기존 자기 분야에서도 독과점 문제에 직면했을 것이나 글로벌 경쟁 시대에는 규모의 경제가 경쟁력을 결정하므로 이들은 본국의 묵인 아래 독과점 지위를 계속 누리면서 클라우드, 금융, 엔터테인먼트 등 타 분야로의 진출도 도모하고 있다. 물론 이들의 독과점 지위와 남용 문제가 이슈화하면서 이들에 대한 규제와 감독의 필요성이 논의되고 있다.

한편 기후 변화를 막기 위해 앞으로 내연기관 엔진 생산이 중단되고 자율주행하는 전기차, 수소차 생산 시대로 접어들게 될 것이다. 애플이나 구글 등 IT 플랫폼 기업들은 자율주행 전기 자동차를 스마트폰과 같은 전자기기로 간주하고 자동차 산업에 뛰어들고 있다. 자율주행 전기 자동차의 경우 표준화, 집중화, 플랫폼화가 가능하다면 스마트폰 시장에서 애플이나 삼성과 같은 자동차 시장에서의 독과점적 기업들의 탄생도 가능할 것이다.

전기차, 배터리, 비메모리 반도체 등은 디지털 시대의 하드웨어 중심 산업이며 우리가 경쟁력을 확보하고자 하는 분야이다. 앞으로 세 분야의 기술을 융합해 자율자동차의 시대가 열릴 것이다. 자율자동차는 기사가 필요하지 않으므로 우버[Uber]와 같은 공유경제로 한 단계 더 발전할 것이다.

그동안 AI, IT, 빅데이터 활용을 통해 여행업, 숙박업 등에서 공유경제 시대가 열리고 클라우드 산업도 자리를 잡게 되었다. 블록체인 기술의 발전은 앞으로 해킹 방지와 보안 강화에 공헌할 것이다. 그렇지만 장래 나노 기술이 발전한다면 블록체인 기술도 해킹을 방지하기 힘들 수 있다.

우리 재벌지배구조 개혁도 풀어야 할 숙제이다. 4차 산업혁명으로 기술과 산업구조가 급격히 바뀌는 상황에서 경영 능력이 검증되지 않은 재벌 3·4세대의 경영권 승계와 이 과정에서 발생하는 부조리는 기업뿐만 아니라 지배 대주주에게도 결코 도움이 되지 않는다.

글로벌 10대 기업의 설립자이자 억만장자인 마이크로소프트의 빌 게이츠와 아마존의 제프 베이조스 등은 전성기에 기업을 전문 경영인들에게 넘겨 기업의 경쟁력을 더욱 강화하고 본인들의 자산도 더욱 늘렸다. 애플 창업자 스티브 잡스도 사망과 동시에 경영을 전문 경영인에게 넘기면서 애플의 경쟁력을 더욱 키웠다.

최근 경영계의 화두가 ESG이다. E는 환경적 건전성Environment, S는 사회적 책임Social, G는 투명한 기업지배구조Governance를 의미하며 기업들은 ESG를 기반으로 기업가치를 높이고 지속 성장을 추구해야 한다는 것이다.

글로벌 경쟁 속에서 우리 대기업 지배 대주주들은 능력이 부족한 자식들에게 무리하게 기업을 상속시키려 하지 말고 기업 경영은 능력이 검증된 전문 경영인(능력이 검증된 지배 대주주 포함)에게 맡기고 지배 대주주는 이사회 의장을 맡는 등 감시 기능을 맡아 역할 분담을 할 필요가 있다.

고용정책과 노동시장 개혁

1970년대 미국은 노조와 시민사회의 전성기였다. 그 당시 미국 대통령을 기억하지 못해도 AFL-CIO 노조 위원장이 조지 미니였던 것은 지금도 기억하고 있다. 그 당시 미국 노조는 자동차 산업과 운수업 분야 노동자들이 중심이 되어 이끌었다. 그런데 디트로이트 중심의 자동차 산업이 일본과의 경쟁에서 밀리고 운송 수단도 다양화되면서 자동차 산업과 운수업 중심의 노조운동도 함께 힘을 잃었다. 그 후 미국의 산업구조가 서비스산업과 IT 중심의 하이테크 산업으로 바뀌면서 기존의 제조업 일자리 보호에 초점을 맞춘 노조운동은 변화를 맞지 않을 수 없었다.

시대가 바뀌면 산업구조가 바뀌고 일자리도 사라지기도 하고 새로 생기기도 한다. 또한 인간의 수명이 길어지면서 평생직장 개념 또한 더는 유지되기 힘들다. 앞으로 노조운동도 기존의 일자리 보호보다 근로자들의 고용유지와 소득 보전에 초점을 맞추어야 할 것이다. 또한 디지털 산업, 그린 산업, 바이오 산업 시대의 노조운동은 조선, 철강, 자동차 산업이 중추를 담당하던 시대의 노조운동과 같을 수 없다. 현대자동차 그룹의 양대 노총에 속하지 않은 사무연구직 노조 출범은 노조운동의 새로운 변화라고 할 것이다.

고용은 민간부문에서 주도적으로 이루어지는 것이 바람직하다. 그렇지만 저출산 · 고령화 같은 구조적 문제 해결을 위한 정부의 고용정책은 필요하다. 저출산 문제와 여성의 경력 단절 해결을 위한 영 · 유아 보육 교사 고용 확대 등과 같은 정부 정책은 무엇보다 필요하다.

그런데 정부는 일자리 확대정책의 일환으로 2018~2022년 공무원 17만 4천 명을 증원할 예정이다. 공공부문의 고용 확대 정책은 장기적으로 유연성과 집행 가능성을 확보하는 것이 어려우므로 신중해야 할 것이다. 공무원 증원은 일반적으로 30년간 일자리 보장과 함께 30년간 연금 보장에 따른 비용을 수반한다. 공무원 고용확대 정책은 지금 세대와 미래 세대에 각각 임금 부담과 연금 부담을 가져올 것이다. 경제위기를 겪은 나라들의 공통점 중 하나가 포퓰리즘에 입각한 과도한 공무원 고용 확대와 복지혜택 제공이다.

앞으로 인공지능과 블록체인 기술의 발전으로 구조조정과 혁신이 가장 크게 일어나야 할 부문이 정부 행정이며 행정 관련 공무원의 수요는 크게 줄어들 것이 예상된다. 그렇다면 정부의 직접적 고용확대 정책은 신중해야 할 것이다.

코로나19 사태와 노동시장 개혁

이번 코로나19 사태는 먼저 고용 시장에 커다란 충격을 주면서 실업자를 양산하였다. 우리나라의 경우 2020년 1년 동안 고용률이 60%에서 57.4%로 떨어지고 실업률이 4.1%에서 5.7%로 대폭 상승하였다. 이러한 실업 상태가 장기간 계속된다면 한 번 노동시장에서 퇴출당한 사람들은 다시 돌아오기가 힘든 상황이 되기 쉽다.

그런데 코로나19로 인한 실업 장기화 현상에 대응해서 미국과 유럽의 정책 대응은 달랐다. 미국은 실업 증가를 용인하면서 재난지원금 지급 등을 통해 실질적 소득을 보전하는 정책을 썼으며 유럽은 기업 지원을 통해 고용을 유지하는 정책을 택하였다.

둘째, 코로나19로 인한 노동시장의 충격은 종사상 지위별로 그리고 산업별로 피해가 갈리면서 일자리 양극화와 임금 불평등 현상이 두드러지게 나타나고 있다. [표 5-8]에서 보듯이 종사상 지위별로 보면 코로나19가 상용근로자에게는 별로 영향을 주지 않았으나 임시직과 일용직 근로자 그리고 비임금근로자에게는 큰 충격을 주었다. 1년 전과 비교해서 상용직은 30만 5천 명 증가하였으나 임시직과 일용직은 각각 31만 3천 명과 10만 1천 명 감소하였다. 자영업자로 대표되는 비임금 근로자도 11만 명 감소하였다. 산업별로는 운수 및 창고업 등 비대면 서비스산업에서는 고용이 증가하였으나 숙박 및 음식점업, 도매 및 소매업 등 대면 서비스산업에서는 고용이 큰 폭으로 줄었다. 비대면 서비스산업 비중이 커지면서 자동화도 빠른 속도로 진행되고 있으며 장기적으로 고용에도 영향을 줄 것이다.

셋째, 상용근로자를 중심으로 원격 온라인 서비스를 이용한 재택근무가 크게 활용되고 있다. 재택근무는 긍정적인 측면과 부정적인 측면 모두 있으나 생산성에는 크게 영향을 주지 않는 것으로 평가되고 있다. 통근 시간 및 사무소 유지 비용을 감소할 수 있는 측면이 있으나 협업이 중요한 경우 생산성을 감소시킨다. 재택근무의 효율성은 업무의 특성에 따라 다를 것이다.

코로나19 사태와 함께 디지털 기술 혁신은 산업구조 개혁과 함께 자동화로 인간 노동력과 일자리를 빠른 속도로 대체하고 있다. 또한 디지털 기술 확산과 스마트폰의 대중화는 일하는 방식 자체의 변화도 가져왔다. 정기적으로 인력을 뽑아 교육하고 상용직으로 고용하는 대신에 디지털 플랫폼 비즈니스 체계에 적합한 형태로 필요할 때 원하는 만큼 고용하는 임시직 · 일용직 형태로 고용을 하고 있다. 그런데 이 경우 청년층에게 가장 큰 피해가 갈 것이다. 청년층이 상용직 대신 단기 고용 일자리에서 출발할 때 자신의 장기적 목표에 적합한 커리어career 경험을 쌓을 기회를 상실할 가능성이 크다.

정부는 청년층의 고용 확대를 교육의 연장이며 인간 자본human capital 육성이라고 보고 적극적인 대책을 세울 필요가 있다. 정부가 불필요한 공무원 숫자를 늘리기보다 기업이 고용과 해고를 자유롭게 하면서 청년층을 정규직으로 고용하도록 강한 유인책을 제공할 필요가 있다. 정부는 또한 디지털 산업, 그린 산업, 바이오 산업 육성에 필요한 청년층 인력 양성에 적극적으로 나서야 할 것이다.

우리가 앞으로 성장 동력을 회복하려면 경제 혁신과 함께 산업과 노동 분야에서 구조 개혁이 이루어져야 할 것이다. 그런데 현시점에서 큰 틀의 산업구조 개혁과 노동시장의 개혁은 사회적인 합의를 바탕으로 동시에 진행되어야 가능할 것이다.

네덜란드에서 1982년에 체결된 바세나르 협약과 같은 노 · 사 · 정 간의 대타협이 이루어져야 할 것이다. 노 · 사 · 정 간의 대타협은 정부와 기업만이 아니라 노동단체의 양보와 희생이 필요하다. 네덜란드는 노 · 사 · 정 대타협을 통해 임금 인상 자제, 노동시간 단축, 일자리 분배를 통한 고용 창출, 사회보장제도 개혁 등 78개 사항의 협약을 맺는 데 성공하였다.

우리의 노 · 사 · 정 대타협은 재벌들의 지배구조 개혁과 ESG 경영 추구 그리고 산업구조와 기술 변화에 따른 노조운동의 혁신에서 시작되어야 할 것이다.

3. 포퓰리즘과 팬덤 정치의 대두와 법과 제도의 확립

포퓰리즘과 팬덤 정책 성행

자유민주주의가 가장 잘 발달하였다는 미국에서조차도 포퓰리즘populism과 팬덤fandom 정치에 기댄 트럼프가 대통령에 당선되면서 민주주의의 근간이 흔들리는 것을 목격하게 되었다.

트럼프가 정치판에 나오면서 미국에서도 포퓰리즘과 팬덤 정치가 성행하고 정치의 양극화와 진영 논리가 판치고 있다.

트럼프는 기후 온난화 문제가 없다거나 코로나19는 날씨만 따뜻해지면 사라질 것이라는 거짓 주장을 하면서 자기 지지자들의 환심을 사는 포퓰리즘 정책과 팬덤 정치를 계속 구가하였다. 재선에 실패해 권력을 잃을 것이 확실해지자 승리를 도적맞았다고 주장하면서 자기 지지자들에게 국회의사당으로 진격하라고 선동도 불사하였다.

민주주의의 발생지라는 미국에서까지도 권력을 잃는 것을 두려워하는 잘못된 지도자가 나온다면 민주주의가 통째로 흔들릴 수 있음을 보여주었다.

잘못된 포퓰리즘과 팬덤 정치는 정치 시스템을 망가뜨리는 주범이다. 그런데 최근 SNS의 발달이 포퓰리즘과 팬덤 정치의 폐해를 조장하는 측면이 있다.

한편 문재인 대통령의 극성 지지자나 박근혜 전 대통령 극성 지지자의 행동과 사고방식은 진영 논리에 기반한 팬덤 정치의 전형이다. 팬덤 정치는 중도를 배제하고 정치 · 경제 · 사회의 양극화를 초래할 것이다. 정당이 팬덤 정치에 매몰되면 건전한 다수가 배제되고 소수의 극단 세력에게 흔들리면서 진영 논리가 판칠 것이다. 그 결과 정당 간 대립이 격화되고 이류 정치가 판치고 부정부패가 만연하기 쉽다.

포퓰리즘과 팬덤 정치와 경제

포퓰리즘과 팬덤 정치는 경제위기 상황에서 더욱 극성을 부리게 되고 그 결과 경제를 더욱 악화시킨다. 코로나19 사태와 같은 경제위기는 포퓰리즘과 팬덤 정치가 설칠 수 있는 토양을 제공한다. 포퓰리즘과 팬덤 정치가 성행하는 상황에서 한 나라의 경제는 경제 현안 해결과 구조적 문제 해결만으로는 성장과 안정을 기약할 수 없다. 포퓰리즘 정책으로 인기에 영합하며, 결과에 책임지지 않고 팬덤 정치로 자기 진영만을 의식한다면 정치가 경제를 심어 삼키면서 경제가 거덜 날 수 있다.

조삼모사朝三暮四라는 고사를 이용해서 포퓰리즘 정책의 문제점을 생각해보자. 그동안 주인은 원숭이에게 아침과 저녁으로 도토리를 네 개 주었는데 상황이 어려워져 아침에 3개와 저녁에 4개 줄 수밖에 없게 되었다. 그런데 원숭이들이 반발하자 아침에 4개, 저녁에 3개 주겠다고 하니까 원숭이들은 결과가 같음에도 속거나 미련해서 이를 받아들였다는 것이다.

그런데 이보다 더한 문제는 상황이 하루에 7개밖에 줄 수 없는 상황에서 본인은 능력이 뛰어나 계속 8개를 줄 수 있다고 인기 영합적인 발언을 하고 빚을 내서 계속 8개를 주는 경우다. 남미의 베네수엘라, 아르헨티나와 유럽의 그리스가 이런 인기 영합적인 정책을 계속 펴서 정부부채로 파산한 대표적인 예이다.

코로나19 사태를 해결하는 과정에서 정부가 유동성 공급을 확대하고 재정을 확장해서 피해 가구를 돕는 것은 필요한 정책이다. 그런데 이러한 정책이 선거 표를 의식하면서 재정적 제약 요인을 고려하지 않거나 유동성 확대에 따른 부작용을 고려하지 않고 불투명하게 집행된다면 경제에 큰 해악을 끼칠 것이다.

정부 재정지출 항목 가운데 가장 우선순위를 두어야 하는 것은 코로나19 종식을 위한 지출이다. 코로나19 종식은 방역만으로 되지 않으며 백신 접종과 치료가 유일한 길이다. 그렇다면 우선적으로 백신 접종 예산을 충분히 확보하였어야 하였다. 그런데 정부는 보편적 재난지원금으로 수조 원을 쓰는 가운데 백신 접종 예산 확보를 등한시하였다.

정부 예산 제약 아래에서 재난지원금은 코로나19로 피해를 입은 가계와 기업에 집중되어야 한다. 그런데 3차 재난지원금을 이미 지급한 상태에서 보편적 그리고 선별적 재난지원금을 함께 지급하자는 주장이 나왔다. 이것은 재난지원금 재원을 전혀 고려하지 않은 대표적인 포퓰리즘 정책이다. 비대면 산업 중 일부는 코로나19로 오히려 호황을 누리고 있으며 가계 중 소득이 늘어난 가구도 있다. 그렇다면 재난지원금으로는 코로나19로 직접 타격을 입은 소상공인이나 자영업자를 두텁게 지원하는 것이 순리이다. K자형 경제 회복을 보이는 가운데 타격을 입지 않은 분야까지 보편적 지원도 하자는 것은 대표적 포퓰리즘이다. 타격을 입지 않은 부문에 대한 지원은 결국 자산시장으로 되돌아와 부동산과 주식 시장 과열에 일조할 것이다.

포퓰리즘을 걱정하는 또 다른 이유는 정치권에서 선심성 공약을 서로 남발하고 있다는 것이다. 수십조 원이 투입되는 부산 공항 건설 타당성 조사를 면제한다든지 양국 간 논의도 되지 않은 한-일 간 해저 터널을 건설하자는 주장 등은 대표적 포퓰리즘 정책이라 할 수 있다.

경제위기 극복 정책이 포퓰리즘 정책으로 흐르는 것을 막기 위해서는 위기 극복 과정에서 풀린 돈과 재정을 어떻게 정상화할 것인가 하는 계획도 함께 마련해서 국민과 소통하고 설득할 필요가 있다.

포퓰리즘의 가장 큰 문제는 당면한 현실을 인정하지 않고 인기가 없거나 정권 유지에 도움이 되지 않지만 시급한 구조조정 정책은 뒤로 미룬다는 것이다. 미국의 트럼프 전 대통령 예를 보더라도 기후 온난화 현상을 인정하지 않고 이를 막기 위한 대책은 전연 세우지 않았다.

포퓰리즘에 정권 유지를 위한 팬덤 정치가 더해지면 자기 편 과반수를 목표로 자기 편에만 유리한 정책을 펴며 국민 대통합을 저해하고 경제를 잘못된 길로 이끌 것이다. 좌우로 진영이 갈리면서 진영 논리에 따른 포퓰리즘 정책이 번갈아 채택되면 경제는 수렁에 빠지고 국가는 나락에서 헤어나지 못할 것이다.

포퓰리즘이 창궐하는 것을 막기 위해서는 여야가 국민적 관점에서 소통하고 대통합의 방향으로 나가야 할 것이다.

불의와 인간의 한계

구약성서를 처음 접했을 때 이해가 되지 않는 부분이 많았다. 어떻게 성서에 인간이 저지를 수 있는 모든 악행이 그렇게 상세히 기록되어 있을 수 있는가 해서다. 그리고 보통 인과응보를 이야기하는데 어떻게 죄를 지은 사람이 벌도 받지 않고 무사히 생을 마감하거나 정말로 착한 사람이 일생을 고통 속에서 보낼 수 있는가 해서다. 여기에 대한 일반적인 설명은 인간이 원죄를 지고 태어났으므로 악행과 선행이 함께 공존하는 그런 세상에서 그렇게 불공평하게 살게 되어 있다는 것이다. 정말로 현실이 그렇다.

과거 성선설과 성악설 모두 일리가 있다고 믿었다. 그런데 역사를 보거나 살다 보니 어떤 사람은 저렇게 선량한데 어떤 사람은 저렇게 악하거나 모질 수 있나 하는 생각이 들곤 한다. 동서 역사를 보더라도 권력을 잡고 유지하기 위해서 자기 가족조차 죽인 군주들이 한둘이 아니다. 사람들을 일렬로 세운다면 가장 선한 사람부터 악한 사람까지 세울 수 있고 그런 현상은 인간이 존재하는 한 계속되지 않을까 생각된다.

구약성서에서 공감할 수 있는 해석 중 하나는 인간은 누구나 악행을 저지를 수 있고 저지르지만 신은 이러한 인간을 포용한다는 것이다. 신약성서에서 돌아온 탕자를 반갑게 맞아들이는 아버지가 보여주는 것은 선한 인간이나 악행을 저지른 인간이나 모두를 가슴에 품는 신의 포용이라고 한다.

그런데 구약성서는 반성 없이 악행을 계속 저지른다면 당대가 아니더라도 언젠가는 벌을 받을 것이라는 점을 명확히 하고 있다. 그렇지만 죄를 벌하는 것은 신의 몫이라면서 인간의 보복을 금하고 있다.

인간은 긍정의 힘으로 불의를 극복하고 나아가야 하며 그 보복은 신의 섭리와 자연의 섭리에 맡기는 것이 바람직하다는 것이다. 보복은 보복을 낳아서 끊임없는 악순환을 가져오기 때문에 신에 맡겨야 한다는 것이다.

적폐청산과 정치의 사법화

우리가 신의 섭리를 이해한다고 해도 현실 세계에서 불의가 횡횡하고 인간 세계가 혼란과 보복의 악순환에 빠지는 것은 막아야 할 것이다. 인간은 도덕과 윤리를 넘어서 법과 질서를 세워서 혼란과 보복의 악순환을 막으려 하고 있다. 인간은 자신들의 한계 속에서 법과 규칙을 만들어 잘못을 공적으로 단죄하고 사적인 보복을 막고자 한다.

그런데 문재인 정부 들어와 적폐청산이 4년째 계속되고 있다. 그런데 한 쪽의 적폐청산은 그 정도가 심해지면 다른 쪽에서 보면 정치보복이라고 여겨질 수 있다.

과거 우리 대통령들은 본인이나 가족 중 모두 불행한 사태를 겪었다. 노무현 대통령 서거를 접하면서 사람들은 이명박 정부가 실수를 저질렀다는 생각과 함께 우리 정치에 어두운 그림자가 졌다고 보았다. 정치의 사법화가 가져온 불행이었기 때문이다. 정치를 하다 보면 공과功過가 다 함께 발생한다. 이때 과를 정치적으로 평가하느냐 사법적으로 평가하느냐에 따라 전혀 다른 평가가 나올 수 있다.

민주주의는 정치를 잘하기 위해서 행정, 입법, 사법으로 삼권 분립하고 서로 견제와 균형을 이루도록 한다. 그런데 정치 행위를 사법의 좁은 잣대로 평가할 때 필요한 정치적 고려 사항이 도외시될 수 있다.

정치의 사법화는 정치권 내부에서 해결해야 할 일을 법원과 검찰에 떠넘기는 것이다. 보기에 따라서는 정치권 내부에서 여야가 소통과 타협으로 당연히 해결해야 할 일을 하지 않은 직무유기職務遺棄 현상이다.

중국의 덩샤오핑은 마오쩌둥을 평가할 때 공칠과삼功七過三이라고 하였다. 마오쩌둥은 현대 중국 통일의 공을 인정받고 있지만 정치적 목적을 위해 홍위병을 선동해 문화혁명을 일으킨 것도 사실이다. 문화혁명 당시 홍위병에 의해 불구가 된 아들을 둔 덩샤오핑은 마오쩌둥이 저지른 잘못의 직접적인 피해자였다. 아무리 마오쩌둥이라도 저지른 과를 현대 사법적 잣대로 재면 결코 용서받지 못했을 것이다. 덩샤오핑의 마오쩌둥 평가는 정치적 평가였다.

트럼프는 의사당 난입 사태를 초래한 자기 연설은 언론의 자유에 해당한다고 주장한다. 그렇지만 법의 잣대로 엄격히 잰다면 국가 내란 선동죄에도 해당할 수 있다. 트럼프는 의사당 난동 사태에도 불구하고 민주 · 공화 양당으로 갈라진 상원에서 탄핵을 모면하였다. 공화당 상원의원 다수가 탄핵에 반대한 것은 트럼프의 공화당 내의 영향력을 두려워해서일 수도 있고 탄핵으로 발생하는 국가 분열을 막는 것이 바람직하다고 생각해서일 수도 있다. 앞으로 트럼프 사태가 어떻게 해결될지가 관심사이다. 그런데 법적 잣대보다는 정치적 잣대로 재서 해결할 가능성이 크다.

우리 정치권도 앞으로 여야 신사협정을 맺어 정치의 사법화에 따른 대통령 본인의 구속이나 불상사로 이어지는 불행한 사태는 막아야 한다. 과거 대통령들과 같은 불행한 사태가 답습될 것이 걱정되는 경우 대통령은 정권 유지를 위해 포퓰리즘이나 팬덤 정치 같은 무리수를 둘 가능성이 크다. 포퓰리즘이나 팬덤 정치는 정치의 양극화와 사회 분열을 심화시킬 뿐만 아니라 경제를 나락에 떨어뜨릴 것이다.

사법의 정치화와 법과 질서 유지

보기에 따라서는 정치의 사법화보다 사법부의 정치화가 더욱 문제가 될 수 있다. 사법의 정치화는 정치권력이 인사권을 통해 법원과 검찰을 수족처럼 부리는 것이다. 정치의 사법화는 헌법이 보장한 삼권 분립의 틀을 깨고 견제와 균형을 무너뜨리는 것이다.

중국과 같은 공산주의 국가에서는 사법부를 공산당 밑에 둔다. 사법부의 독립은 보장되어 있지 않고 중국식 공안 통치가 가능하게 된다. 우리가 삼권 분립에 기반을 둔 민주주의 체제를 원한다면 사법부의 정치화는 막아야 할 것이다.

사법부의 독립이 보장되지 않으면 견제받지 않은 권력은 모든 것을 자기 뜻대로 할 수 있다. 자기는 개혁 세력으로 자리매김하고 상대방을 적폐 세력으로 몰아 사법적 제재를 가한다면 민주주의의 원리는 작동하지 않게 될 것이다.

지난번 대법원장은 상고 법원을 만들기 위해 재판 거래를 해서 사법 농단을 하였다고 재판을 받고 있다. 이번 대법원장은 공적으로 거짓말을 하고 아무 일 없는 것처럼 지낸다. 사법부가 진실을 가리는 곳인데 진실을 말하지 않은 사람이 대법원장으로 있는 법원이 어떻게 진실을 가린다고 주장할 수 있는지 모르겠다. 이렇게 이중 잣대가 적용된다면 더는 재판의 공정성은 신뢰받을 수 없을 것이다.

시민단체의 정치 참여 부작용

시민단체가 정치권과 한 몸이 되어 정치에 참여하는 것이 본래의 역할에 맞는 것인지 바람직한지 한 번 생각해 볼 필요가 있다. 행정 경험이 없이 훈수만 두던 시민단체에 몸담았던 사람들이 정부 고위직으로 직행하는 것은 그만큼 시행착오를 일으킬 가능성이 크다.

바둑을 둘 때 옆에서 훈수를 두기는 쉽다. 그런데 훈수를 잘 두던 사람들도 실제로 바둑을 둘 때 본인들이 훈수하던 사람들보다 잘하기가 쉽지 않다. 바둑을 두고 있는 사람들은 과거 수와 지금 수 그리고 미래 수를 함께 그리면서 바둑을 두나 훈수를 하는 사람들은 지금 시점의 수만 생각하는 것이 보통이다. 시민단체에 몸을 담고 있는 사람들이 정치에 참여하려면 필요한 행정이나 정치 경험을 단계적으로 쌓고 정치에 참여해야 할 것이다.

1970년대 미국 시민사회를 이끌었던 대표적인 인물이 소비자 보호와 반공해 운동의 지도자인 랠프 네이더Ralph Nader이다. 그는 GM의 결함이 있는 차를 고발, 『어떤 속도로도 위험』이란 책을 저술하여 일약 유명해졌다. 그는 시민의 대변자로서 대기업과 정부의 부정을 잇달아 적발하여 많은 성과를 내었다.

그런데 그도 말년에는 정치판에 뛰어들어 대통령 선거에 잇달아 나오면서 젊었을 때의 명성이 크게 퇴색하였다. 특히 초박빙을 이루었던 2000년 부시와 고어 간의 미국 대통령 선거에 뛰어들면서 철학이 비슷한 고어를 낙선시켰다는 비난을 받기도 하였다.

시민운동이 정치와 결합하면 그 순수성을 잃게 되고 결과적으로

운동가 본인과 시민사회에도 불행이다. 시민단체는 시민단체 본연의 역할에 충실해야 한다. 시민단체가 정치에 참여하여 현실을 개혁하려고 한다면 시민단체를 정당으로 바꾸고 현실 정치에 참여하는 것이 순리다.

4. 한반도에서 외교 · 군사 · 안보 균형 확보

국가 경제를 논할 때 그 틀을 어떻게 정하느냐가 문제가 된다. 우리가 경제 문제에 초점을 맞출 때는 기본적인 전제 조건, 가치 체계, 법과 제도가 안정되어 있고 군사 · 안보적 차원에서 튼튼하다는 전제가 뒤따른다. 우리가 법과 제도적 측면을 충족한다고 할 때는 자본주의와 자유민주주의 아래에서 행정, 입법, 사법 간 삼권 분립 확립을 전제로 한다. 우리가 지금 세계 10대 경제 대국으로 자리를 잡고 인구 5천만 이상 국가 중 소득 수준이 3만 달러를 넘은 7번째 국가가 된 것도 가치 체계, 법과 제도, 굳건한 안보 속에서 그동안 우리가 이룬 산업화와 민주화의 결실이라고 본다.

그런데 이러한 가치 체계와 법과 제도 확립은 그냥 주어지는 것이 아니며 외교 · 군사 · 안보가 굳건히 뒷받침되어야 할 것이다.

그런데 지금 우리는 핵을 보유하고 있는 북한과 대치 상태에 있으며 한반도 안전보장에 핵심 역할을 해야 할 미국과 중국은 패권 전쟁으로 치닫고 있다.

우리의 가장 중요한 핵심과제는 한반도에서 핵을 가진 북한과 그렇지 못한 남한 간의 군사와 안보 균형을 어떻게 유지할 것인가 하는 것이다.

먼저 핵과 재래식 무기 간 균형이 유지될 수 있는가 하는 문제이다. 이러한 균형은 두 가지 측면에서 유지하기 힘들다. 먼저 북한이 재래식 무기로 도발을 한 뒤 핵으로 위협한다면 이 위협을 감당하기가 쉽지 않을 것이다. 다음으로 동맹국 핵우산 속에서 균형을 유지하는 가운데 동맹국 자체가 핵 위험에 노출될 가능성이 있다거나 동맹 자체에 회의적이라면 북한의 핵 위협에 소극적으로 대응할 가능성이 있다.

핵과 재래식 무기 간에 균형이 성립될 수 없다면 다음 단계로 생각해야 할 문제는 북한의 비핵화가 가능할 것인가 하는 문제이다. 북한이 비핵화로 나아갈 수 있다면 북한의 비핵화가 군사와 안보 차원에서 한반도의 균형을 이룰 가장 바람직한 해결책이다. 북한의 완전하고 검증 가능하며 불가역적인 핵 폐기Complete, Verifiable and Irreversible Dismantlement ; CVID가 가장 바람직한 해결책이다.

그런데 문제는 북한이 핵을 포기할 가능성이 없다는 것이다. 먼저 북한은 공산주의 국가에서도 유일하게 3대째 김씨 일가가 세습하고 있는 국가이다. 그런데 핵 폐기는 북한 경제를 살릴지라도 동시에 김씨 일가 집권 종식을 의미한다. 한반도 비핵화가 김일성의 유훈이라고 하나 이것은 주한 미군의 철수와 중국 영향권 하에서의 비핵화를 전제로 우리나 미국이 받아들일 수 없는 제안이다.

우리의 가치 체계와 법과 제도로는 모든 권력이 공산당에 집중되는 중국식 공산주의와 국가가 시장경제를 넘어 경제 운영에 직접 개입하는 국가자본주의를 받아들일 수 없다. 미국 또한 중국과 첨예하게 대치하는 상태에서 한반도에서 미군 철수와 동북아에서 영향력 포기는 결코 받아들일 수 없을 것이다.

21세기 들어 사실상 핵 보유국이 된 것은 북한이 유일하다. 이것은 중국이 용인했기 때문이다. 핵 포기를 위한 경제적 압박 정책이 작동하려면 중국의 협력이 절대로 필요하다. 그런데 중국은 필수 물자를 계속 북한에 계속 공급해주고 있다. 중국은 유엔 제재에 협력하는 모양새를 갖추기 위해 부분적인 제재는 하고 있으나 영향력에서 벗어나지 못하도록 북한의 숨통은 계속 열어주고 있다.

북한의 핵 보유는 우리와 미국뿐만 아니라 중국에도 물론 위협이 될 수 있다. 그러나 중국은 북한을 경제적으로 관리할 수 있는 이웃 국가라 보고 핵 개발을 용인한 것이다. 중국은 미국과의 대치 국면에서 북한 핵 문제를 하나의 협상 카드로 활용할 수 있다고 본 것이다. 그렇다면 그 당시 미국은 이는 핵 확산을 허용하는 잘못된 결정이라고 충분히 따졌어야 했었다. 과거 미국과 소련의 냉전 시대에도 핵 확산의 위험성을 인식하고 만들어진 조약이 핵 확산 금지조약Nuclear nonproliferation treaty ; NPT이다. 중국은 G2로서 세계평화 유지를 위해 북한의 NPT 이탈을 막기 위해 노력해야 했었다. 이홍구 교수는 중국의 용인하에 북한이 핵을 개발하였는데 미국의 용인하에 한국이 핵을 개발한다면 중국의 입장은 무엇인지 미국이 따져야 한다고 주장한다.[8]

한반도에서 군사 · 안보 차원의 남북 간 균형이 유지되려면 남북 간 핵의 균형도 유지되어야 할 것이다. 남북 간의 본격적 경제 협력은 한

---

8. 이홍구, "한국 핵 가져도 되나…美가 북핵 용인한 中에 따져야", 중앙일보 인터뷰 2021. 3. 17. 참조

반도에서 핵의 균형을 포함한 군사 · 외교적 균형이 이루어진 상태에서 추진될 수 있을 것이다. 물론 한반도 핵 균형은 남북만의 문제가 아니고 주변 강대국의 이해관계도 함께 걸린 문제이다. 또한 한반도의 핵 균형 이슈는 동북아의 핵 균형 이슈와 떼어놓을 수 없다는 점을 미국과 중국 모두 잘 알고 있을 것이다.

우리가 가장 경계해야 할 점은 핵 동결 및 상징적 수준의 핵 폐기와 경제 제재 완화를 맞바꾸는 단계적 비핵화 정책을 택하는 가운데 북한이 실질적인 핵 보유국으로 남고 북한의 비핵화가 물거품이 되는 것이다. 이렇게 되면 우리는 핵 보유국 북한의 정상 국가화를 지켜봐야만 할 것이다.

북한의 비핵화가 실질적으로 불가능하다면 핵 균형을 유지하기 위해 남한의 핵 방어 능력을 키우는 길을 모색해야 할 것이다. 이를 위해 먼저 한국이 동아시아 평화와 안정의 실질적 핵심축이라는 점을 강조하고 한미 동맹을 강화하면서 미국 핵우산 속의 보호를 강화하는 조치를 모색해야 할 것이다. 동북아에서 '나토식 핵계획 그룹' 설치를 포함한 미국과의 핵 공유 방안을 모색해야 할 것이다.[9] 물론 전술핵에 대한 소유권과 최종 승인권은 미국이 보유하고 있으나 핵 공유의 상징적인 효과는 클 것이다.

---

9. 핵계획 그룹(Nuclear Planning Group ; NPG)은 미국과 유럽의 나토 동맹국들이 가입한 기구로, 핵무기 운용을 비롯한 핵전략을 공동 논의하기 위해 1966년 발족하였다. NPG는 핵무기 정보와 사용권을 미국과 나토 회원국들이 실질적으로 공유하기 위해서 만들어졌다. 여기서 '핵 공유'란 전술핵 무기에 대한 소유권과 최종 승인권은 미국이 보유하고 그 운반 수단(폭격기)은 전술핵 배치국이 제공하는 방식을 말한다.

다음 단계로 우리도 핵 옵션을 가져야 할 것이다. 핵 개발을 위한 여건을 조성하고 능력을 고양해야 할 것이다. 당장 핵무기를 개발하자는 것은 아니다.[10] 과학자 양성과 연구 증진 그리고 관련 시설 확보와 같은 기초 토양을 배양할 필요가 있다. 한국이 탈원전 정책으로 시설을 해체하고 연구 환경을 위축시키는 것은 에너지 정책이나 안보 차원에서도 바른 방향이 아니다. 일본과 독일은 미국의 핵우산 아래 있으면서도 우수한 핵 인력과 재처리 및 고농축 시설을 갖추고 있어 필요한 경우 단시일에 핵무기를 개발할 수 있는 옵션을 쥐고 있다.

당사자로서 한국의 핵 옵션 유지는 북한과의 협상력을 높이고 미국의 북한에 대한 협상력과 중국의 대북 설득력을 높일 수 있을 것이다. 당사자인 우리가 북한의 비핵화 문제를 언제까지나 미국과 중국의 손에 맡겨 놓을 수만도 없을 것이다.

한편 미국과 중국 간의 패권 전쟁은 무역 분쟁, 기술 분쟁, 화폐 분쟁을 넘어 지역 분쟁으로 확대될 조짐이다. 우리는 이러한 지역 분쟁이 북한의 비핵화 문제와 함께 한반도에 미치는 영향을 주시할 필요가 있다.

미국과 중국은 앞으로 대만 해협, 동중국해 그리고 남중국해에서 패권 다툼이 본격적으로 진행될 가능성이 크다. 양국 모두 진영 경쟁을 하고 있다. 한편 중국이 세력을 확장하면서 주변국들과의 마찰도 커지고 있다. 일본과는 조어도 분쟁 그리고 아세안 국가들과는 남중국해 분쟁에 직면해 있으며, 베트남 등 중국과 국경을 접한 나라들도 중국의

10. 송민순의 중앙시평, "북한은 비핵화 의지가 없다"를 참조하라.(2021. 3. 1.)

과도한 영향력을 우려하고 있다.

그런데 대만이 미국과 중국의 지역 분쟁의 핵으로 떠오르고 있다. 그것은 세계 최강 국가 건설이라는 중국몽中國夢 실현을 위해서 대만 통일부터 이루어야 한다는 중국의 야심과 중국의 부상을 막기 위해서는 대만을 양보할 수 없다는 미국의 입장이 서로 충돌하기 때문이다.

한편 과거 중국이 평화적 통일 방안으로 내세웠던 일국양제一國兩制가 홍콩 사태를 통해 실패로 드러난 뒤 대만 문제 해결이 더욱 복잡해졌다. 먼저 대만 내에서 중국과의 통일에 의견이 갈라져 있다. 대만의 야당인 국민당은 대륙과 대만이 하나의 중국이라는 데 중국과 인식을 함께하지만 현 집권당인 민진당은 대만 중심의 역사관을 갖고 중국과 분리해 독립하기를 바란다. 그런 점에서 대만은 홍콩 문제와 다르며 중국이 대만 문제를 국내 문제화하는 데에도 한계가 있다.

한편 대만은 미국과 중국 간의 반도체 대전에서 미국과 함께 갈 것을 명백히 천명하고 있다. 파운드리(반도체 수탁 생산) 1위인 대만의 TSMC는 중국의 화웨이와 관계를 끊고 미국에 대규모 파운드리 투자 계획을 발표하고 있다. 글로벌 반도체 공급망을 새로이 구축하려는 미국으로서는 비메모리 반도체 생산의 중요 축을 담당하는 대만을 포기할 수 없을 것이다.

그런데 대만 문제는 시진핑의 장기 집권 시간표와 중국 인민해방군 창군 100년의 꿈이 함께 얽히면서 심각성이 더해지고 있다. 중국 인민해방군은 2027년 창군 100년을 맞이해서 대만을 완전히 통합하는 것이 꿈이라고 공공연히 천명한다. 중국이 공산당 정부 수립 후 한 때 국방군이라고 불렀다가 다시 인민해방군으로 이름을 바꾼 것도 대만 통일이 남아 있어서 아직 인민해방이 완전히 되지 않았기 때문이라고 한다. 중국몽을 외쳐온 시진핑 주석도 2019년 대만 관련 무력 사용을 포기한다고 약속할 수 없다고 말하고 있다. 이와 함께 시진핑 주석의 장기 집권 포석도 대만 사태를 복잡하게 만들고 있다.

덩샤오핑 이후 중국은 10년을 단위로 공산당 주석이 바뀌면서 정치적 안정을 유지해 왔다. 그런데 시진핑은 장기 집권할 준비를 하고 있는데 이 경우 3차, 4차 연임 시기가 각각 2022년과 2027년이다. 장기 집권의 변으로 중국 통일, 즉 대만과의 통일 이상 더 좋은 이유를 찾기 힘들 것이다. 앞으로 대만 해협에서 군사적 충돌이 우려되는 가장 큰 이유이다.

우리로서는 대만 해협에서 미국과 중국 간의 충돌이 한반도로 번지는 것을 우려하며 이를 막아야 할 것이다. 남북 간의 핵을 포함한 군사적 균형이 한반도에서 이루어져야 대만 해협에서의 충돌을 빌미로 발생하는 남북 간 충돌을 막을 수 있을 것이다.

군사적인 측면에서도 적어도 앞으로 20년간은 중국이 미국을 앞설 가능성은 없을 것이다. 우리의 안보를 위해서는 자유민주주의와 자본주의 시장경제라는 가치를 공유하고 기술과 경제적으로 상호의존도가 높은 미국과의 동맹을 강화해야 할 것이다. 미국과 중국 간의 중립 유지는 위기 상황에서 결코 국가 안보를 유지하는 길이 아니다.

[참고문헌]

그레이엄 앨리슨, 『예정된 전쟁(Destined for War)』, 세종서적, 2018.

금융감독원, 자본시장 위험 분석 보고서, 2020, 5.

금융위원회, "사모펀드 현황 평가 및 제도 개선 방향(방안 최종안)", 2020, 2, (2020, 4).

기획재정부, 월간 재정동향 및 이슈, 각호.

_________, 2021년 경제전망.

_________, 2020 ~ 2024년 국가재정운용계획.

_________, 2021년도 예산, 국회 본회의 의결 확정, 2020, 12.

_________, 2021년 경제정책방향, 2020, 12.

김경섭, "국내 비은행금융중개의 현황 및 잠재리스크", 조사통계월보 논고, 한국은행, 2018. 10.

김인준, 『위기극복 경제학』, 율곡출판사, 2013.

______, 「다음 번 경제위기」, 『경제논집』, 서울대학교 경제연구소, 2018. 12.

_____, "전환기 한국은행의 역할", 한국경제포럼, 한국경제학회, 2019. 1.

대런 애스모글루 · 제임스 A. 로빈슨, 『국가는 왜 실패하는가(Why Nations Fails)』, 시공사, 2012.

리처드 리브스, 『20 vs 80의 사회』, 민음사, 2019. 8.

마이클 샌델, 『중국을 만나다』, 김선욱 외 2명 옮김, 외이즈베리, 2018, 9.

문우식, 『통화정책론』, 율곡출판사, 2018.

박용린, "라임사태와 헤지펀드 지배구조 개선에 대한 소고", 자본시장포커스, 자본시장연구원, 2020. 4.

스티브 레비츠키 · D. 지블랫, 『어떻게 민주주의는 무너지는가(How Democracies Die)』, 어크로스, 2018.

이재준, "고령화 사회, 경제성장 전망과 대응 방향", KDI 정책 포롬, 2019.

이철희, 「한국의 출산장려정책은 실패했는가? 2000년 ~ 2016년 출산율 변화요인 분해」, 『경제학연구』, 66, 3, 5-42, 2018.

최유진, "상세자금순환표의 작성 의의 및 개발 계획", *Quarterly National Account Review*, 한국은행, 2019.

크레디트 스위스, 2019년 글로벌 부 보고서.

토마 피케티, 『21세기 자본』, 글항아리, 2013.

통계청, 가계금융복지조사, 2018, 2019, 2020.

______, 가계동향조사, 2018, 2019, 2020.

한국은행, 금융안정보고서, 각호.

_______, 통화신용정책보고서, 각호.

_______, 한국의 거시건전성 정책, 2015.

_______, "국민대차대조표(잠정)", 보도자료, 2017, 2018, 2019.

_______, "2/4 분기중 자금순환", 보도자료, 2017, 2018, 2019, 2020.

_______, "4/4 분기 및 연간 실질 국내총생산", 2017, 2018, 2019, 2020.

_______, 고용구조 변화와 정책과제, 2018.12.

_______, 통화정책의 현재와 미래, 2019. 12.

_______, 통화정책방향, 2021.

_______, 코로나19 : 경제 금융안정을 위한 한국은행의 정책 대응, 2021.

Arcand J-L and E. Berkes, U. Panizza, "Too Much Finance?", working paper, IMF, 2012.

Cecchetti, S. G. and E. Kharroubi, Reassessing the impact of finance on growth, BIS, 2012.

Federal Reserve Board, Financial Stability Report, Nov. 2020, May 2021.

Financial Stability Board, Global Monitoring Report on Non-Bank Financial Intermediation, 2018, 2019, 2020.

Galston, W.A., "The Populist Challenge to Liberal Democracy," *Journal of Democracy*, Johns Hopkins University Press, April 2018.

Institute of International Finance, "Covid Drives Debt Surge-Stabilization Ahead?" Global Debt Monitor, 2021.

______________________________, "Attack of the Debt Tsunami," Global Debt Monitor, 2020.

International Monetary Fund, "Second-Generation Fiscal Rules : Balancing Simplicity, Flexibility and Enforceability," IMF Stall Discussion Note. No. 18/04, 2018.

__________________________, Labor Market Duality in Korea, June, 2018.

__________________________, People's Republic of China : 2018 Article IV/Country Report, 2018.

__________________________, Republic of Korea : 2017 Article IV/ Country Report, 2018.

__________________________, United States : 2018 Article IV/Country

Report, 2018.

Kim, I. J. and Y, Rhee, *Overcoming Financial Crisis : The Korean Experience*, Seoul, SNU Press, 2013.

McKinsey Global Institute, A Decade after the Global Financial Crisis : What has (hasn't) changed?, August, 2018.

Powell, J.H., "Monetary Policy in a Changing Economy," speech delivered at Changing Market Structure and Implications for Monetary Policy Symposium, Jackson Hole, Wyoming, 24 August 2018.

__________, "COVID-19 and the Economy," remarks at Hutchins Center on Fiscal and Monetary Policy, The Brookings Institution, April 9, 2020.

__________, "New Economic Challenges and the Fed's Monetary Policy Review," speech delivered at "Navigating the Decade Ahead : Implications for Monetary Policy," an economic policy symposium by FRB of Kansas City, Jackson Hole, Wyoming, August 27, 2020.

__________, "Recent Economic Development and the Challenges Ahead," remarks at the National Association for Business Economics Virtual Annual Meeting, October 6, 2020.

Rey, H. "Dilemma not Trilemma : The Global Financial Cycle and Monetary Policy Independence," NBER Working Paper 21162, 2018.

Rudolph, J. and M. Szonyi (eds.), *The China Questions : Critical Insights into a Rising Power*, The Fairbank Center for Chinese Studies, Harvard University Press, 2018.

찾아보기

ㄱ

가계 및 비영리단체 부채 22
가상자산 298
가상화폐 298
개방형 138
개혁 · 개방 실용주의 284
갭 투자 113
거시건전성 정책 25, 193
거액 대출 규제 193
건국 100주년 61
건설자산 98
게임 체인저 291
경기대응완충자본 194
경기 순응적(pro-cyclical) 정책 66
경상수지 27, 32, 95, 159, 162
경영참여형 135
경제성장률 7
경제위기 4, 13
경제의 전 · 후방 효과 240
경제적 블록화 276
경제통합 70
경제활동인구 305
경제활동 참가율 89
고도성장 8, 12
고령 사회 15~17, 88, 89, 202
고령화 4, 14, 15, 31, 77, 89, 202
고용률 233, 320
고용보험기금 209
고용보험제도 209
고용 유지 지원금 197
고정자산 103, 226
고정자산/GDP 17
공공부문 부채 26, 156
공모펀드 135
공유대학 312
공중보건(public health) 위기 258, 262
관리재정수지 26, 95, 155, 156, 199
광의의 정부부채 26, 158
교육 과학 전략부 310
교육 상향 평준화 313
교육 평준화 정책 19
구조적 침체(secular stagnation) 260
국가내란전복죄 283
국가 부도 위기 73
국가자본주의 37, 256, 284, 333
국가채무(D1) 26, 156, 198
국내총생산(GDP) 25
국내총소득 25
국민대차대조표 17, 21, 96

국민순자산 17, 96, 293
국민순자산/GDP 비율 17
국민연금 수익률 211
국부펀드 211
국제 경쟁력 39
국제유동성 9, 187
국제통화기금 62
군비 경쟁 63
권위주의 68
그린 경제 37
그린 모빌리티 271
그린 산업 36, 223, 273, 297
그림자 금융 31
그림자 금융 규제 131, 194
근로소득장려세제 209
글로벌 가치 사슬 261
글로벌 경제질서 62
글로벌 공급 체인 258
글로벌 금융 사이클 171
글로벌 금융위기 3, 8, 13, 23, 24, 33, 52, 67, 70, 107, 118, 127, 143, 147, 149, 167, 169, 171, 179, 181, 190, 203, 212~214, 222, 226, 232, 242, 243, 258, 259, 265, 266, 274, 281, 292, 296
글로벌리즘 63
글로벌 반도체 공급망 338
글로벌 부채 리스크 10, 49
금융계정 28, 96, 159, 163, 218
금융과 실물 간의 관계 121
금융권 상호 연계성 31
금융 규제와 감독 21
금융규제 완화 66
금융기관 간 상호 연계성 121
금융 사이클 24, 147
금융 시스템 리스크 21, 121
금융 심화도 21, 121
금융업권별 상호거래 134
금융위원회 30
금융자산/GDP 비율 95, 121
금융중개지원대출제도 182
금융통화위원회 41
기간산업안정자금 189
기금운영위원회 211
기본소득제 32, 41, 178, 208
기업 신용 32
기준금리 24, 29, 144~147, 172, 182
기초재정수지 202
기축통화 69, 146, 263
기축통화국 9, 31, 35, 202, 203, 255, 262
기타 금융중개기관 128
기후 붕괴 36, 256
기후 온난화 256
긴급고용대책 198
긴급대출제도 242
긴급자산매입 프로그램 252
긴급재난지원금 195

ㄴ

나토식 핵계획 그룹 44, 335
남북 간 핵의 균형 43
노동시장 개혁 4, 77

노동시장 진입 기회 사재기 52
노 · 사 · 정 대타협 322
뉴노멀 55, 143
능력지배사회(meritocracy) 82

ㄷ

다단계 유동화 증권 119
다단계 증권화 9
다수자의 전제 280
다자무역체제 62
다중채무자 150
단기 자본시장 31, 177
달러 유동성 73, 187, 221
담보증권 제공 비율 186
당 창건 100주년 61
대공황 9
대런 애스모글루 83
대손충당금 215
대외개방도 31
대외금융부채 28, 165, 218
대외금융자산 28, 163, 165, 218
대외채권 및 채무 169
대체 출산율 86
대체투자펀드 140
대출 규제 294
대출 적격담보증권 186
덩샤오핑 62, 328, 338
도덕적 해이 190
동아시아 다극 체제 286
동조화 현상 30, 172, 179, 219
디엠 300
디지털 경제 35, 37, 255
디지털 산업 5, 36, 273
디지털 플랫폼 40

ㄹ

라임 20, 138
랠프 네이더 331
레버리지 비율 규제 194
레이(Rey) 171
레이건 63
리브라 300
리브스 52

ㅁ

마오쩌둥 62, 329
맥킨지의 2018년 보고서 67
면책 조항 291
모니터링 대상 비은행금융중개 128
모자형 펀드 139
무리 행위 194
무역 마찰 11
무역 불균형 57
무역 전쟁 29, 37, 56, 256
미국 연방준비제도 241
미국 우선주의 11, 12, 49, 60, 259, 276, 277, 281
미시건전성 정책 25, 193
미 통상법 301조 56

민생금융안정 패키지 116
민주정의 취약성 280

ㅂ

바이든 6, 12, 64, 273, 276, 277, 282
바이오 산업 5, 223, 272, 273
바젤은행감독위원회 148
백신과 치료제 개발 36, 189
백신 접종 12, 35, 233, 325
버냉키 58
벼락거지 118, 293
벼락부자 294
보복관세 57
보유세 19, 109
보증제도 191
보편적 재난지원금 81
복식부기원리 97
복합위기 10
본원소득수지 27, 159, 162, 217
부동산금융 익스포저 180, 230
부동산담보대출 4, 11, 118, 149
부동산 시장의 거품 붕괴 38, 59, 68, 119, 214, 230
부동산 영끌 118
부와 소득의 양극화 52
부의 소득세 209
부채 디플레이션(debt-deflation) 214
분양가상한제 109
불가능한 삼각관계 171
불공정 무역 11
불완전판매 139
브렉시트 259
블록체인 270
비대면 서비스산업 34, 180, 232, 321
비생산자산 17, 98
비우량 주택담보대출 9
비은행금융기관 21
비트코인 299
빅데이터 36, 256, 270, 271, 316

ㅅ

사모펀드 20, 135
사법의 정치화 6, 42, 289, 330
4차 산업혁명 4, 16, 77, 256, 264, 270, 310, 316, 317
사회보장성 기금수지 26
사회보장제도 204
산업구조 개혁 4, 77
산업 정책 36
상세자금순환표 134
상향 평준화 15, 308
생겐 조약 259
생산가능인구 15, 89, 90, 304
생산 사슬 59
생산자산 98
서브프라임(subprime) 모기지(mortgage) 대출 127
서비스수지 27, 32, 159, 162
서울 아파트 실거래가 지수 18, 226, 293
선물환 매입 포지션 한도 187

성장기여도 151
세계무역기구 62
세계은행 62
소득 양극화 10, 13, 17, 77, 79, 81
소득점유율 79
소득주도성장 3, 14, 78, 80, 95, 141
순금융자산 96
순대외금융자산 28, 97
스마트 계약 300
스왑 라인 73
스트레스 테스트 66
시뇨리지(seigniorage) 301
시스템 리스크 131
시장안정화 대책 183
시장평균환율제도 221
시진핑 11, 60, 62, 276, 284, 338
CP 시장안정화 정책 184
6G 시대 270
신만리장성 278
신유형 패권 전쟁 6
신형대국관계 278
실물 사이클 24, 147
실업급여 209
실업률 181, 233, 265, 320
실질 국내총소득 232
실효하한 146

ㅇ

아시아인프라투자은행 12, 62
아파트 실거래가 지수 18, 33
알트코인 299
RP 매입 제도 185
애국주의 63, 276, 284
앨리슨 275
양도세 19, 109
양적 완화 정책 33, 179, 182, 185, 221
AI 도움 맞춤형 지도 학습 308
엔고 현상 59
LH 사건 295
LTV 116, 194
MMF 129
MZ세대 5
여전사 129
연방공개시장위원회 241
영끌 293
영 · 유아 보육 306
영 · 유아의 의무교육 38
예금대지급 9
예금보험공사채권 9
예정된 전쟁 61
5분위 소득점유율 79
옵티머스 20, 138
외국 금리 연계 파생결합 펀드 138
외채 관리 35
외화 유동성 73
외환 · 금융위기 8, 202
외환시장 안정화 정책 184
원격진료 시스템 311
원리금상환비율(DSR) 214
위험가중치 215
유니버설 뱅킹 시스템 69

유동성 공급 확대 정책 183
유동화기구 129
유럽연합(EU) 13, 69, 262
유로존 13, 69, 259
육상 신 실크로드(一帶) 63
이력 현상 237
ESG 경영 추구 39
이자보상배율 216
이자상환 유예 177
인간 자본 40, 304
인구 절벽 4, 15, 84, 88
인도 태평양 전략 286
일국양제 337
임대차 3법 118

ㅈ

자국 우선주의 35, 255
자금순환 통계 21, 121
자금순환표 122
자기실현적 기대 113
자기자본비율 66
자본 규제 194
자본보전완충자본 194
자본수지 159
자본주의 시장경제 45
자산관리공사채권 9
자산담보부증권 191
자산 양극화 4, 17, 18, 33, 81, 95, 108, 180
자산운영사 23, 127
자산 투매 23, 193
자유무역주의 258
자유민주주의 37, 43, 45, 68
장기할부 주택금융제도 314
장부상 순가치(청산가치) 225
재난지원금 31, 41, 177, 325
재산세 20
재정동맹 13
재정 여력 201
재정위기 55, 70
재정의 지속가능성 31
재정 준칙 31, 41, 178, 206
재정준칙위원회 41, 206
재정통합 70
재처리 및 고농축 시설 44
저금리 정책 12, 32, 66, 116, 145, 146, 178, 213, 219, 221, 293
저성장 디플레이션 144
저출산 4, 14, 15, 31, 77, 202
적정 국가채무 수준 177
적폐청산 6, 42, 289, 328
전 국민 고용보험제도 209
전 국민 공공의료보험제도 311
전국 아파트 실거래가 지수 228
전국인민대표회의 61
전세제도 112
전술핵 335
전체주의 276
절대 빈곤 11
정부의 기여도 152
정부채무 178

정책금융 30
정치의 사법화 6, 42, 289, 328
제2차 석유파동 229
조삼모사 324
조(粗)출생률 304
종사상 지위별 235, 320
종합부동산세 20, 109
주가지수 33
주택 공시가격 19
주택담보대출 20, 143, 194, 213, 215
주택담보대출비율 111
주택보급률 18, 110
중국몽 11, 49, 60, 337, 338
중도 환매 138
중앙은행 디지털 화폐 300
중위 소득 142
중위 연령 305
중장기 재정운영 계획 199
중화민족의 부흥 284
증권시장안정펀드 191
지급보증 177
GDP 대비 글로벌 부채 35
GDP 디플레이터 25
지방거점 대학 310
지배구조 개혁 5
지배 대주주 40
지불유예(moratorium) 270
지속가능 성장 77
지역 분쟁 45, 336
지역 할당제 83
진영 논리 280
집단 면역 12, 233
징벌적 과징금 114

ㅊ

차등정액제 205
창조적 파괴 77
채권시장안정펀드 190
채무불이행(default) 270
초강대국 6, 281
초고령 사회 15, 89
초과이익환수제 109
총금융자산 21
총부양비 305
최저임금 3, 14, 142
최저자기자본 규제 131, 193
추가경정예산 198
추가자본 규제 193
출연 9
출자 9
취득세 19, 109
취약차주 부채 150

ㅋ

코스피 주가순자산비율 224
코스피 주가이익비율 223
킨들버그 함정 277

ㅌ

탄소 중립화 271
탈동조화 146, 148
탈세계화 35, 42, 255
탈원전 정책 44, 336
토지자산 17, 98, 106, 226
토크빌 279, 280
통합재정수지 26, 155
통화스왑 29, 30, 33, 171, 174, 179, 187
투키디데스 60, 275
트리핀 딜레마 262
특수목적회사 186

ㅍ

파리 협정 271
파운드리 337
패권 경쟁 36, 256, 278
패권 전쟁 6, 11, 12, 49, 56
팬덤 정치 5, 289, 324, 326
팬데믹 긴급자산매입 프로그램 251
펀드수탁고 135
폐쇄형 138
포용(inclusive) 성장정책 3, 77, 78
포워드 가이던스 242
포퓰리즘 5, 42, 70, 280, 289, 320, 324, 326
포퓰리즘 정책 31, 32, 38, 41, 178, 303, 323
폰지(Ponzi) 게임 299
플라자 합의 59
플랫폼 산업 223

ㅎ

하향 평준화 83, 308
학생 주도 학습 개발 308
합계 출산율 84
해상 신 실크로드(一路) 63
해외부문 금융부채 21
해외부문 금융자산 21
핵 공유 방안 335
핵무기 비확산 36, 256
핵 옵션 44, 336
핵우산 43
핵의 균형 290, 334, 335
핵 확산 금지조약 334
헤지펀드 137
혁신 산업 34, 180, 232, 309
혁신 성장 77
협의 비은행금융중개 128
화폐 전쟁 56
확대재정정책 26, 31, 53, 66, 95, 156, 177, 181, 195, 221, 261, 265, 289
환매 사태 23, 131, 193
환율조작국 59
회사채 시장 안정화 정책 183
횡단면 차원의 시스템 위험 193

김인준 교수의 위기의 한국 경제

초판 1쇄 인쇄 2021년 7월 15일
초판 1쇄 발행 2021년 7월 23일

지은이 김인준
펴낸이 박기남
기획 · 영업 박정헌
펴낸곳 율곡출판사

08590 서울시 금천구 가산디지털1로 84(에이스하이엔드 8차), 803호
전화 (代) 02) 718 - 9872/3
팩스 02) 718 - 9874
홈페이지 http://www.yulgokbooks.co.kr
이메일 yulgokbook@naver.com

등록 1989.11.10. 제2014 - 000031호
ISBN 979-11-91812-00-8 03320

정가 20,000원